先秦人的日常時光

從一日三餐到制定時間，
甲骨文權威帶你解讀漢字的多元樣貌

許進雄——著

目錄

一九九一年初版推薦序
張序／張敬 15
二〇二四年四版推薦序
以趣味故事傳播中華文化／郭鶴鳴 17
自序
在考古中追尋生活與漢字的關聯 21
在先秦，你需要知道的社會日常 25
已普遍使用毛筆書寫 26
堤防的城牆，城牆的堤防 33
出行已有車子使用 40
從水運到航海 47

住旅舍需通行證 54
買賣的標準度量衡 61
孔方兄不是唯一的交易貨幣 68
氣候變遷對生活的影響 74
學習有固定場所與規制 80
醫學發展的軌跡 87
不可錯過的視覺娛樂：魔術、馬戲 93
犯罪要接受刑罰：肉刑 100

在先秦，你需要知道的用餐習慣

在先秦，你需要知道的用餐習慣 107
一日三餐始於何時？ 108
有什麼食物可吃？ 114
已知建竈用火 120

用什麼器具來煮食？ 127
何時使用筷子吃飯？ 133
祭祀宴會不可或缺的酒 139
爵，美形但不實用的酒器 146

在先秦，你需要知道的穿衣規則 153

衣服呈現的階級 154
帶鉤，繫腰帶的飾品 162
帽子，權力的象徵 169
鞋子，地位的象徵 175
散髮改為束髮是男性主導的？ 182
什麼人可以服戴玉珮？ 189
彰顯身分的玉器 196

在先秦，你需要知道的宅文化 203
大型複雜建築已普及 204
穴居到干欄式建築的變革 211
瓦，屋頂上的亮點 218
磚，從造棺槨到建屋 225
從家徒四壁到講究家具 231
床，原本是停屍用的 238
何時開始習慣伏枕睡覺？ 246
夜間活動增加，研發照明燈 254
在先秦，你需要知道的婚喪習俗 261

鹿皮，在婚嫁中的象徵 262
有流血，才代表真正死亡 269
文身，最初與死亡儀式有關 275

在先秦，你可能會看到的信仰，以及衍生的樂舞 281

甲骨，商王室的國師 282
巫師，是神職人員也是醫生 288
利用對鬼神的敬畏來控制人心 294
夢境是真還是假？ 300
追尋長生不死的夢想 306
舞蹈，從祈雨轉為娛樂 312
銅鐘的演變 320
石磬，代表集合的音聲 327

管樂器，演奏中的主角 333
弦樂器，士人的身分代表 340

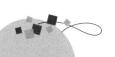

在先秦，你可飼養或切記別碰的動物們

在先秦，你可飼養或切記別碰的動物們 347
野獸轉為家畜的變革史 348
牛，軍事與農業的大動力 354
商代已懂得使用牛耕 360
豬，最普遍的肉源 366
狗，人類忠誠的夥伴 373
馬，專屬貴族的寵物 379
老虎，凶猛但受崇敬的野獸 386
犀牛，在中國絕跡的犄角動物 392
龜，由被崇敬到被取笑的神獸 398

龍到底是什麼動物？ 405
象，被工藝品耽誤的陸上最大動物 412

在先秦，你能利用的產物與工藝 419

採礦的艱困與危險 420
冶金技術促進生產力 427
便宜又實用的鐵 433
金、銀礦與嵌鑲技術 439
製造銅鏡，自照也能照妖 446
冷兵器時代 453
不透明的玻璃 460
蔴，衣服、食物、造紙都好用的作物 466
風迷海內外的絲織品 473
漆，貴族的奢侈品 480

在先秦，你要記住的重要指引

看時間，有技巧 488
天文異象，不是上天的懲罰 495
從大自然現象發現方向 501

張序

自從民國七十七年九月十九日開始，《中央日報》長河版每週星期五刊載一篇約莫兩千一百字精簡有趣的「說古事」專欄，介紹中國古代文化，由我們漢字象形的特徵，具體地解說中國古人生活的一些細節。藉著古文字所描繪的靜態和動態的圖像作引子，配合地下發掘的材料、出土的文物，以及典籍的記載，將古代漁獵農耕、起居飲食、衣服住物、天文地理、戰爭祭祀種種名目，有關中華民族的形成發展各情，娓娓道來，甚得讀者的喜愛。可惜這專欄只刊行四十多篇就中斷了，大家都感到歉然。直到現在（一九九一年），臺灣商務印書館將全部七十一篇輯印成冊，這是出版界一大光彩，也是學術界一大功德。

作者原在臺大中文研究所主修甲骨學，出國後，自修有關中國考古及人類學。又因為在加拿大多倫多大學講授中國古代文化，於是由古代文字之介紹，為求了解古人生活之一斑，搜集了各種參考，網羅了許多文物佐證，淺化了專門資材，趣化了枯燥的古事，零篇單文，依題分類，寫了一系列的這些段落，尋源探流，追根揭柢，原原本本地引進許多知識，糾正了愚昧的錯謬，看起來輕鬆，讀起來受益，大家都樂於吸收，高興閱覽。

這些篇章都是極見學問之作，但卻放鬆了學者專門的嚴肅、刻板的氣氛。作者為人誠摯，他的文章完全實實在在，毫無誇飾浮泛的詞藻，其求知治學的態度精神，求之今日的浮華世界，是非常稀貴罕見的。

張敬　一九九〇年盛夏於臺北

編按：張敬先生（字清徽，一九一二—一九九七）為作者於臺灣大學中文系就讀時的授業恩師。在本書初版時，作者特別邀請恩師作序，此為先生在作者眾多著作中唯一的序，故本書各版皆保留為念。

二〇二四年四版推薦序

以趣味故事傳播中華文化

閱讀許教授這一部書，我越看越覺興味盎然，因為這部書充滿了知識的趣味。知識含金量高的書通常不見得有趣，不免令人望之而卻步；而以趣味為走向的書，通常也不會予人很多各方各面知識上的啟迪。不過這部書偏偏具備了以學院的嚴謹研究為基礎的豐富知識，而且每一篇字裡行間又蘊藏了很多引人入勝的趣味，可謂雙美並存，兩好兼勝，使人在開卷之後，不知不覺在愉悅的閱讀中對古人的生活種種有更進一步的了解，對文明的發展進程有更深刻的認識，對中國的古代文化也因之而有更貼切的尊重與敬意。

這部書共有七十多則，每一則大體上獨立自足，但編排上也有將性質類似的篇章聯結貫串，從而對某一領域得到更完整的認識。許教授是當今具有世界性聲望的甲骨學家，大名列在中國安陽博物館甲骨展覽廳，為世所公認史上研究甲骨最有貢獻的二十五名學者之一；又曾任職加拿大皇家安大略博物館研究員，對古文物有深湛的研究；且在甲骨學、文字學、古代文物、古代社會等領域，講學授課於中外著名大學積累數十年，發表過很多部甲骨學與古文物、古社會的專著，因之每說一事、每論一物，必定廣蒐博覽，舉例為證，或以甲骨鐘鼎等古文字為證，或以地下出土各色文物為證，或以史書記載為證，此外甚至在天文地理、氣溫雨水、風候變遷、江河改道、地質水土等等，無不羅列明證、出示數據，從各個客觀知識的層面旁徵博引，即使議論時偶爾主觀上有所推衍臆測，也大體看得出態度極為矜慎持重，真則求其真，疑則存其疑，不作斬截武斷的過高之論，不見一絲一毫所謂權威專家時以大言欺人惑世的習氣，這是絕不尋常而很可敬重的真正學者風範。底下試舉本書三則為例來加以印證：

例如〈已普遍使用毛筆書寫〉這一則，從這裡我們可以知道，何以中國漢字獨異於世界其他拼音系文字而仍保留象形特徵，而且書寫習慣更獨異於其他類型拼音文字之從左到右、從上到下，而為今日看來似乎甚為不便的由上而下、由右而左。何以如此特殊？許教授說：「可以推測是由於主要用單行的竹簡書寫，寫時左手拿著竹片、右手持筆，寫完後以左手持放，由右而左一一排列，故而成為中國特有的書寫習慣。竹片編綴後可捲成一握，故以卷稱書的篇幅。後來雖於紙上印刷，猶有以墨線隔間，就是保持片片竹簡的傳統。」這是以古文物的考掘來回答問題。

又如〈馬，專屬貴族的寵物〉這一則：古人祭祀三牲是牛、羊、豬，馬何以不在其列？主要因素是與牛羊豬相較，馬還是特顯嬌貴的。許教授說：「馬的性格不羈，很難馴服控制，故不論中外，在常見的家畜中，馬都是最晚被馴養的。……馬被馴養年代之遲，主因是人們要利用牠的力氣而非其皮肉。」馬之用於戰陣，須經特別馴養與訓練，「馴養良馬不是一般人的財力所能負擔，所以漢武帝時鼓勵養馬，制定政策，馴養一匹馬可使三人不用服兵役。而一匹牡馬的價錢竟高達二十萬錢，因此自古以來，馬及馬車一直為有權有勢者所珍愛而成為地位的象徵。」這是以古史之記載為證。

另外還有〈追尋長生不死的夢想〉這一則，絕大多數的人會認為追尋長生根本是妄想，可是許教授卻另有所見。在前面〈醫學發展的軌跡〉中，許教授提到：「一個社會的醫學水平，從平均壽命可以明顯表現出來。舊石器時代的北京人，半數以上死於十四歲前；到了西周時代，如果據墓葬者的年齡，大部分死於二十五到三十五歲之間。只有少數達五十歲，六十歲以上的個體幾乎不見。可得知到了西周時代，醫學尚無突破。但到了春秋時代，醫學的研究就有些許成績。藥物有顯著療效，人們的壽命肯定增長，所以開始探索長生之道而祈望長壽。」許教授基於歷史上醫藥之學的持續進步，於是指出：「在探索〈長生之道〉的過程中，卻一定會連帶地發現很多東西的物理性和化學變化，而奠定中國醫學的重要基礎。《神農本草經》和《黃帝內經》的編纂成書，就是這個過程的結果。因此對於長生不死的探索，也並不是沒有科學的、有益的一面。」證以今日通過手術已經可以換心、換肝，換各種身體器官，甚至還可以藉改變基因以預防或消除疾病，這豈不就是真正的益壽延年，而視長生不死並非遙不可及了嗎？

許教授於我已可算長輩，我們在世新大學中文系曾經共事十年，其為人樸實而淳厚，外表上看來「恂恂如鄙人」，鄉土氣息頗為濃厚，但一接觸到專業上的學問，則又引經據典，一下子轉成反應機敏，善道能言，因之朋友們越深交對他越是敬重。由其為人而知其著作，我相信此書必能開人心眼，長人見識，在愉悅的閱讀中讓人如入寶山，得到豐厚的收穫。許教授命我為此書作序，我對此書涉及的專業學問所知不及皮毛，本來不敢應命，推辭不得，只好勉為其難。為這樣的專門大書寫序，於我還是生平第一次呢！

郭鶴鳴（臺灣師範大學國文學系、世新大學中文系退休教授）

二〇二四年四月一日

自序

在考古中追尋生活與漢字的關聯

對於考古的工作，一般人認為它講的事與我們生活不怎麼相關，大致是講些幾千年前的陶罐子有多大、形狀怎麼樣等一類枯燥的東西，心裡早有排拒的念頭，並不想讀讀裡頭有何有趣的東西。筆者在臺灣學的是中國的古文字學，到加拿大後服務於博物館，也在大學兼課。為了博得觀眾的興趣，博物館的展覽著重於展示文物與社會的關係。筆者於無形中受其影響，也注意有關古人各方面生活的報導。試著在大學開課，用中國古文字所描寫事物的靜態和動態的圖像作引子，配合地下發掘的材料，以及典籍的記載，具體地解說中國古人生活的一些細節。發覺尚能被同學們接受，於是試著向更多的讀者介紹古代的文物和文明。

本集的文章雖不是學術的著作，但採取的態度是學術性的，即資料都是有根據，或他人研究的成果。大部分的文章是對專門性的研究報告作了篩選，然後加以組織而敘述的，但偶而也對各種現象之間的關係作了一些聯繫和詮釋的個人意見。這些文章是一年間斷斷續續寫的，寫的時候也沒有特別的計畫。有時覺得某事件可能會引起讀者的興趣，有時則覺得某些問題雖不怎麼有趣，卻是重要的知識而一般人又不一定有所了解的。每篇文章都是一個獨立的單元，有時不免同涉及一事，而有詳略等不同程度的重複。同時，不少文章取材自臺灣商務印書館出版的拙著《中國古代社會》，也各有詳略，請讀者見諒。為閱讀的方便，現在不依出版的先後，而依性質相近的論題稍作編次。

作者在國外生活了二十一年，面對的大都是對中國文化不太熟悉的人們，對他們談中國文化，比較不會被認為膚淺。但在臺灣，不但精通中國文化的學者多，一般讀者對本國的文化也有相當的認識。因此在寫作時，一直顧慮所寫的內容太過平凡。正好在臺大教課期間的研究室與業師張敬教授的隔鄰，能夠時時請教。張老師不嫌麻煩，每篇文章都多少作些文字上的修飾，偶而也對內容提出質疑，更感激的是時時加以鼓勵，認為所寫的內容不是人云亦云、毫無創意的東西，使筆者有勇氣繼續寫下去。本集所涉及的學科多樣，筆者不免對其中有些問題只一知半解，務請專家不吝指正，撰寫宏文，共同來為擴展古史知識的普及而努力，是所盼禱。

本集自一九九一年初版以來，在這三十三年間出版了三版、也另有兩版簡體版。這幾年來華人圈積極推廣漢字，甲骨文正是漢字的起源，充滿著創字本意與文化背景，我自許本集應仍對現在的人有幫助，故跟臺灣商務表示希望重版。這次改版，出版社將七十一篇依性質分為九類，能更清楚了解生活概念、器物等的演變過程，我樂見其成。

二〇二四年三月於新店寓所

在先秦，你需要知道的社會日常

已普遍使用毛筆書寫／堤防的城牆，城牆的堤防／出行已有車子使用／水運到航海／住旅舍也需通行證／買賣的標準度量衡／孔方兄不是唯一的交易貨幣／氣候變遷對生活的影響／學習有固定場所與規制／醫學發展的軌跡／不可錯過的視覺娛樂：魔術、馬戲／犯罪要接受刑罰：肉刑

已普遍使用毛筆書寫

中國的漢字是與埃及的聖書體、美索不達米亞的楔形字，同為最著名的幾種獨立發展的古老文字體系。基本上，它們都是以圖畫式的表意符號為主體的文字。其他古老的文字或已湮沒，或發展成為拼音文字。只有我們中國的漢字仍舊保留其象形文字結構的特徵，沒有演化成拼音，或被拼音文字所取代。

中國的文字雖與西洋的都同是源自圖像，但書寫的習慣卻很不同。書寫的方向，西方是先左右橫行，然後再自上而下，有時於某種時機而需上下行時，行列也是由左而右。不像古代漢字書寫的習慣是自上而下，然後又自右而左。人一般用右手書寫，自右而左的形式是較不切實際的，所以滿文和蒙古文雖也是上下直行，行列採用由左而右的形式。在臺灣，當橫書時就發生有人自左而右、有人自右而左的不一致現象。中國之有這種書寫習慣上的獨異性，完全是受古代書寫工具的影響。

迄今所知，中國最早有大量的存世文獻，是三千多年前用刀刻在獸骨或龜甲上的商代貞卜文字。因此有少數人誤會，以為商代的人是以刀刻字作紀錄的，甚至有人以為等到秦朝的蒙恬發明毛筆後，中國人才有以毛筆書寫的事實，不知商代的甲骨和陶片都有以毛筆書寫的事實。其實我們有相當的理由相信，商代的人已普遍用毛筆書寫文字。

從字形看，筆的初形是「聿」（），這字在甲骨文作一手握著一管有毛的筆形。中國從來普遍以竹管為桿，乃於聿字之上加竹而成筆字。不著墨汁時，筆毛散開，但一沾墨汁，筆尖就合攏而可書寫、圖畫細緻的線條。甲骨文的「書」（）字就作手握筆管於一瓶墨汁之上，點明散開的筆尖沾了墨才可以書寫的實況。還有，甲骨文的「畫」（）字作手握尖端合攏或散開的筆，下畫一個交叉的圖案形。金文的「肅」（）字作一手握著筆，畫出較複雜的圖案形，以便依圖案刺繡之意。推知商代普遍使用毛筆，才以之表達與書寫、圖畫有關的意義。其

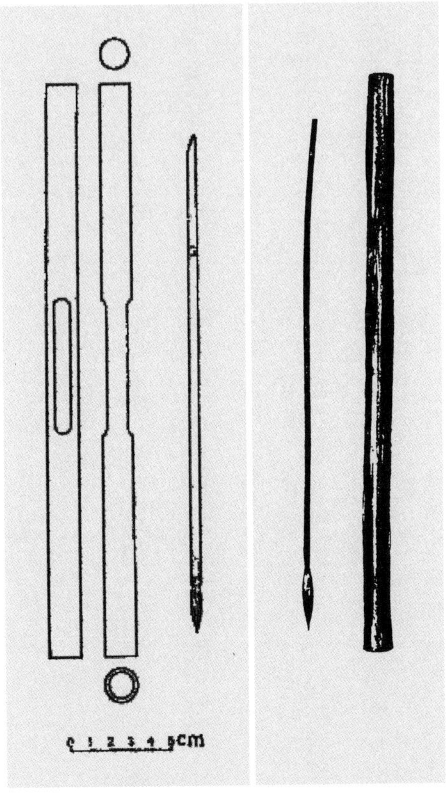

● 古代的毛筆與筆套示意圖。右是長沙戰國墓葬品，左是雲夢睡虎地西漢初墓葬品。

實六千多年前仰韶文化的陶器，其彩繪已就可充分看到用毛筆的痕跡。

由於中國人寫字的筆尖是柔軟的毛做的，書寫的人可以控制一筆畫中有粗有細、有波折，呈現無窮的造形和體勢的變化，不像其他堅硬的工具，難作筆勢上的變化。中國書法所講求的美善外形和內在精神，需要長期的功力練習和一定的天分才情才能達到熟巧的程度，因此中國的書法才成為各種文字中一種很受崇敬的獨特藝術形式。

導致中國獨特的書寫方向應是其書寫的材料，任何有乾燥平面的東西都可以書寫，土石、布帛、樹皮等都可以利用。但從幾方面看，影響中國書寫方向習慣的是竹簡，而且起碼從商代已是如此。因竹子易於腐朽，在地下難於長久保存，才不易見到其遺留的痕跡。《尚書．多士》有「惟殷先人，有典有冊」（早在殷商時期，就已有書冊典籍了。）之句，典、冊都是用竹簡編成的書冊。甲骨文的「冊」（）字作許多根長短不齊的竹簡，用繩索編綴在一起成為書冊的樣子；「典」（）字則用以表示重要的典籍，不是日常的記錄，故像恭敬地以雙手捧著的樣子。

竹子現今不是華北常見的植物，但在距今三千年前的幾千年間，華北的氣候要較今日溫暖而濕潤，竹子並不難生長。以竹子當書寫的材料有多種好處，價廉、易於製作、耐用等等，只要把竹子劈成長條稍微加工，就可得到平坦而可書寫的表面，再在火上炙乾，就易著墨而不朽蠹。在窄長的表面上書寫，由上而下作縱的書寫，遠較橫的左右的書寫方便得多，因為橫著書寫會被竹片背面的彎曲妨礙手勢的運轉和穩定。

甲骨文偶有橫著書刻的辭句，從後世的實例，也可推測商代有用木牘一類有寬廣表面的書寫材料。用毛筆沾墨書寫，墨汁乾燥緩慢，如果在可以書寫多行的表面上寫字，行列最理想是由左而右，手才不致塗汙書跡。但是中國的習慣竟然是相反的由右而左，可以推測是由於主要用單行的竹簡書寫，寫時左手拿著竹片、右手持筆，寫完後以左手持放，由右而左一一排列，故而成為中國特有的書寫習慣。竹片編綴後可捲成一握，故以卷稱書的篇幅。後來雖於紙上印刷，猶有以墨線隔間，就是保持片片竹簡的傳統。

由於竹片的寬度有限，不但不能作多行的書寫，文字也不便寫得過於寬肥，因此字的結構也自然往窄長的方向發展，以致不得不把有寬長身子的動物轉向，讓它們頭朝上，

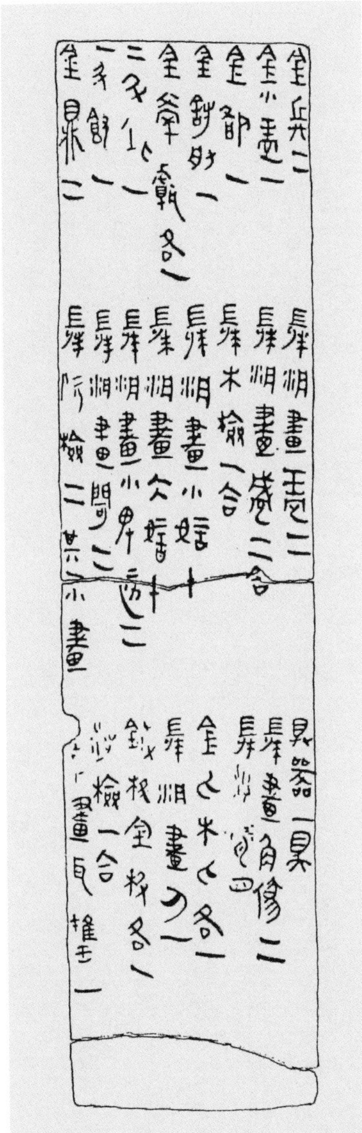

● 中國書寫的習慣都是受竹簡的窄長體勢影響。圖為雲夢睡虎地西漢初墓葬的木牘。

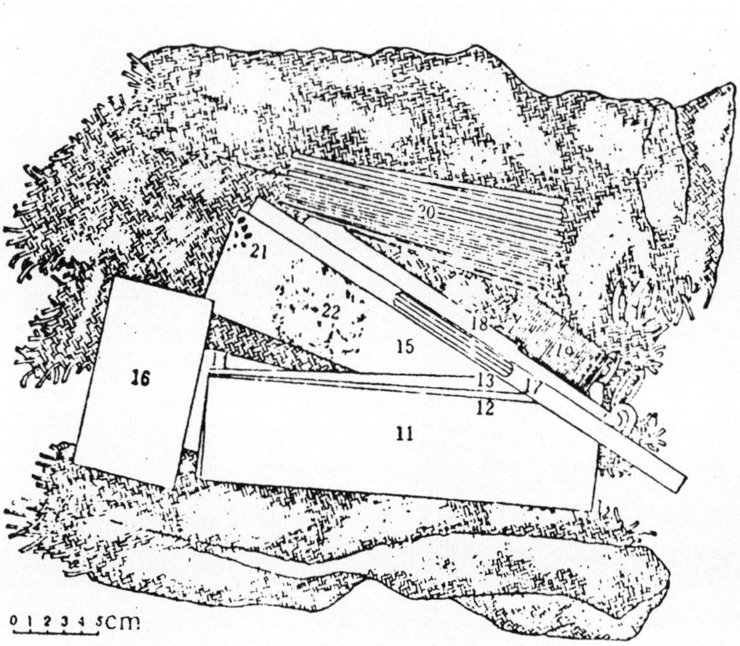

● 江陵西漢墓葬裡的書寫工具。編號11～16是木牘，17是毛筆，18是削刀，20是竹片，21是墨。

四足懸空，尾巴在底下，如「馬」（）、「虎」（）、「象」（）等字都是如此。從龜甲、獸骨上的貞卜文字已是如此，可以推斷商代最普及的書寫材料是竹簡，不是木牘或布帛等有寬廣表面的東西。以竹簡書寫不必預計長度，可以隨時增加竹的數量，用木牘就不易確定需用的寬度了。所以後來雖有了紙張，但因受限於竹簡寬度的古老傳統，字形的結構也始終保持著向窄長發展的傾向。竹簡一沾墨就擦不掉，而且也不容畫掉它而在旁邊改正，只有用刀把字跡削去再寫，故「刪」（）字以一把刀在書冊之旁表達刪削的意義。書刀就成為文士隨身攜帶的必備文

具，有人不明白其用途，才誤會它是用來刻字的。

紙是中國對世界文明有大影響的四大發明之一。用竹簡書寫太過笨重，不便攜帶與存放，布帛又太過價昂，有人利用漂絮濾下的薄紙片來書寫，但產量太少，不足廣為應用。考古發現西漢時代已有利用植物纖維製成的原始麻紙，但太過粗陋，不易書寫。蔡倫於西元一〇五年奏上他改良的新造紙法，以樹皮、麻頭、破布、破網等廉價的植物纖維，製成價廉物美的新紙。這種易於書寫而可大量製造的廉價紙，使文學的創作和流傳都急速發展開來，今日教育的能夠普及，廉價紙張的製造是其中一項重要因素。

現代楷書	隸書	篆書	金文	甲骨文
聿				
書				
畫				
肅				
冊				
典				
馬				
虎				
象				
删				

堤防的城牆，城牆的堤防

一種事物的發生，在不同地區、不同文化的發展情況下，均不能等同視之，一概而論。譬如用堅固牆壁圍繞起來的城市，無疑是以保護城內人畜的安全為目的而修建的。在很多社會，包括中國有文字記載的歷史時期，城牆是為防禦敵人的入侵而建的；它是有激烈戰爭後的產物，應該是人們經營定居生活後，逐漸有強烈的產權觀念，經過長期的發展才達到的高度文明。在中國，城牆是不是也經由這一步驟而發展起來的，或是別有途徑？城牆到底是什麼時候開始營造的？應都是有趣而值得探討的問題。

「城」既是一種定居而向高度文明發展的社區，假如想要探索它是因何需要而修建的，首先就有必要了解社區發展的過程。水是人們能不能生存的最基本條件，古人肯定要選擇在易於取水的河流附近居住，但河流水量與季節有密切的關係，為了避免雨季漲水所帶來的災難，古人往往選擇高亢可免水災的地點棲身；故早期人們生活的遺跡都在一定的自然環境，即接近水而又高亢的洞穴。後來由於人口的壓力，慢慢發展出農業，為擴充耕地，就移到較低較平的地方，即選擇河流兩岸的臺地。

人口的壓力再度迫使一部分人離開取水容易的地點，居住地域漸漸擴大，以致要在遠離河岸的地點建立家園。人們發現距離河流較遠而地勢較低窪的地點有泉水湧出，可提供生活必需的水源；湧泉的發現鼓舞人們挖井以蓄水。隨著挖井技術的進步，人們可以遠離河流而建立村落，以減輕人口密集所造成的耕地縮小、食物不充足的困難。挖井是聯合幾家人才能完成的工程，由此數家人共同使用，終於許多以井為單位的小團體組成村邑，圍以濠溝或柵欄以防止野獸的闖入。

經濟的掠奪常是引起戰爭的主要動機。經營農耕的人們，為了保護自己辛勞耕種的成果不被他人侵擾搶奪，就有組織武力及構築防備工事的必要，因此費力地以高厚土牆代替省力的濠溝或柵欄，似乎是順理成章的事。而且目前所知中國最早的城牆修築於龍山文化的晚期，如山東章丘城子崖、河南登封王城崗、淮陽平糧臺等；那時正是傳說夏朝將建國的時候，社會階級早已確立，戰爭的規模已相當大，這時候出現城牆，它之為防敵而設，似乎也是順理成章的事，不用加以懷疑的。但是，從一些跡象看，好像築城在中國是別有作用的。

城子崖的城周不到二千公尺，是否即為城邑，還有疑問。但商代早期在河南鄭州建造的城，規模很大，無疑已是都邑；其城周為六千九百六十公尺，面積約為三點二平方公里，雖然比起戰國時代的商業大城小得很多，但比漢唐時代以來的鄭州城還大三分之一。

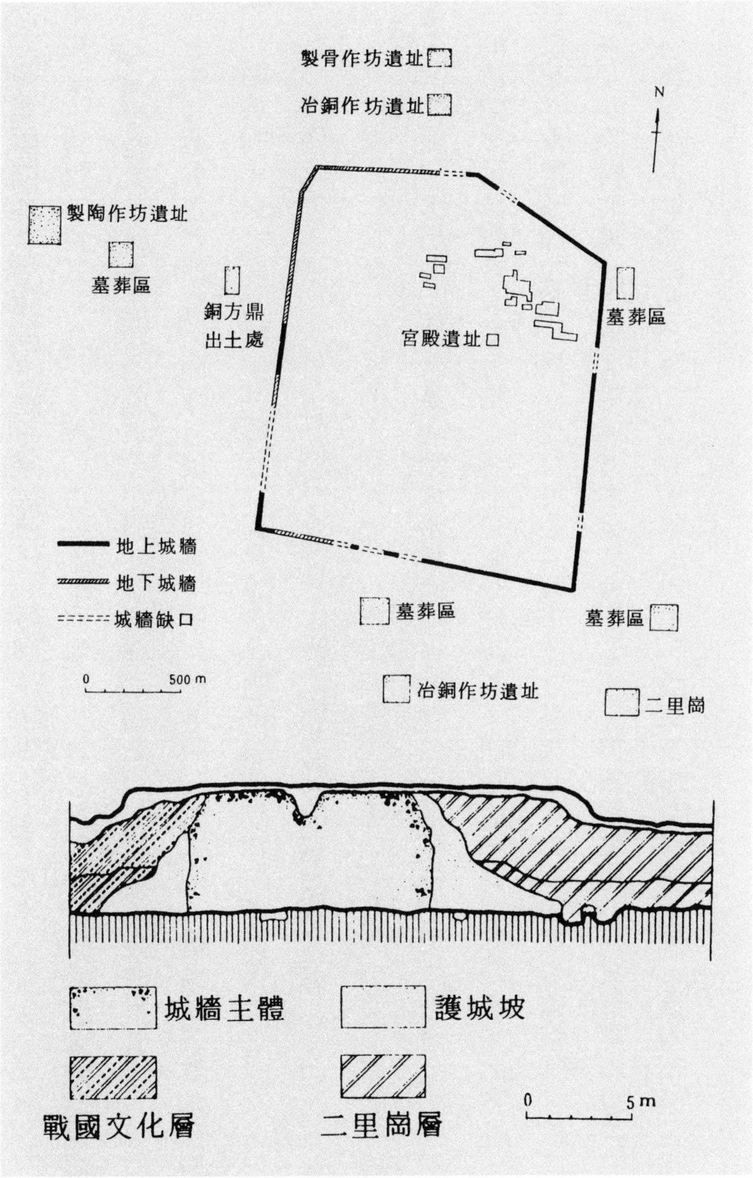

● 商代在河南鄭州建造的城，早期用夯土城周，鑄銅、燒陶、製骨作坊都在城外。下圖為城牆剖面圖，主牆的內外護壁坡度都築得不陡。

在鄭州的商代城牆甚厚，剖面呈梯形，分層、分段用黃土夯築，最寬處三十六公尺，平均高十公尺、寬二十公尺，城的內外都築有斜坡以增強牆的強度。湖北黃陂盤龍城的商代城牆也是如此營造，它們的坡度小於四十五度，是防水的堤防常見的形式，可以有效防止水對牆根的侵蝕而導致崩壞，但它非常不利於防守敵人的入侵。後世以防敵為目的的城牆，牆外無不修成高聳直陡的樣子。河南輝縣共城的牆特別厚，牆基槽寬達六十公尺，就是為了預防北面太行山山洪暴發的巨大衝擊力量，防止敵人的攀援是沒有必要如此寬廣的。

河南安陽作為商代後期的王都超過二百年，照理說，應該築有周全而堅固的城牆以防敵人的入侵。但是考古學者幾十年來密集地調查和發掘，只發現寬深的濠溝，始終不見城牆的痕跡，以致有些人懷疑它不可能是施政的中心，而是商王朝埋葬和祭祀的聖地。商被周聯軍一擊敗潰而亡國，紂王火焚自殺，很可能就是因為沒有堅固的城牆拒守，以待援軍到來。安陽的地勢高亢，那些年附近雖有幾次大水，但都不曾對它構成危害；也許商的王室是因安陽的地勢較四周高，沒有嚴重的水患，故認為沒有必要築城，還看不出它在軍事上的用途。

商代人民棲息的地域是黃河下游的沖積區。黃河的某些段落河道淺、泥沙多，密集的雨水常使河道宣洩不及而造成氾濫。根據文獻，從商的始祖契到湯的建國共遷移八次，由湯到盤庚建都安陽之前又遷了五次。《尚書．盤庚中》載：「殷降大虐，先王不懷，厥攸作，視民利用遷。」（上天降下大災害給我們，先王也不安居於他們所建立的都邑，考慮臣民的利益而遷徙。）〈盤庚下〉載：「古我先王，將多於前功，適於山。」（以前我的先王成湯，他的功勞大大地超越前人，他將百姓遷往山地。）參考華北平原的地理環境，以及從山上移居平地的一般發展規律，可以想像商人不斷地遷移，以及要向高處走，大多數應是為了避免水患。

屬於龍山文化晚期的王城崗遺址的西牆，是大水沖倒後，利用舊城牆再修建的。傳說禹的父親鯀以堙堵的方法來治水而遭遇失敗，後來禹改用疏導的方法才成功。堙堵和築城的方法與原理都相似，都可以說明龍山晚期城牆的修建與大水的防備，在時間、技術、需要上，都有密切的關係。

目前發掘的西周以前城址寥寥可數，春秋時代才見大量的修建，見於文獻而能夠數出來的就有四百六十六座之多。春秋時代城周的大小和堅固的程度，常是上下級之間的爭論事項，如《左傳．隱公元年》，祭仲戒鄭莊公：

> 都城過百雉，國之害也。先王之制，大都不過參國之一，中五之一，小九之一。今京不度，非制也。君將不堪。

（如果分封的都城城牆超過三百方丈長，那就會成為國家的禍害。先王訂下的制度規定，國內最大的城邑不能超過國都的三分之一，中等的不得超過五分之一，小的不能超過九分之一。現在京邑的城牆不合法度，非法制所許，恐怕對您有所不利。）

顯然是指在防守上的作用。但是在比較早的時代，中國的華北地區如何解決河流氾濫才是最切要的問題，非常可能城牆當初是為防洪而建，後來才發現它有拒敵的重要作用而廣加修築，甚至是不虞水患的地點。

城初建時，只考慮到保護統治階級，故前圖可看到鄭州的冶銅、燒陶、制骨的作坊都發現於城外。後來商業興盛，經濟力成為列國爭強的條件之一，也把城的範圍擴大，將手工業都移進城裡便利交易的管理，而成為政教和商業中心，城周也往往超過一萬公尺；如齊國的臨淄為一萬四千公尺、趙國的邯鄲為一萬五千公尺。

現代楷書	隸書	篆書	金文	甲骨文
城				
牆				

出行已有車子使用

交通的便利和迅速可以增加人們接觸的機會，便於信息傳遞、知識交流，進而促進文明的進展。越落後的社會，其處境越閉塞。一個高度文明的國家，尤其是商業社會，無不伴隨著快速而有效的交通傳遞網。

交通工具中的車子，運輸費用雖不若水運便宜，但能適應絕大部分的地理環境，不像水道線路有限，故仍然是最重要的方式。甲骨文的「車」（）字作車子的形象，最詳細的包括兩個輪子、一輿架、一輈、一衡、兩軛、兩條繩，最簡單的只是一隻輪子。因為輪子是車子最基本的零件，沒有它就不成為可運轉的車子了，車是輪子的應用。古人說輪子創作的靈感來自常見的飛蓬或落葉等團團轉下墜的現象，人們見此情景已幾百萬年，恐怕另有更近的淵源。紡輪是個石或陶製的中間有孔的扁平璧形東西，貫穿小木軸，捻之旋轉以纏繞絲線而待紡織，它非常接近有軸的輪形。

六千年前仰韶文化已常見陶紡輪，其時的陶器也見慢輪修整的痕跡。四千多年前的龍山文化時代，陶器就普遍使用輪製，對輪子的應用已累積有相當的經驗。考古證據，近東大致在五千年前就有了車子，中國傳說車子的發明是四千七百年前的軒轅氏黃帝。青海一個三千八百年前的遺址發現牛車，輪子有十六根輻，應該距離實體輪的初創時代有段期間了。車子的拉曳改進過程是由人而牛而馬，馬車已多次見於商代的墓葬，其構造已相當進步。如果以商代馬車的精美情況去推測其發展所需的時日，傳說四千年前夏禹以馬代牛拉車應是近於事實的。馬車的應用恐

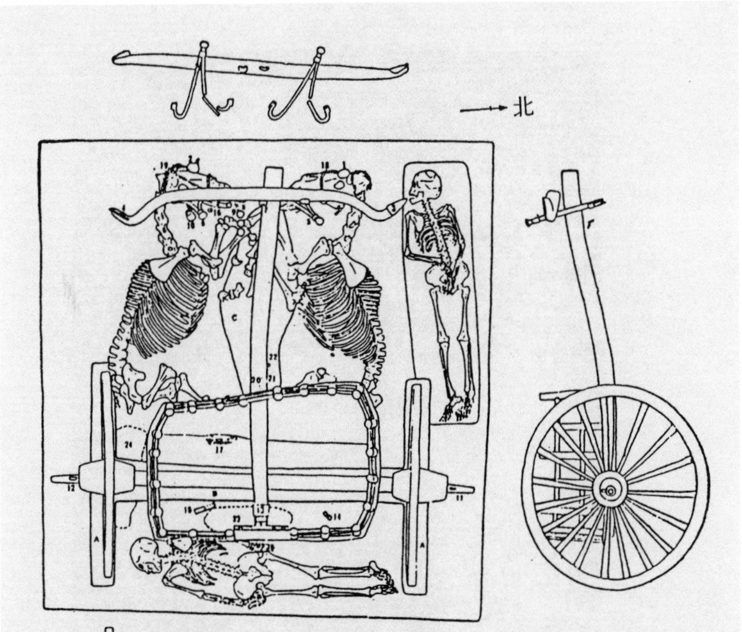

● 安陽晚商馬車坑及車子的形制。

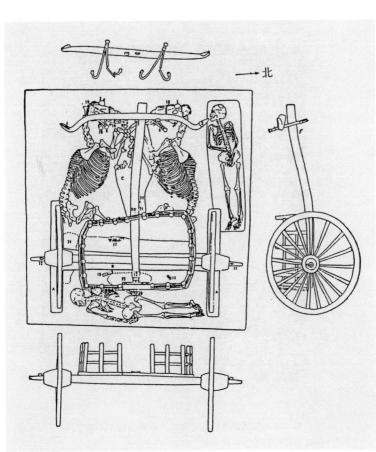

怕也有時機上的原因，其發展的主要目的可能不是貨物的輸送，而是軍事的需要。四千多年前是戰爭規模擴大，將建立國家的階段。早期的車輿很小，裝不了多少東西，路況不佳，不宜作快速奔跑，再加上重心高，易翻車，君王冒險乘坐它，很可能是為了取得高度機動性的高臺，一如戴高帽，以利指揮大規模的戰爭，讓戰士易於接受指令。

牛溫順有力，行步緩慢，宜於載重，是平日或戰時載重的主力。馬奔跑快速，宜於快速傳遞消息或追逐獵物，是貴族遊樂及作戰所依賴的工具。兩者拉曳的車由於用途有差，細部的構造應有不同，但基本的結構應是一致的。其主要要求為：堅牢，不致半途損壞；

● 西周中、晚期的師銅鼎銘文有俘戎「車馬五乘，大車廿」，表明軍事的行動須較多的載重大車。

輕巧，可多載重；快速，早達目的地；平衡，不致翻車；舒適，久乘不疲；適合環境，可暢行無阻。由於製造技巧的要求高，故《考工記》攻木七工中的製車竟要分成輪、輿、車、輈四工。

車子的造價高，非一般人所能擁有，尤其是著重能快速奔跑的馬車，由於馬的性格不羈，需要專門人才經過精選良種及長期訓練才能勝任，要高級貴族才能有此財力。故馬及馬車一直是有權勢者的寵物及表徵，倒不必使用於軍事及田獵的用途。馬車若以快速為目的，就該輕巧，盡量減輕車架的重量，但貴族為了炫耀的目的，卻加上很多不必要或甚至是不利急行的裝飾。如以安陽一個商代的車墓為例，其中一車裝飾各樣的銅飾約有一百七十件、重達十五公斤多，甚至馬的身上也要加上不必要的銅飾好幾公斤。其實強固車子性能所必須的銅零件可不超過一公斤，如此繁飾的車子，顯然炫耀的成分大於實用。

就一般的情況說，載重比需要快速奔跑的時機多，即馬車比牛車的需要少，但迄今發掘的漢以前的車子，幾乎都是田獵、戰爭使用的馬車，那是貴族以馬車作為地位的表徵及寵物而隨葬於墓中，以便來生享用。牛車則是勞動者謀生所賴，捨不得隨葬，故不見於墓葬。而貴族嫻習的文學作品及歷史記載，也絕大多數是貴族們專用的馬車了。

商代的馬車高大，車輿離地有七十到八十五公分高，難於跨步而上，行動優雅的貴族，要有墊腳的東西才能上車，用以登車的東西，較低級的可能只是矮木凳子，高級的貴族就非常講究。安陽的商代大墓出土一件專為上車的矮扁平石塊，雕刻一對相背的老虎花紋，石頭還有孔洞可穿繩以便搬動，大貴族一定要踏此種石雕上車，故一些文學作品就以「乘石」作為統治者的代名詞。

在崎嶇不平的道路乘坐快速的馬車是危險的，商代甲骨刻辭就曾提到兩次翻車的事故。《左傳》還記載鄭國子產以駕馭馬車比喻為政之道：「若未嘗登車射御，則敗績厭覆是懼，何暇思獲。」（如果未曾登上車射箭，因為懼怕車子翻轉，把人壓死，哪還有餘暇想擒獲獵物呢？）可見要想在馬車上作戰射箭，顯然需要相當的訓練。所以牛車雖緩慢，先為老弱婦女所樂用，後來貴族們漸疏軍事訓練，漢代晚期以後牛車漸取代馬車，成為包括貴族的全民交通工具。

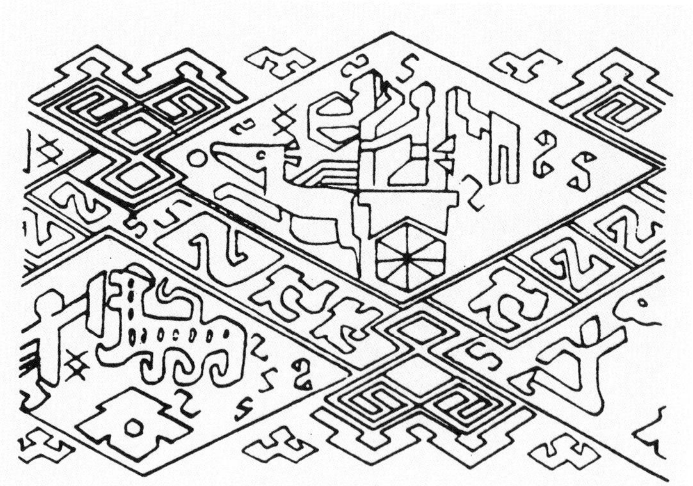

● 湖北江陵出土的戰國絲織品，上面織有田獵圖案。可清楚辨識到駕者是跪坐，射者可能長跪。

中國古代馬車的輈較直，要架在高軸才能配合馬頸的高度，使得重心不穩。駕馭時要盡量壓低重心以減少顛簸傾覆，因此理想的駕馭方式是採取跪坐的姿勢。商代的車箱欄

● 長沙出土戰國漆奩上的坐駕圖繪。

杆甚低，只有四十幾公分高，甚至矮至二十二公分者，不容立乘者攀援之用，所以西周的車箱就設計有可容曲膝跪坐的突出處。商代的輿箱底部有時用皮條編綴，它具有彈性，不利穩定站立，但卻能令跪坐者減輕很多的顛簸，乘鬥員或指揮者大概有需要時才站立起來。

從發掘知道，至少西周以來，中國馬車的繫駕方式已改良為胸式，不像近東到很遲的時候還採用頸式繫駕，皮帶壓迫頸部的氣管，馬奔跑的速度越快，呼吸就越困難，難充分發揮馬的飛動潛力。商代的馬車只駕兩馬，西周就普遍增到四馬，也許與這種繫駕技術有關。到了戰國晚期，對於輈的高度和馬與車之間的利害關係有進一步的了解。可知使用曲輈使馬頸不用壓低，軸不用提高，車輿就平正而穩定。這種有效的設計，可從大量漢畫像石及明器模型看出。

現代楷書	隸書	篆書	金文	甲骨文
車	車	車		

從水運到航海

接觸使經驗得以相互交流，是促進文明發展的重要因素。沒有快速的交通，政策及信息都沒法及時下達，難於建立中央控制的政權而成為大帝國。尤其是商業，沒有價廉而有效的交通使交流的速度加快，流量擴大，地域增廣，貿易就難進行，產業也難擴展，城市難建立。水運雖不是今日最廣被採用的方式，卻是最廉價的運輸，到遠地的貨物大部分賴之輸送。

古人雖難免選擇濱水之山丘居住，並無發展水運的必要，因為山林足以提供生活必需的資源。山區沒有發展陸運車駕的條件，但是居住於湖泊池沼地區的人們，就有需要應用舟楫以溝通隔絕的地域，到遠離河岸的地方去捕魚，擴大取食的範圍。因此舟楫的發展要早於車駕，而在中國應始於多江流湖泊的華南。在湖泊地區覓取生活，是產生人口壓力後、較遲發展的社區，故船隻的應用也不會很早。

舟楫的發明，應受「見竅木浮而知舟」（看見被挖空的木頭能浮於水面，就領悟造船的原理。），或「觀落葉，因以為舟」（看見樹葉落到水面而漂流的情景，於是懂得造船。），以上等等水中漂浮物的啟發。能載得體重的木幹過於笨重，不能隨身攜帶，乾枯的瓠瓜輕而浮力大，一般的瓠瓜二、三個就足以浮起人身，平時可裝清水，遇到河流就可漂浮渡過，一舉兩得，瓠瓜是秦漢時代行旅常備之物，也許遠古的人們也曾經利用。浙江餘姚河姆渡六千多年前的文化層已發現木槳，它不僅可以穩定航行的方向，而且還可以催舟逆流，這時的舟船起碼是木幹挖空的獨木舟，不會是不加挖斫的天然斷木了。

獨木舟的穩定性差，雖可聯合幾根編成木筏，但載重量有限，要集合許多木板拼成有艙室的船，才會增高穩定性和載重量，達到水運要求的經濟效果。河姆渡的遺址已見企口板，那是在木板兩側鑿出企口以容納另一塊有梯形截面的木板，能緊密銜接成不通縫的平面。其地五千五百年前的遺址也發現漆一類的木器保護塗料，可以用來彌補通縫，使木板拼合處不漏水是造船的起碼要求。理論上五千多年前已有造舟船的必要技術，但目前尚無實物出土。商代甲骨文「朕」（）字，作兩手拿著工具在船體上工作之狀。《考工記》裡朕字有隙縫的意義，很可能是表現彌補船板間的接縫，後來才被應用為一切的縫隙和借用為第一人稱。商代應有木板拼合的船。

水運比之陸運有兩個優點：一是經濟。《史記》記載伍被向淮南王劉安獻謀，說吳王濞：

上取江陵木以為船，一船之載，當中國數十兩車，國富民眾。

（溯江而上能獲取江陵木材建造大船，一船可以負重的量，可抵得上中原數十輛車的容量，國家殷富百姓眾多。）

戰國初期楚國頒給鄂君啟的通行銅節，一枚載明水上可以通行以三舟為一舿，五十舿共一百五十隻的船隊；三枚陸上可用牛車隊五十輛。可見江南的貿易，水運的規模要比陸運的大得多，利用頻繁。

二是快捷。順流的時候，舟行速度超過輜重車馬，而且不耗人力，這種優勢很快就被利用到軍事上。張儀遊說秦王：

秦西有巴蜀，……舫船載卒，……下水而浮，一日行三百餘里；里數雖多，不費汗馬之勞，不至十日而距扞關。

（秦國西有巴、蜀，……並船運兵，……浮水而下，一日行三百多里，路程雖長，卻不費汗馬之勞，不到十天就到達扞關。）

當時的行軍，通常一日才三十里。水運有車輛的數十倍載重、十倍速度，經濟價值顯然。華北水路少，不得不發展陸運。

水運的經濟利益春秋時已很了解。《尚書．禹貢》言禹時的各地土貢路線，只有在沒有適當的水路時才採取陸路。故水運航道的樞紐便成為軍事及商業要衝，保護航道的通暢成為當務之急，水戰應運而興，戰國銅器有兩層樓船水戰的場面已出土好幾件。黃河、渭水、汾水、汶水、淮水、長江、漢水等較大河流及眾多湖泊，都被利用成為水運要道，甚至江海不通之地，也以人力挖掘運河加以溝通。吳國於西元前四八六年掘邗溝以通長江和淮河的航道，隋代更把它延長，南至杭州，北通黃河，成為溝通南北的大運河。

不但內陸，戰國時越人沿江及海岸攻打吳國，已把水軍發展到海上了。後來秦始皇派海船深入海洋求仙，船隻於海上航行，必然有適

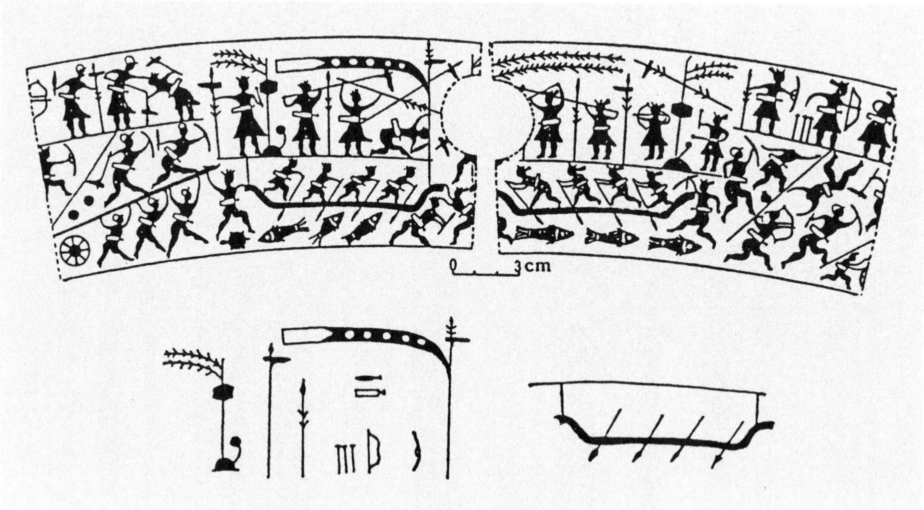

● 戰國銅鑒上的水戰紋及武器裝備示意圖。戰艦下層有水手奮力划槳，上層的戰士則在擊鼓、揮戈、射箭，而水中也有戰士拿著短劍在搏鬥，顯然是受過專門訓練的水軍。

應海上航行的設備，白天可以靠太陽指示方向，夜間航行就要靠星座，戰國已有星圖的繪製，《漢書》收錄很多天文的書，其中有《海中星占驗》、《海中五星順逆》、《海中二十八宿國分》等，特別標題海中，定是為導航的目的撰寫。

《越絕書》說戰國時的大型戰船，寬約十五公尺、長三十公尺，可乘坐九十名軍士，其中五十人為擢手。張儀勸說秦惠王攻楚的江船，可載五十人和三個月的糧食。在廣州發現的秦漢時代造船場遺址，從遺留的造船臺，測知所造船隻，一般的寬度不超過五公尺，少數的大船可達到八公尺寬。如果以出土的船模型推算船的長度，常用的船當有二十公尺長，載重二十五到三十噸，這個造船場所建造的大概是沿海航行的貨船。發展到三世紀，晉攻擊東吳的主力戰艦可容二千戰士，而《漢書》記載其前的漢武帝攻打南粵，動用樓船士二十餘萬人，都可以看出船運發展的規模和快速。

從刳木僅以容身的獨木舟到戰國的二層樓船，東漢容二、三千人的十層樓船。在演進的過程中，帆是個重要的設

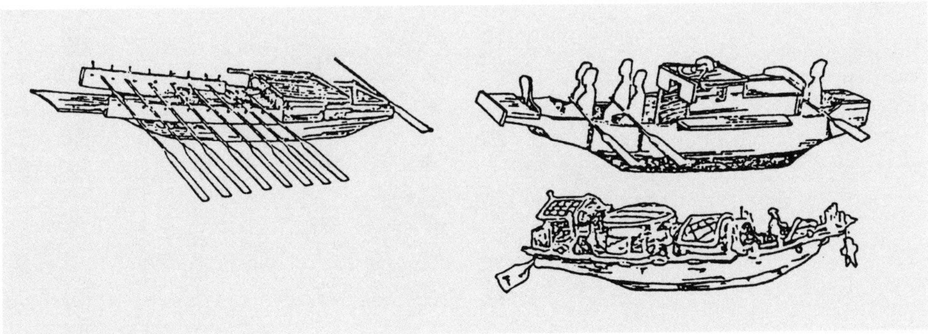

● 漢代的木船和陶船模型。

施，順水航行雖然可以增加航速，但急湍中易造成翻船事故，唯有利用帆的借助風力，可以在平緩的水流上獲得較快的速度，或在急湍中減低速度。以戰國初期越攻打吳國的海船估計，應已有可調整方向的帆，否則無法航行於滔滔的海洋中。三國時航線已延伸至今日的斯里蘭卡，其時的海船，「隨舟大小，或作四帆，前後沓載之，……其四帆不正前向，皆使邪移，相聚以取風吹。風後者激而相對，亦並得風力。若急則隨宜增減之。邪張相取風氣，而無高危之慮，故行不避迅風激波，所以能疾。」（有種船設計了四個風帆，並不直接迎風，而是橫向且稍傾斜地面對迎風面，使船能在逆風中前行，帆的面積是隨著風力大小而增減的，使用轉動靈活、升降自由的風帆，克服了以往船舶只能順風行駛的侷限，所以可以速行。）水手能依風向、風力以調整帆向、帆數而航行於任何風向，其經驗較之西洋要前進幾個世紀之多。可算是當時最進步的航海技術了。

現代楷書	隸書	篆書	金文	甲骨文
朕				

住旅舍需通行證

人與人的接觸是文明能夠進步的一個很重要因素。尤其是在高度發展的國家，更需要有快速便捷的交通網，可將信息及時傳達到遠地，使政策能順利地執行。既然如此，就需設旅舍驛站，讓人、畜在途中作短暫的休息。同時，隨著時代的演進，人們逐漸分工以提高產品的產量和品質，然而分工導致生產不平衡，這時就得相互交換多餘的產品，而有商業的行為。與遠地交易需要有人押運貨物，也少不了讓人休息的旅舍，因此旅舍是人們經常與遠地有接觸以後的事，是高度文明表徵之一。那麼，我們中國從什麼時候起有旅舍呢？而代表其設施的標幟又作如何的設計呢？

商代以前，由於尚不見文字的記載，難以猜測當時是否已有旅店的設施。從甲骨卜辭可以看出商王朝與諸國來往頻繁，經常有長期持續的田獵活動與大規模的軍事行動。為了傳遞情報，互通使節，一定會在主要通道上設置旅舍，供來往人員歇腳。西周初的《易經·旅卦》爻辭有：「旅焚其次，喪其童僕。……鳥焚其巢，旅人先笑後號咷，喪牛於易。」（旅人居住的旅館被火燒了，失去了童僕。……如同鳥兒得到巢窩又被焚燒一樣，旅人先是開懷大笑又嚎啕大哭，在田邊失去了牛。）可見當時旅舍已不限政府的使節，就是從事貿易的商賈也能在其中住宿。

西周初的甲骨文有「舍」（）字，作余形的東西豎於基址上之狀。然而屋舍的柱樑並沒有類似的結構，所以應不是表示房屋的側視形。而且旅舍的柱樑應與其他建築物沒有大差別，古人也比較不會以房屋的柱樑結構去表達旅舍的意義。

我們知道余字被使用為第一人稱是假借義，它應另有創字的本義。甲骨文的「敘」（）字，作手裡拿著余形的東西，「敘」有詮敘、敘職等意義，很可能來自在集會時，有拿著「余」（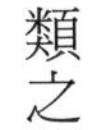）類之標幟以表示在序列中位置的習慣。《周禮·小行人》：「凡四方之使者，大客則擯，小客則受幣而聽其辭。」（凡四方諸侯國的使者來朝，是大客就引導他們面見王，是小客就接受他們的見面禮，並聽取言辭再呈報。）由此可知，也許較早的時代有檢驗信符的習慣。古時常以旗幟一類的東西以代表其部族或官職，列班時也許以之為標記，好像今日的名片、護照、介紹信等的用途。有事要報告時便高舉之，類似現今之舉手發言，所以金文的「對」（）字，作手舉某物之狀，以表達對答的意義。因此「舍」字有止舍、旅舍的意義大致來自住宿的人，以代表其族、其職的旗幟或使節豎於屋前，以

表示某人的臨時駐地，並同時含有警告閒人不要接近的意思。《周禮．環人》：「掌送邦國之通賓客，以路節達諸四方，舍則授館。」（環人負責迎送諸侯國，以常事往來的賓客，發給旌節使他們能通行四方，要住宿就負責安排館舍。）說明住宿的時候要把路節交出來，可以想像古時的旅店，門前有插告示牌的設施，故取以創造「舍」字。

古代一般人少作旅行，旅行的人都是有要事的信使和使節，他們一定隨身攜帶身分證明。後來商業發達，商人來往城市之機會日多，政府就頒發符信以為許可旅行的憑證及住宿檢驗之用。《周禮》一書所記載的雖不是古代真正發生過的制度，多少反映些古代的習慣，其內容記載：

凡邦國之使節，山國用虎節，土國用人節，澤國用龍節，皆金也，以英蕩輔之。門關用符節，貨賄用璽節，道路用旌節，皆有期以反節。——〈掌節〉

（凡諸侯國的使者所用的節，山區之國用虎節，平地之國用人節，澤地之國用龍節，都是銅製的，用有畫飾的函盛著。出入國都城門和關門用符節，運輸貨物用璽節，通行道路用旌節，各種節的使用都規定了有效日期，以便按期歸還。）

達天下之六節，山國用虎節，土國用人節，澤國用龍節，皆以金為之。道路用旌

節，門闕用符節，都鄙用管節，皆以竹為之。——〈小行人〉

（走訪天下需要六節，山區之國用虎節，平地之國用人節，澤國用龍節，都是銅製的。道路用旌節，出入國都的城門和關門用符節，都是竹製的。）

旅行者要攜帶符信以證明身分，所以甲骨文的「途」（）字，由余及腳步組成，「腳步」用以表示旅行的活動，「余」如依《周禮》的記載，應是道路行用的符節。則旅舍之前所豎的似是旗子一類的東西，不過下圖所示的則是木架。

旅行在古時候頗不容易。一來道路的修建不發達，旅人經常要攜帶笨重的行李，有時遇到河流，還得涉水而過，沒有橋樑可渡。因此一般的行旅一天只行三十里路，約合現在的七公里多，故陸路以三十里設一旅舍為常制。《周禮．遺人》：「三十里有宿，

● 長沙出土戰國漆奩上的圖案（節錄）。欄杆旁所豎者，可能是旅舍余形之標幟。

宿有路室，路室有委。五十里有市，市有侯館，侯館有積。」（在國境中，三十里有簡陋的旅舍，旅舍有獨立客房，也能用餐。五十里有城市，城市有設備豪華的招待所，可以用餐。）不是國野之道，恐怕就沒有供食宿的地方，故私事旅行的人往往自備乾糧，以防萬一錯過旅舍時不至於挨餓。

政府的旅舍不但提供食物及休息，有緊急事故需要兼程趕送時，也提供車馬御夫的服務。西周早期的銅器，就曾提到這一類負責招待使節的官員。商代的甲骨貞辭有「勿収有示卿死，迻來歸？」是商代用來表達傳遞工作的字。大半是因有人死在異鄉，問要不要用接力的方法，早日運回安陽安葬。另一意義相關的字是「傳」，意義是傳遞信息的信差。商代已有精美的馬車，不知除軍事及田獵外，有無利用馬車或馬騎以傳遞信息，好縮短傳遞的時間。

● 魏晉時代畫像磚上的驛使圖。

甲骨文又有一「羈」（）字，作一野獸的雙角被繩索一類的東西縛住之狀。貞辭作「至于二羈于之若，王受又？」問從二羈延長行程至之若，王會不會受到福佑。其他還

有三羈、五羈，很顯然「羈」是從安陽算起，有一定行程距離的設施。《周禮・遺人》，掌「野鄙之委積，以待羇旅」。（想在離都城較遠的村野用餐，只有到驛站了。）「羇」即「羈」字，也是與行旅有關的設施，指的也許是國家所設的驛站，用以傳遞信息及貨賄，大概也備有房間以供御夫休息。「羈」字既然以有角的動物創意，拉曳的畜牲一定是牛，後來發展到普遍以馬傳運時，才寫成從馬的羈，同時也出現了馹、驛等以馬為義符的字。

牛車行走速度緩慢，而水運為正常陸運的十倍，據《戰國策・楚策》：「下水而浮，一日行三百餘里。」（浮水而下，一日能行三百多里。）但如以馬傳遞消息，用接力的方法，則可較水運快速，而且不受有限水道的限制，雖關山險阻，也可通行。故到了春秋時代，利用驛站傳遞信息、接待賓客的制度已普遍建立。東至齊，西至秦，北到晉，南到楚，東南至吳越，中原之魯、宋、陳、鄭，沒有一國不是廣設驛站旅舍以利交通的。

現代楷書
隸書
篆書
金文
甲骨文
舍
敘
余
對
途
羈

買賣的標準度量衡

估計事物的輕重、大小、長短、多少是生活中離開不了的經驗，其概念是遠古以來就有的。當舊石器時代的獵人們拿著飛索要投擲時，就要估計石塊的重量、獵物的距離，才有希望命中。但是一旦要向他人傳達其意念時，就會發覺各人的了解有所不同，難正確地傳達，不像現代人人有共同的概念，不怕會發生誤會。度量衡的制度，是人與人接觸後才需要的東西，因此傳說是五千年前黃帝創制的，不過開始時一定很疏略，要等到商業社會才會有發展，因為商業是種謀利的行為，要精確計算其成本與利潤，同時也要取信於人，生意才能做得成，故促成計量系統的建立和商品的標準化。

度量衡的演進大致有三個階段：首先是依靠人的感官以判斷事物的輕重，其次是暫借日常用具以度量，最後是有一定的度量衡器及一定的標準。在最初階段時人們只求大致的輕重就可以，故甲骨文的「稱」（）字作一手提物以估量物輕重之狀，「量」（）

字大概是裝物於袋中以估計重量與容量之意，袋子的大小較有固定的標準，較之以手估量物重又進了一步。

長度是度量衡制最基本的標準，其他兩制都依之以定。在自然界中，最方便取以度量他物的東西莫若自己的身體，完全不假外求，故早期的長度標準都取自人身。

人雖有高矮之差，其手指的長短在感官上是類同的，故《大戴禮記．主言》有「布指知寸，布手知尺，舒肘知尋」之言（以手指的寬度為寸，用張開大拇指和中指的長度為尺，伸長左右手臂的長度則為尋。）小篆「寸」（）字作手指之旁有一短劃之形，表示一寸之長約等於大拇指的寬度或一節的長度。古時的一寸，約現時二公分多一點點，與大拇指的寬度最相當；西洋的英寸，也來源於希臘人稱拇指的寬度，後來羅馬人才加大成為一步的十二分之一。想是因為以直豎的拇指量物最為方便，所以不約而同以之作為長度單位。

小篆的「尺」（）字乃作張開手指頭的樣子，在那種情況下，拇指的頂端與中指頂端之間的距離約為一尺。尋為八尺，甲骨文「尋」（）字作伸開兩臂以量物之長度狀，其所丈量的東西中有一形是蓆子。可知商代商品已有標準化的萌芽，寸、尺、尋本是各自為陣的單位，量小東西時用手指，長距離才伸開手臂，後來取其約數，才規定十寸一尺，八尺一尋。更後由於採用十進的緣故，才設十尺為丈的人為尺度，而捨棄自然標尺的尋；

秦漢時代的一尺約等於現今二十二點五到二十三公分。走路的步伐也可以用來測量距離，西洋的英尺就是以腳表示的，但在中國一步指同一腳起落點之間的距離，與西洋指兩腳步間的距離，習慣稍有不同。

涉及需要測容量的東西，古代主以食物，故說：「食一豆肉，飲一豆酒，中人之食也。」（吃一豆的肉，喝一豆的酒，是普通人的食量。）這句話表現第二階段以食器為容量之標準，「豆」容器只有約略一致的大小，也不是很精確的量制。「斗」與「升」就是以日常容器為量制的文字，甲骨文的「斗」（）字作一把挹酒漿的杓子形，「升」（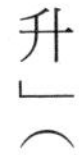）字則作一淺底的杓子狀，十升為一斗，大杓子大概有小杓子十倍的容量。

建立標準的度量衡制是商業活動能發達的重要因素。交易的重量與價值以常見的東西為標準較方便，故度量衡制之名稱大都取自經常交易的貨物，如斤取自石斧，銖取自珠子，兩大概取自鞋子等。基於客觀的事實，古代沒有一樣的東西能有絕對的重量和長度可取為標準，故各國的度量衡制都有些差異，給交易帶來很多計算上的麻煩。譬如說戰國時秦的一斤約等於現今的二百五十克，趙國則只有二百十七克，故戰國以來就有制定標準器的獻議及設施。

秦商鞅於西元前三四四年頒布標準量，以十六又五分之一立方寸的容量為一升，到秦始皇統一中國時，更了解到黃金性質的穩定，以一立方寸的黃金為一斤的重量。長度和重量有一定的標準，容量的標準也自然能建立。戰國七雄中，以秦對於度量衡的製作最為嚴格，如果誤差過大，負責校準量器的官吏就要受處罰。有大量秦始皇詔版的石權和銅量的出土，就是其整飭度量衡制度的具體反映。漢代以黑黍的顆粒寬度、重量和體積去設立標準，雖比現今以氪八六同位素輻射的波長定長度、以白金與銥合金定重量的標準，相差不可以道里計，應也相當準確。但古時量器的製作無法做到如今的精確，可能校正也不嚴格，再加上時時改制，故據漢代銅容器注明的重量及容量加以計算，其一斤竟從二百二十四至三百十克，一升也從約一百七十到二百一十毫升不等，與平均的一斤二百五十克、一升二百毫升相差甚遠。

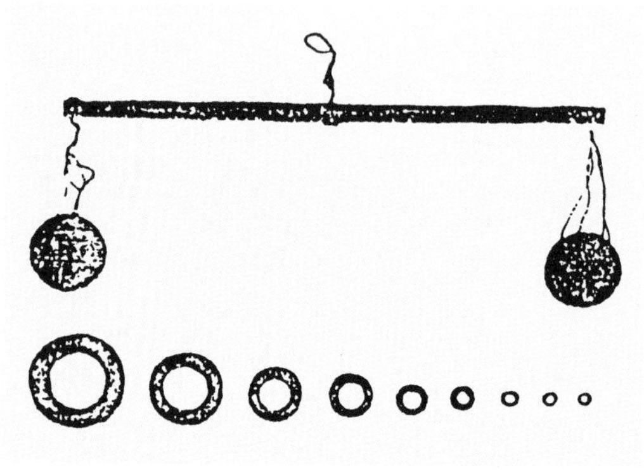

● 長沙戰國墓出土的天平與砝碼，最小的砝碼只有零點六二克。

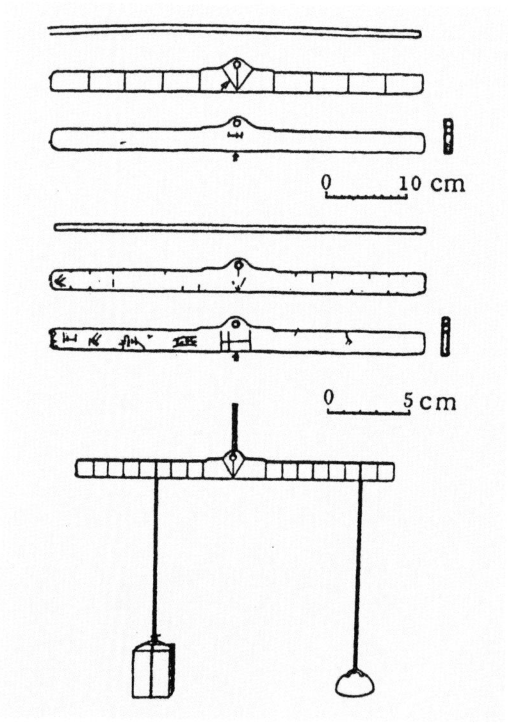

● 戰國的不等臂銅衡。漢代以來的秤，即依其原理以稱物。

在中國，最初稱重的器械是天平，它是一種利用平衡原理的設施。如果一端的重量已知，就可以在同樣距離的另一端稱得等量的東西，臂越長則誤差越小，埃及於五千年前就曉得其原理。天平是量重最可靠的方法，但因為要使兩端重量絕對平衡比較費時，現今一般不使用這種方法，只有稱貴金屬或科學性的分析時才用。中國目前所發現的天平實物雖以春秋時代為最早，但作為「權」使用的大石璧可早到西周時代。有人以為石權是種權力的象徵，被賦予徵收等量穀物的信物，所以漸演進成權位的禮器玉璧。有人甚至以為石權的使用可以早到新石器時代的晚期，基於埃及的事實，是很有可能的。

春秋時代的天平是懸吊式的，但早期天平所稱的東西以袋裝的粟米一類重物為主，難穩定地用單手提著，應是採用支架式的，如三千多年前埃及壁畫上的天平。後世多用天平稱量輕的物品，故容易使用懸吊式以單手提起。到了戰國時代，人們又領會槓桿的原理，利用支點、距離與重

● 西元前一千三百多年前埃及墓壁畫上的支架式天平。

量之間的關係以稱物。利用這種原理，不但可用較輕的「權」以稱重物，也能更精確地用較重的「權」以稱輕物，是衡器製造的一大改革，漢以後盛行的形式。

現代楷書
隸書
篆書
金文
甲骨文
稱
量
寸
尺
尋
斗
升

孔方兄不是唯一的交易貨幣

今天只要有錢，就可以從商店買到需要的東西，不用顧慮人家不接受它，因為如今的錢是政府發行的法定貨幣，人人信得過，有肯定的一定價值，可據以計算物價，一切東西都可以用貨幣換得，不必尋找各有所需的人做貨貨的交換，非常方便，大大促進貿易的規模。現今通行於世界的紙幣是中國人首先使用的，而使用有文字的金屬鑄幣也甚早，讓我們看看其發展的歷史。

人之能生存於蠻荒的世界，不因有強壯的體格，而是能使用工具。沒有一個地區產有齊全的、適合生活需要的各種物資，當人們進步到講究工具的效用時，就自然興起交換的念頭。最初普遍需求的物資應是石塊，因為它是工具的主要素材，可能自舊石器時代就發生了交易石塊的行為，美洲印第安人就有不從事生產，以容許採石而得報酬的例子。

交易初期當然是以貨易貨的方式進行的，交易的貨物雖因地而異，主要應是實用的生活工具、原料，或是難得的美麗裝飾物。實用的製成品大致以石斧為最多，《周易》〈旅卦〉、〈巽卦〉的「得其資斧」（得到了資財）、「喪其資斧」（喪失了資財），即反映其時代的背景；大概陶器、布帛也時常交換。交易有時並不是為了眼前的需要，譬如說罕見的珠寶，它是人們打扮漂亮且能顯示階級的良物，珠寶量輕、價高、不敗壞，攜帶不累贅，可以容易交換到大量的糧食，因此人們儲備它，以待他日緊急情況時交換，所以也很早成為需求的對象。

初時交換的種類不多，比較容易找到相互都需要交換的對象。但是文明越發展，交換的時機雖然增多，自己不製作的種類也越多，反而不易找到有相互需要的交換對象，因此有必要找到一種性質穩定、不易敗壞、容易計算，且其價值廣為大眾接受的東西作為交易的媒介，可以之隨時交換需用的東西。

海貝是早期中國南方向北方、或沿海地區向內地交換的重要商品，它產於印度洋及南海島嶼附近的暖水域，其外殼堅硬細緻，有美麗色彩及光澤，令人喜愛，尤其是其個體輕小而均勻，易於收藏、攜帶和計算，它不易敗壞，可串聯成美麗的飾物，為普遍被人喜愛、接受的高價物品及地位表徵，因而被取以為交易的媒介。海貝是以稀罕、美麗的特點而被人們當作價昂的裝飾品，但隨著交通日便，供應日多，其價值也自然相對降低，一旦其高價的身分不能保持，就得再找另一種物質。

人類從很早開始就以自然形態的金、銀作為貴重的飾物，並發展為金、銀幣。但在中國，春秋時代楚國加入中原政治以前，其產量太少，不起作用。青銅發現後，貴族用它鑄造禮器及武器，以滿足國家對「祀與戎」的兩大要求，一時不能以之當通貨。但隨著冶金業的發展，尤其是鐵冶的興盛，一些銅武器和工具為鐵所取代，甚至很多禮器也慢慢被輕盈光豔的漆器所替代，銅材可以比較大量地、以實用的物質流通於民間。銅比海貝具有實用上的價值，以及有不易破壞、可改鑄等優點，不像海貝一旦毀壞了，其價值也跟著消失，而且其產量有限制，不會大大貶值，故終取代貝成為新的通貨媒介。

貨幣的演進大致經過三個時期：一是實物貨幣時期，二是金屬稱量時期，三是鑄貨時期。鑄貨的價值往往高於材料本身多倍，人們願意接受它，《管子．山權數》歸功於聖王的創意，說夏禹和商湯時分別有多年的水災和旱災，為了援救以子女交換糧食的困苦民眾，才鑄錢幣為之贖身。周代之前並不見錢幣出土，就算禹、湯真有鑄幣以釋解災難的措施，也只當作一種臨時的抵押，並不打算作為通貨使用。銅被選用為鑄幣的材料，應是基於上述銅本身的條件和時代背景，最初可能與金、銀同是商人之間支付貨物的計值，隨著其量多，普行於社會，價值也穩定，終於為各地政府採用以發行貨幣，又慢慢通過強制的行政法令，演變成與本身重量不等值的信用貨幣。譬如說秦國的「半兩」，其重量依錢文約合現今的八克，但現存的「半兩」，不知何故，有重達十二克，超出面值甚多，但一般

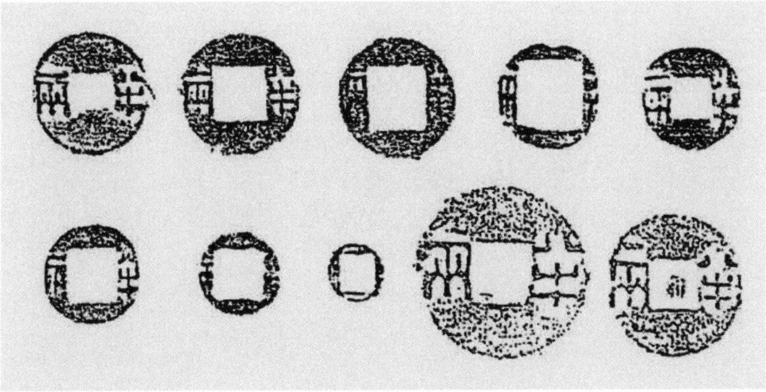

● 秦墓出土的半兩錢，大小和重量都懸殊，幣值遠超材料價！

的才三、四克，約為面值的一半，甚至有輕至五分之一克！不懾於威權，是難為人們所接受的。

銅因可鑄為工具的價值被大眾所接受，故和很多民族一樣，中國早期的銅幣就以實用工具的形狀出現，後來為行用的方便，才慢慢變小、變輕。三晉地區流行的是從鏟形演變來的空首布及平首布；齊、燕地區則以刀形的刀幣；秦、韓地區流行的圜錢，則可能演變自權衡的形狀。這三種形狀的銅幣，可能由於圜錢最方便攜帶，成為全世界鑄錢的常式，倒不必是因通行於統一中國的秦國地區。

中國以金屬實物折算物價大概西周時代就有了，鑄為流通的錢幣也至遲在春秋中期。初時的錢幣很重，有些不太具實用的小銅鏟重達二百克，可能為原始的銅幣。後來市場漸多，日常小交易日益頻繁，量重值高的錢幣就不便使用，故鑄造的重量就遞減，就像今天雖風行高額紙幣，還不能不輔以金屬小錢。戰國時齊國的一枚齊法化重量稍少於五十克，常年時約可購十五公斤小米或鹽五公斤多，豐年時則可購小米五十七公斤。戰國後期布幣一般重量為十二克左右，還是難當小量的交易，故除已貶值的海貝外，也把銅鑄成海貝的形狀，以當小錢使用，方便民間交易。

銅貝一個約重四克，與一般秦「半兩」相近。秦時一勞動日的工資是半兩錢八枚，據秦簡《倉律》換算，十枚秦半兩可購小米六公斤或鹽二公斤、麻布二公尺。漢武帝於西元前一一九年廢棄名不符實的半兩錢，改鑄「五銖」錢，直徑為二點五到二點六公分，重約四克，但四克還是太重，故常減至二、三克重。五銖錢購買力適中，行用了七百多年，後來錢文雖不再以重量記值，但其重量和大小，一直是鑄錢的典範。

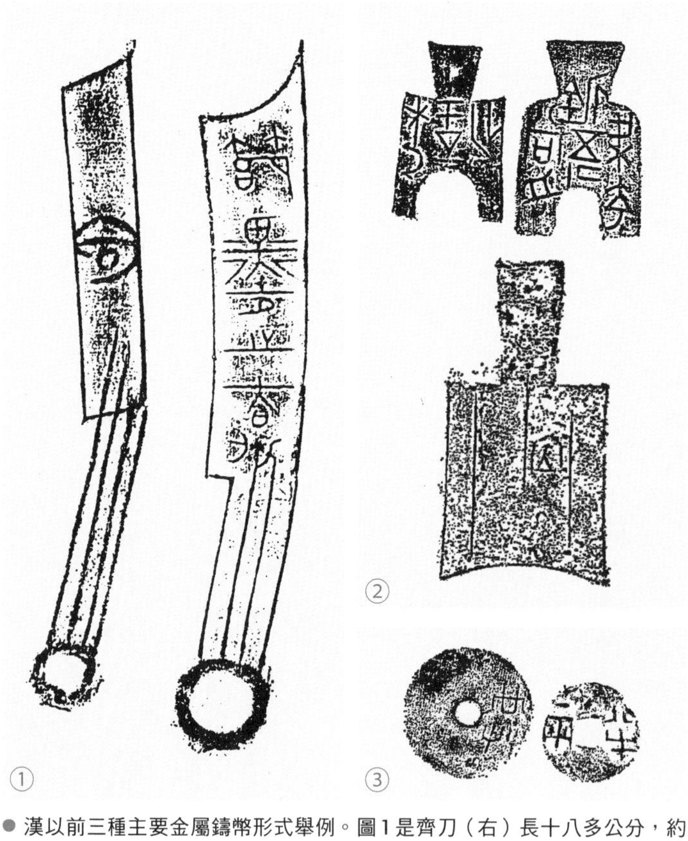

● 漢以前三種主要金屬鑄幣形式舉例。圖1是齊刀（右）長十八多公分，約重四十六、七克。燕刀（左）長約十四公分，重約十四克。圖2是三晉地區的布幣，形式多，重量懸殊，從十幾到三十克。圖3是秦韓地區的半兩、共等錢文的圜錢，大約有八、九克重。

現代楷書	隸書	篆書	金文	甲骨文
貝	貝			

氣候變遷對生活的影響

生態與氣候關係之密切是眾所周知的，如大象絕不能在冰天雪地生存繁殖。不同的氣候、不同的環境，或它們的變遷，都會導致或改變不同的生態和生活方式，因此了解一個文化的孕育和發展過程，是不能忽視其所處的氣候背景的。人類的歷史雖長，但文明的發展，主要卻是發生於過去的一萬年。如果要探索中國文化從孕育到成熟的發展過程，就有必要對於這段期間的氣候概況有所認識。

對於有文字記載期間的氣候，我們可以從很多方面加以推斷，譬如說下雪的早晚、雨量的多寡、候鳥的出現、花卉的開花等現象，都可以幫助我們了解趨冷趨熱的大勢。現在更有不少的科學方法，可測知史前某段期間某地的氣候變化大概，如利用海岸線或高山雪線的升降變化，可以探測出某段期間的相對氣溫變化；如利用氧十八放射性同位素的含量，就可以研究結冰時的溫度；也可以從土壤中遺留的花粉，以探測植物被的分布情形。

從考古發掘的遺址中發現的大量動物遺骸，是人們屠殺取食的具體表現，也可以反映那些動物群生活的氣候。因此遺址中各種動物骨骸的比例，也可以用來推測古時的氣候概況。

對於氣候的變遷，人們可用居所、服裝等等方法去適應。動物雖也有脫毛的適應方法，但除了遷移以外，野生的動物沒有其他太有效的辦法可以適應不利的氣候。動物的骨骸是遺址中最常見的，取樣和鑑定都比較容易，因此從一遺址不同地層的動物骨骸，就可以得知該地較長期間的氣溫變化大概。但是長期間持續有豐富人類居住遺留的遺址並不多，河南淅川下王崗正有六千年來持續的遺址，可以透露一些中國文化孕育的一段最重要時期，中原地區的氣溫變化大概。茲介紹於下：

該遺址的七到九層屬於六千到五千年前的地層，出土如犀牛一類喜暖的動物占百分之二十九，其餘為長江南北適應性較強如狗的動物。第五和第六層是屬於四千五百到四千二百年前的地層，不見有喜暖的動物。第四層為四千到三千七百年前的地層，喜暖動物占百分之二十二，如麃一類喜冷的動物占百分之十一，其他為適應性強的動物。第二和第三層約為三千六百年前的地層，喜暖動物占百分之二十五，其他為適應性較強的動物。第一文化層約是三千年前的西周時代，不見有喜暖的動物。

總觀以上所述，適應不同氣候的動物遺骸百分比，正可反映該地區在距今三千到六千年間，以六千年前的氣溫達到最暖的高點。到了距今四千年前後，年平均溫有趨冷的趨勢，三千六百年前又恢復一些溫暖，並持續到三千年前，之後氣溫又轉冷。

從動物群骸骨遺留的變化百分比來探測古時的氣溫，當然只能得到相對的概況。還要配合他種的資料加以調整和校正，才能得到較實在的情況。通過各種科學方法對氣候所作的研究，發現氣溫的波動是全球性而又彼此先後呼應的。雖然全球的氣溫不是同時各地轉冷或趨熱，變化的強度也不是一致的，但波動的曲線是相應的，可以作比較的研究。如圖1是挪威雪線變化的曲線和中國氣溫的變化，圖2、圖3是日本不同地區海平面與年平均溫的變化。在相應的期間，其波動可是一致的。

在過去的一萬年間，各地的氣候有相當大的變動。大約距今九千到一萬年間，年平均溫度約比今日低攝氏五度的樣子，此後氣溫一直升高，於距今七千到三千年間約是最暖時期，年平均溫度要比今日高攝

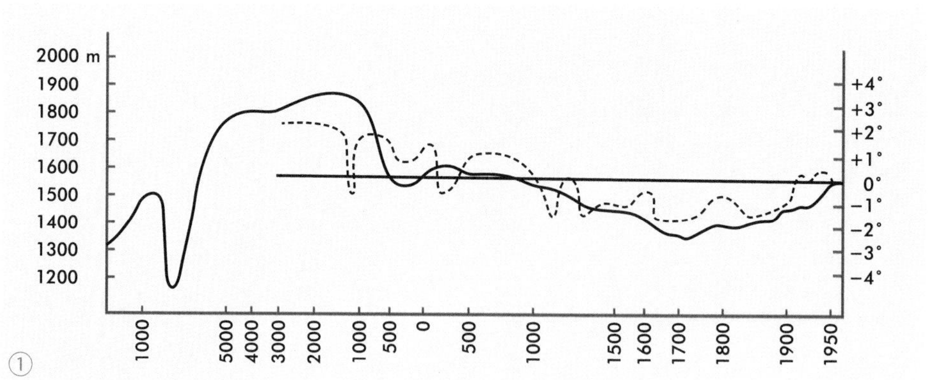

①

● 粗線為挪威一萬年來雪線高於海平面的變化，斷線是中國五千年來溫度的變化。

氏二度。那時的一月份平均溫度，可能要比今日的高達攝氏三到五度之多，此後氣溫又下降而波動，約低於現今平均溫一到二度之間，西元一千七百年後又逐漸升高到今日的溫度。

從以上敘述可知，過去一萬年間，年平均溫度曾有攝氏七度之多的變化，生態的景觀一定很不同，肯定對人們的生活起了很大的影響。如果舉較具體的例子，中國浙江省在一

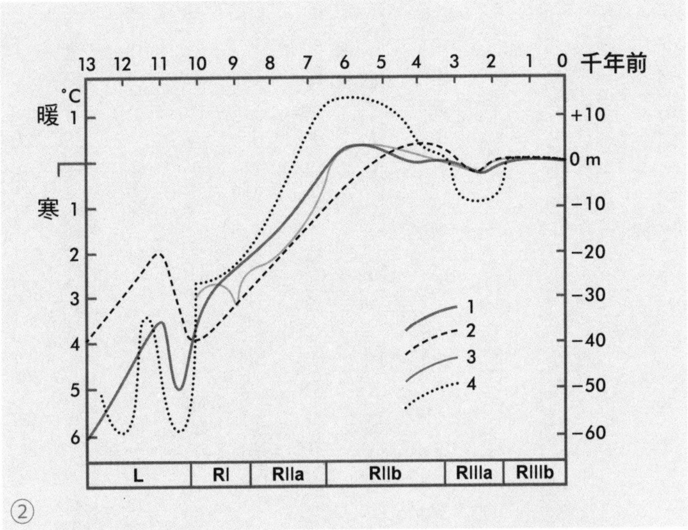

● 海面變化與年平均溫的變化。粗點為年評估溫、細點為海面的高度。
1、2、3，不同地點的海平面變化曲線。4，年平均溫的變化曲線。

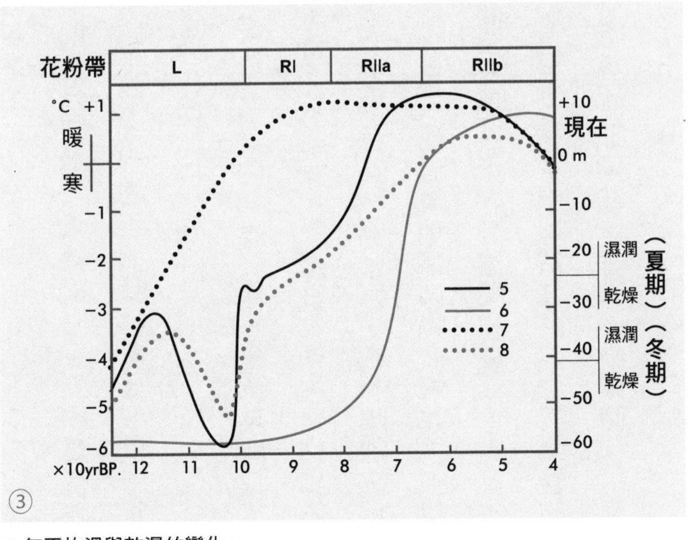

● 年平均溫與乾濕的變化。
5，年平均溫的變化曲線。6，夏季降水量的變化曲線。7，冬季降水量的變化曲線。8，平均海面變化的曲線。

九九〇年代的降雨量是一千二百五十到一千五百毫米，六千多年前其降雨量約比現在高八百毫米，約等於臺灣的雨量。但到了四千年前的良渚時期，氣溫下降，氣候變得乾燥，降雨量才七百毫米而已。它使水稻的分布區大為縮小，人們的生活受到影響。根據研究，在溫暖時期，單季稻可在黃河流域普遍栽培，在寒冷時期則只達淮河流域。

農業大致是一萬年前開始發展的，發展農業需有適宜的氣候條件，一萬年前的年平均溫度比現今低四、五度之多，則華北地區恐怕會太冷、太乾燥，不適宜人們的居住和農業的發展；華南地區則可能如今日的長江流域，比較適宜發展農業。到了六、七千年前，根據對動物、植物被的考查，長江沿岸的氣候約如今日的廣東，而廣東地區則過於燠熱，不但妨害穀類作物的成長，也不利人們長年居住。那段期間華北地區正好是溫暖和濕潤，為畜牧和農耕都提供相當有利的條件。從氣候的因素看，好像農業先在華南地區發展，由於氣候的變暖，南方不宜居住，所以人們北遷，並把農耕的知識帶到華北地區。春秋、戰國時代以來華南地區次第開發，終於成為人文薈萃之區，這一點似乎也與氣溫又趨冷的因素有關。

自然環境是決定古人生活方式的一個重要推動力，刀耕火耨的生活方式只能在有樹木可供焚燒的森林地區出現，在雨量不充分的地區也只能發展游牧的生活。氣候雖是自然環境的一個因子，但土壤、河川、叢林、地形等因子又都與之有連帶的關係。因此在談到古代的社會時，其氣候的條件是不能忽略的。

現代楷書	隸書	篆書	金文	甲骨文
寒	寒			

學習有固定場所與規制

越高級的動物，新生嬰兒越要經過長時間的保護和學習才能成長而獨立生活，這一段學習期間以人類為最長。而且越文明、越進步的社會，其學習的時間也越長，投入的經費和人員也越多。現代已經有很多人花二十年的時間，拿到了博士學位才算完成了學習的過程，開始工作而服務社會。

人還有別於一般動物，不但餵養和保護新生代，還設立各種專門學校，集合學童，用語言文字把歷代累積的經驗傳下去，不單是自家個別的教育。在小孩尚未能自己站立走路時，父母就要加以背負抱持和保護，甲骨文的「保」（）字即作大人背負幼兒之狀。把經驗傳給下一代既是動物天生的賦性，不管是原始或進步的社會，都會把教學之事納入組織，差別只是規模的大小及精細的程度而已。到了適當的時候，社會就會要求父母把子女送到學校，接受能自立於世的必要知識。人類初生時沒有分別，成長後卻各具有不同價值觀念、行為準則、風俗習慣的文化，主要在於經過這一過程的不同內容的影響。

人類成長的過程基本是一致的，因此各社會的教育程序也大概一致的。在入學之前，家庭要先教以語言，使能表達思想，了解別人的意思。到了學校後，就學習主要的三事，即發展智力的認知性學習，確立價值觀的情感性學習，以及發展操作技能的心理運動性學習。至於參與社會活動，作為行為準則的禮儀，則是高一層的知識，屬於後一階段的學習。那麼，學習的概念是如何表現在我們的語言呢？

學和教是一事的兩面，甲骨文的「學」和「教」字都有一共同的部分「爻」。「爻」字在後代的意義是卦爻，因此有人以為「爻」是交錯的算籌形狀。但是以算籌演算數學是很進步的事，其發展應不早於春秋時代，至於更為高深複雜的卦爻神道，更非孩童所能懂得的學問。原始教育的特點是與生活和生產的需要關係密切，因此「爻」所表現的該是一種一般入學兒童所能學和做的事，而非專職人員的專門知識。

金文的「樊」（）字作手將木椿捆縛成一排的樊籬形。爻的部分是繩結的交叉形，一個交叉的繩結與數目字「五」容易混亂，而且捆縛東西要圈繞多道才能牢固，故用兩個並列的繩結表示。古代把兩件東西緊緊地接合在一起最常用的方法是繩縛，結繩是古代生活的一個重要技能，處處都用得著，譬如捆牢兵器或工具於木柄上，固定房子的木構件等。架橋和造屋是半開化部落教學的主要內容，都需要結繩的技巧，它是古人面對大自然最基本的生活技能之一，怪不得今日童子軍的訓練，也要求熟悉打結的技術以適應野外的生活。

打繩結一定要用雙手，故樊字「爻」下的兩手是表示打繩的動作。有些字的「」大概是家屋的木構，古人架屋的機會遠比今人多，尤其是還未營定居生活的時代，拆拆架架更是生活常事。看來甲骨文的「學」（）字是基於打繩結的概念創造的，「教」（）字則作於繩結之旁多一手拿著鞭子之狀，表示以處罰勸戒孩童學習打結技巧。很顯然，從很早開始人們就認為鞭打處罰是有效的教學方法。

開始時的教育是沒有階級性的，到了一定的年齡，每個人都要學習如何在社團中過生活。在以謀食為日常主要活動的古代，首先要學習的就是製造工具、打獵或耕地等必要的技術，但當社會出現了階級後，有些人就要多學當統治階級的必要內容。《禮記・內則》說自帝舜至周代，教學分別國老與庶老，商代以前的已不能徵驗，但至少反映學有階級之分的後代觀念。甲骨刻辭有「大學」的名稱，能知商代不但孩童入學，一定也有為成人而設的高層次教學。卜辭有「教戍」、「學馬」、「王學眾伐于免方」，應是有關軍事的訓練；還有「多万」入學的貞問，万的職責與舉行禮儀時樂舞的演奏有關；「國之大事，在祀與戎」，我們可以理解商代高級的教學主為祀與戎服務。

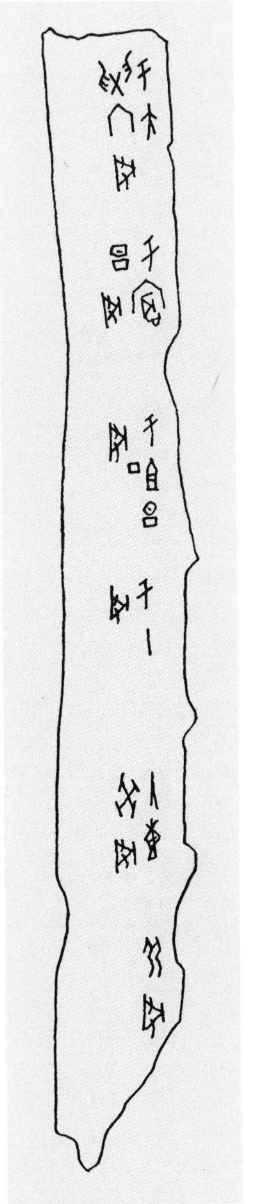

商朝甲骨卜辭，問于大學尋祭祖先之事。

卜辭所反映的是有關朝政的高層次大學教育。至於小學的教學內容，應大致如《禮記・內則》的敘述：

> 六歲教之數與方名。七年，男女不同席，不共食。八年，出入門戶及即席飲食，必後長者，始教之讓。九年，教之數日。十年，出就外傅，居宿於外，學書記，……禮帥初，朝夕學幼儀，請肄簡諒。十有三年，學樂誦詩舞勺。成童，舞象，學射御。二十而冠，始學禮，……女子十年不出。姆教婉娩聽從，執麻枲，治絲繭，織紝組紃，學女事以共衣服。觀於祭祀，納酒漿籩豆葅醢，禮相助奠。十有五年而笄。

（六歲時，要教授他們識數，辨別東南西北四個方向。七歲時，開始教以男女有別，男孩和女孩吃飯的時候要做不同的位置。八歲時，出門進門、坐桌吃飯，應讓長者為先，讓他們知道對待長輩應該尊重。九歲時，要教他們知道朔望和會用干支記日。十歲時，女孩要待在家中，而男孩就要跟隨老師學習，住在學館裡，學習識字和算術。……男孩之前學習的禮數，要遵守不能懈怠。早晚學習灑掃進退的禮節，勤習簡策，學習以誠待人。等到十三歲，學習樂器，背誦詩歌，學習舞《勺》。十五歲時，要學習舞《象》，學習騎射和駕車。二十歲舉辦加冠之禮，寓意已經長大成人，就應學習五禮。……女孩長到十歲就不能像男孩那樣外出，需待在家裡由女師教授她們委婉的話語，如何打扮才算貞靜，如何舉動才算儒雅，還要教她們績麻繅絲，織布織繒，編織絲帶等女紅之事，以供製作衣服。還要讓她們觀摩祭祀活動，傳遞酒漿、籩豆、菹醢等祭品祭器，按照禮節規定幫助長者安放祭品。等到十五歲舉行笄禮，表示已經成年。）

從以上敘述可知，古代男孩學習不少謀生以外的知識，想來只有貴族才有機會、資格和必要。

學校在古代不只是教學的場所。商朝大學學園的規模必不小，曾卜問在學校的不同地點舉行祭祀活動。《禮記．王制》：「天子將出，……受命于祖，受成于學。出征，執有罪；反，釋奠于學，以訊馘告。」（天子出征之前，在祖廟中接受征伐敵人的命令，在大學裡接受事先擬好的戰鬥計畫。出征，捉拿那些有罪者，班師回朝後，設酒饌祭祀先師先聖，向他們報告戰果。）學校也是眾人相聚慶會的地點，所以才有養國老與庶老之記載。老人雖體力衰弱，但經驗豐富，在圖書還不普及的時代是知識的泉源，故為主政者所禮遇，他們既然被敬養於學校，則學校不但傳授知識，還應是國政的議論場所。

春秋時代以來，隨著平民階級的抬頭，庶民階級也可以到鄉校接受高深的教育，學習書數等生活上非必要的知識，以干求權位之用。沒落的士族無耕地之能，只得以本身所學的知識轉授他人以謀求生活，因此教育逐漸普及，平民教學的規模逐漸擴充。孔子是其中一個有學問、抱著有教無類的宗旨，把私人教學蔚成風氣的偉大教育家。平民能以學來的技能求取政治地位，使私人講學的求與應都大大提高而促成各種學派的興起，造成戰國時代諸子百家爭鳴的學術黃金時代。

山東諸城東漢畫像石上的講學圖。

現代楷書	隸書	篆書	金文	甲骨文
保				
樊				
學				
教				

醫學發展的軌跡

生老病死是人生所不能避免的過程，其中疾病最為痛苦，是人人想避免的，在缺少藥物的遠古，其煩惱一定大大超過我們。從有些動物有天然的本能，知道食用某種東西以療傷，想來遠古的人們也知道某些外傷用藥，比如菲律賓叢林中有過著舊石器生活的山洞野人，他們沒有神的觀念，生病時任由病勢發展，輾轉呻吟，除依靠體內自身的防疫本能外，也不知向鬼神求救，但被蛇咬到時，卻曉得用某特定草藥治療；中國有神農嘗百草而發現草藥的傳說，它應有相當可信的成分。不過，我們應該以達到對內科的病疾有了認識，並遵循一定治療的方針時，才可以說已有了醫學。

但在未有文字以前的時代，想要了解某個民族的醫學水平時，除了從地下偶而遺下的痕跡加以推論，以及借助今日未開化部落的情形加以比照外，實難給予過多的猜測。所以要談中國古代的醫學，目前還只能從商代開始。

疾病是商代卜問決疑的項目之一，可以從卜問的辭句來了解其時的情況。遺憾的是，商王對疾病的占問只盛行於早期，不能讓我們了解其對病疾的知識有何改進。商人對於內科病疾的了解大半有限，其卜問的是病人能感覺到的疼痛及不舒服的部位，如身頭、手腳、耳目、口鼻、骨齒等，還沒有辦法分辨同部位的不同病情，以及給某種病症特定的名稱。從卜辭可看出商人把得病歸咎於四種成因：鬼神的作祟、突變氣候、飲食的不慎和夢魘，其貞辭如「不唯上下肇王疾？」「雀禍風有疾？」「有疾齒，唯蠱？」「多鬼夢，唯疾見？」治療的方法是以祈禱、舞蹈、供獻品物等巫教的手段，乞求鬼神幫助去除災禍的根源，沒有提到用藥。

不過，問卜是為決疑，如果致病的原因知道了，就可以針對之謀求對策。卜辭不問箭石等外傷的對策，想來已有一定的治療法。前已言之，人類使用藥物的歷史尚在知曉向鬼神求援以前，常見的外傷病徵清楚，從經驗知某種草藥對之有必然的療效，因此能對症下藥。商人知道用藥，可由以下幾個現象看出。《孟子》引商代文獻：「若藥不瞑眩，厥疾不瘳。」（一個人服藥後，如果沒有產生頭暈目眩的副作用，他的病是不會痊癒的。）顯然是對內服藥有相當經驗後的知識。在河北一商代房址發現去殼的桃仁和郁李仁，這些果仁吃了後可致腹瀉，歷來被用為下瘀血、通經、腹中結塊、通便的藥物，商人顯然作為藥材貯藏。商代還有對罪犯和奴隸切腳、去勢的刑法，並已對雄豬去勢以增快成長速度及肥胖，一定有外服藥膏防止牠發炎而死，避免財產損失的措施。

商代的巫醫很可能還施行切割、針刺及燒炙各種類似外科手術或物理治療法。埃及人在四千多年前已用針刺、燒烙、放血等方法治人及家畜，或以為某些與病疾有關的商代象形文字，就是表現以針刺、艾草燒灸、按摩等的療法。由於那些字可能後來被形聲字所取代，難於確定就是那些療法，但地下發掘的一些新石器時代以來的石器中，有些造形奇特、沒有顯明的用途，且有鑽孔，很可能就是作為砭石用的。在一中商時代的墓葬，此類東西被盛放在一個在當時是非常名貴的漆盒中，同墓且有三塊修整供占卜用的牛肩胛骨，可知死者是個巫醫，而鐮刀形的石塊就是按摩、切割用的砭鐮。

後世以藥物治病者為醫，以祈禳等心理治療者為巫。商代只有巫，巫常以藥物讓自己達到恍惚的精神狀況以行巫術，或用藥物使患者昏迷而易於進行巫術，因此對某些藥物與

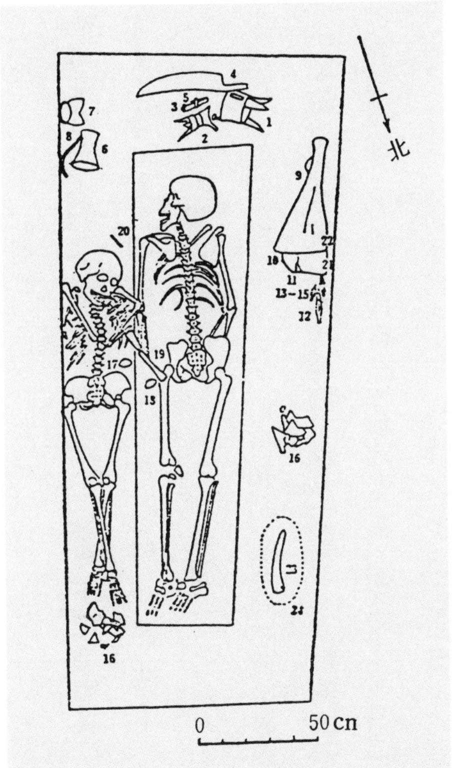

● 中商時代某巫的墓葬。有人殉葬及銅禮器陪葬，表明社會地位高。墓中三整塊牛肩胛骨試問卜的材料，漆盒中的砭鐮是治病的工具。

病徵的關係，遞有發現而具有醫生之實，故傳說早期的名醫都具有巫的身分，但到了春秋時代，巫醫才分職，有病時巫雖在受召之列，主要是卜問吉凶，視疾下藥則由醫來做。

一個社會的醫學水平，從平均壽命可以明顯表現出來。舊石器時代的北京人，半數以上死於十四歲前；到了西周時代，如果據墓葬者的年齡，大部分死於二十五到三十五歲之間，只有少數達五十歲，六十歲以上的個體幾乎不見。可得知到了西周時代，醫學尚無突破，但到了春秋時代，醫學的研究就有些許成績，藥物有顯著療效，人們的壽命肯定增長，所以開始探索長生之道而祈望長壽。戰國時代嘗試燎製不死藥，後文會專門討論。

戰國大概是中國傳統醫學理論及研究的建立時代。《周禮》是戰國晚期的人對理想政府組織的方案，對巫與醫的職務分得很清楚，而且分醫生之職為醫師、食醫、疾醫、瘍醫、獸醫五類，已注意到衛生行政及食物營養，在那麼早的時代是很先進的。當時有「醫不三世，不服其藥」的言論，可知當時對醫生的選擇是謹慎的，醫生的訓練也是嚴格的。

先秦時期中國醫學的發展似乎有兩大派別，東方盛行以砭石和針灸治療，西方則偏重藥物。漢代畫像石有半人半鳥神醫扁鵲，手持細長砭石或針刺為人治病的題材。扁鵲傳說是山東齊人，齊是陰陽五行說的起源地，鳥是東邊地區普遍信仰的圖騰。反之，嘗試百草的神農氏是牛頭人身的神話人物，黃帝時也有藥獸以草藥治病的傳說，西方也是以野獸為圖騰的氏族。它大半是形成於地理與飲食的因素，沿海的居民易染癰瘍的病，可以砭石攻之，但內陸的人易生內科病疾，為針刺所不及，故要以草藥治療。

《神農本草經》及《黃帝內經》是代表先秦醫學成就的二部醫典，前者托名神農，記載各地藥物特產及其治療的病症，收錄藥材三百六十五種，包括二百五十二種植物、六十七種動物、四十六種礦物，提及的病症一百七十多種，以補藥為上，治療為下，已經知道重視預防的重要性。後者托名黃帝，主要在闡明醫學理論、臟腑的生理機能、發病的病源、顯病的徵象、脈絡的脈伏，以及治療的方法和病理的推論，而且還以陰陽五行的變化說明疾病的病理機轉，作為診斷的總綱及確定治療的原則，又講用針取穴的針灸技術，奠定中國醫學講陰陽五行調和的基礎和特色。

● 漢畫像石的扁鵲用砭石治病圖。

現代楷書	隸書	篆書	金文	甲骨文
藥	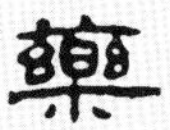			

不可錯過的視覺娛樂：魔術、馬戲

很多活動在今天看來是極富娛樂性的，但上古的人只顧謀求生活，較少以有意識的行動去討別人或自己的歡樂。譬如打獵，現在是種頗為奢侈的體能娛樂，儘管其動作激烈，常弄得身體疲憊，不過其根本目的，卻是為了滿足心理情緒，而非為了謀生，故歡愉非常。但是漁獵時代的人們，那些跳躍、奔跑、射擊的動作，都是為了謀取食物所必需的活動，所參雜的娛樂情緒可說是極少的。再舉歌唱來說，今天很少會被看作是有關生產的勞動，但其起源則可能是生產時為舒解疲勞，或是為了一齊從事勞動，或移動重物時發出的呼喊聲。而音樂則可能起於用聲響誘殺野獸，舞蹈起於祈神降佑的宗教儀式。就其動機來說，都是為了謀求生活或能得生存的必要措施，非講求一己或他人精神的歡愉。但是當生活工具改良，逐漸減低謀求生活所需勞動的時間，宗教的信仰也慢慢疏淡時，就慢慢有閒情假借節慶以娛樂自己，發展豐富的娛樂節目。

對於一個國家來說，在古代沒有比「祀」與「戎」更重要的事。古人於生產勞動之外，參與祭祀與軍事的活動就成為生活上的重要行事，所以與此有關的活動最容易演變成娛樂的項目。漢代大致把有關演藝的節目分為兩類，一是有教化作用的雅樂，其源流可以說來自祭祀的活動；一是以娛人為目的的百戲，源流則比較偏重於軍事的訓練。現在略為介紹百戲的源流。

漢代的產業興盛，人們有閒暇從事各種娛樂活動和文學創作，不但在墓葬的畫像石留下當時表演的形象，諸如弄壺、飛劍、跳丸、衝狹、馬戲、戲車、尋撞、履索、幻術、雜技、俳優、投壺等。從一些具體的描寫文字，可知當時的樂舞雜技，不但有歌舞、說白、化妝，也有鐘、鼓、鑼、笙、箏、笛、琴、瑟等各種樂器，以及人數不等的表演隊伍，規模相當龐大。茲選擇幾項源自古代軍事體能的活動節目介紹於下。

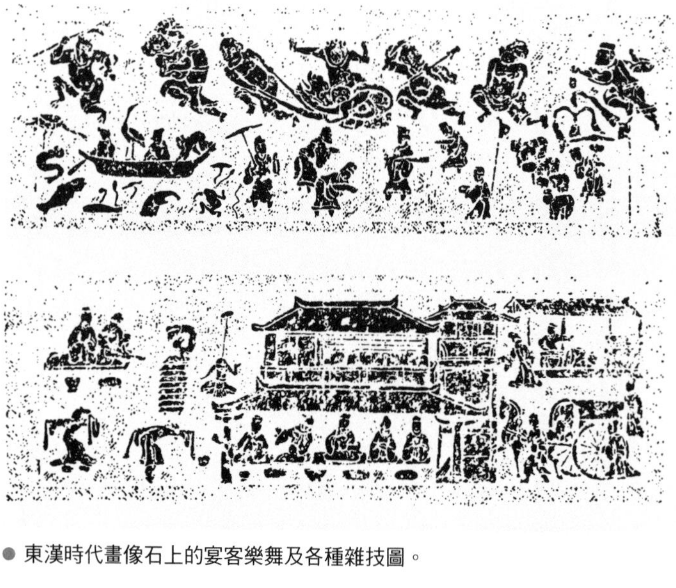

● 東漢時代畫像石上的宴客樂舞及各種雜技圖。

「東海黃公，赤刀粵祝，冀厭白虎，卒不能救。」（東海有個黃老頭，身佩赤金刀，口中念神咒，他已年老體衰，還想勝白虎，誇口說大話，不自量力，終於丟了性命。）持械作近身的搏鬥是殺敵必具的技巧，是每個男子都要學習的技藝。金文的「戲」（）字由一把戈、一隻老虎及一張凳子組成，表達一人持戈刺殺高踞之老虎的遊戲之意。這種鬥虎是由田獵演變來的遊戲，商人認為獵得老虎是最勇武、最值得誇耀的事。加拿大皇家安大略博物館藏有一件嵌鑲綠松石的虎骨刻辭，上有商代帝紂獵殺的記錄。鬥虎原來是扮演某勇士的壯舉，後來漸成一種固定形式的表演，到了漢代更加以道白、歌舞，已具戲劇的雛形。商代還有比之更驚險的徒手扭鬥老虎的節目，甲骨文的「虢」（）字即作兩手扭鬥老虎之狀，也許虢地在商代便是以此節目見長的地方。

「熊虎升而拏攫，猿狖超而高援。」（熊和老虎會相互搏鬥，猴子能在很高的地方爬竿。）徒手扭鬥是戰場短兵相接時常見的情況，也是必習的技能。甲骨文的「鬥」（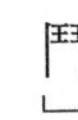）字作兩人徒手相互扭鬥之狀。其節目如同今日之摔角或角力，秦時稱為角抵，到了漢代算是相當受歡迎的節目，不但在民間流行，連皇帝饗宴四夷也以之為娛樂的節目。有時為了增加刺激及提高觀眾的興趣，鬥士各自裝扮成虎、熊等猛獸的樣子，偽裝成野獸的形象以接近野獸是打獵的手法之一。有時為了驚嚇敵人，戰士有時也會扮成猛獸，故以虎、豹等猛獸的毛皮為軍裝也是古時所常見。以猛獸形象相鬥既是常見的，人們就以此來娛樂他人，它可雜以歌舞，具有生動的內容，所以就用「角抵」作為雜戲的總稱。

「跳丸劍之揮霍，走索上而相逢，奇幻儵乎，易貌分形。吞刀吐火，雲霧杳冥。」（兩個藝人一邊舞丸弄劍，一邊在懸空的長繩上行走，待兩人相逢時錯身而過。幻術十分神奇，看似能易容和改變身形，也能活生生地吞刀、口吐火焰，雲霧繚繞地像身處幻境。）徒手角鬥又演化為跳躍翻騰的技巧。雜技表演偏重在力、巧和危險動作的配合，翻身倒立是經常表演的技巧。甲骨文的「化」（）字，作一人正立與一人倒立之狀，化的意義為變化、變幻。《列子．穆天子》的「化人」，表演種種的變幻之術，即今之魔術師。表演魔術的變幻在漢代經常與雜技同團演出，以求不單調，倒立是體能訓

● 漢代戲車畫像磚拓片。表演在走馳的車上倒吊、走索、接箭等技巧。

練變化出來的花巧動作，奧運的「體操」項目就是著重這一類技巧的表演。在某些社會的早期宗教舞蹈，也常表演帶有魔術意味的翻跟斗，也可能便是此種娛樂的源流，倒不一定是衍自軍事的訓練。從甲骨文的化字，似乎可推測商代已有以娛樂他人為職業的專業雜技表演了。

「爾乃建戲車，樹修旃，侲僮程材，上下翩翻，突倒投而跟絓，譬隕絕而復聯。百馬同轡，騁足並馳。」（建造可表演雜技的車子，在戲車上豎立起長旗竿，幼童展現才能，悠遊爬行向上，登到竿頂後，突然倒頭而下，竿子即將落地時，以腳跟掛在竿上。多匹馬同時並行、奔馳。）中國古代的馬車是施號發令者的活動高臺，那時的車箱離地有七、八十公分高，重心不穩，顛簸厲害，沒有受過訓練的人一上車，就擔心會被摔下來，尤其是後來馬車不如騎射的機動，漸從戰場消失。後世的貴族也疏於軍事的訓練，甚至也改乘牛車，於是在奔馳的馬或馬車上從事各種危險的技巧動作，就成為少數人的專長而為受歡迎的大型表演。拉曳快馳車子的馬匹要經過閹割以穩定其不馴的個性，並要長期的訓練，才能取得默契，不致出錯，同時也可以教些簡單的動作以取悅他人。大象在古代曾被馴服以從事勞役，後來因氣候變冷，遂逐漸在中國滅絕。以馴馬的技巧施之於罕見的大象，可以有雙重的娛樂，也受到大眾的歡迎。西周的銅器銘文就見過象樂、象舞的名稱。

寓娛樂於工作可以得到較佳的效果。射箭是古代男子必學的技藝，教學的項目，為增加學習的興趣，早就有競射，並伴有飲酒的禮儀。後來軍事成為專業，射箭不是人人必習的技巧，於是演變為投箸入壺，以代替射箭中的之遊戲以助酒興，歡愉嘉賓，這不但是男子的專利，連仕女也可以參加，它雖不是用來表演的節目，卻是大眾化的娛樂。《禮記》還存〈投壺〉一篇，記載其禮儀與伴隨的音樂。

現代楷書	隸書	篆書	金文	甲骨文
戲				
號				
鬥				
化				

犯罪要接受刑罰：肉刑

人的體力有限，要靠群眾的力量才能與動植物爭自然的資源，所以人很難離開團體而生活。生活的空間既然不容獨享，就期望大家都遵循一定的生活習慣和準則，使能維持所有人之間的和平、安寧而不生糾紛。此人人遵循而可預期的行為準則就是法，但是法要與罰相輔相成，才能達到制衡的目的。罰是維持其法則順利施行的手段，如果某人的行為超過社會所能容許的範圍，就要接受懲罰。

處罰本是為自己的族人而設，對每一成員的適用是不偏差的。因為在遠古時社團小，成員以親屬為多，其生產效率低，一個人的生產有限，難有剩餘提供他人使用。如果與異族有戰爭的行為，除掠奪財物、占領土地外，對待敵人只有殺死或逐之遠離二途，並沒有想到要俘虜人以從事生產，為我們服務。人肯定對自己的親人比較會給予最大的容忍，因此那時的懲罰可能只是剝奪參加某種活動的權力，或是給予短暫的拘禁、少許肉體的痛苦，最嚴重的是被逐出社團之外，使面對充滿敵意的野獸和異族，難於保障生命，很少想到要傷害身體，使有永不能消失的肉體創傷。

隨著社會的進步，組織擴大，生活在一起的人越多，親屬的關係越來越淡薄，法規也就越繁雜，規制越嚴厲，尤其是生產的效率也提高了，還有餘力以提供他人的需求，於是逐漸產生俘虜人以從事生產、創造財富的念頭。對於俘來的異族，當然會期望他們服從某些法則和習慣，如果違犯了，就比較不會慈悲且不容情地給予最嚴厲的懲罰。但因有更重要的經濟利益，就想出了不太妨害工作能力的永久性肉體創傷以為警戒，並展示於公眾之前，以收震懾之效。權威的確立，奴隸的使用，加強了一個社會刑罰的嚴厲程度，法成為強者加於弱者的規定，很多本來是對付異族的嚴厲刑法，也慢慢會施用於自己族人的身上。《漢書．刑法志》說：「禹承堯舜之後，自以德衰而制肉刑，湯武順而行之者，以俗薄於唐虞故也。」（夏禹繼承堯舜，他認為道德衰微而制定肉刑，商湯、武王沿襲並加以實行，是因為世風比唐虞時不淳樸的緣故。）夏禹是中國第一個家王朝的創立者。龍山文化的時代，墓葬有受過截腳之刖刑的人，反映其社會規制的加強，考古證據也指出那時國家組織大概開始醞釀，表明國家的建立與嚴厲刑法的推行有連帶的關係。刑罰是社會演進的必然趨勢，與風俗的厚薄不相干。

涉及文獻的事只能從商代談起，從甲骨文的字形可以看出商代的肉刑至少有刺瞎眼睛、割鼻、斷腳、去勢和死刑。想控制一個有戰鬥力的俘虜或奴隸，減少其反抗的能力是最要緊的事，但是如果因此又失去其生產能力，處罰的意義也就減色許多了。刺瞎一隻眼睛應是商代或不久前常用的手法，單眼的視力不及雙眼的視野廣，會大大減低戰鬥的效力，但卻不減低其工作的能力。甲骨文的「臧」（）字作一豎立的眼睛被戈刺割之狀。瞎了一隻眼睛的俘虜沒有太大的反抗能力，最好是順從主人的旨意，在主人來說，順從是奴隸的美德，故「臧」有臣僕和良善兩種意義。「民」（）字則作一隻眼睛被針所刺瞎之狀，「民」的意義本是犯罪的人，後來才被轉以之稱呼平民大眾。不只商代古人，以前日本也有以一目的人在深山從事礦冶工作的傳統，其破壞屍體一眼的風俗，說是來自以人牲供祭的習慣。

不知是因刺瞎眼睛的辦法太過殘酷，還是另有其他的缺點，商以後就不再行用。除了刺瞎眼睛的刑法，商代的肉刑大致都被周朝所接受。《尚書．呂刑》說周有所謂「五刑」的刑罰三千條例，違犯刺墨之刑的有一千條，割鼻之刑一千，斷腳之刑五百，去勢之刑三百，死刑二百。

刺墨於臉是對人體造成永久性傷害的最輕微者，它是一種對違犯者的警告和寬恕。在人身胸上刺紋並染紅本是一種死亡的儀式，大概人們看到它可以留下永不磨滅的痕跡，改填以黑墨而施之臉上，表示代替死亡的赦免。刺墨完全不影響受施者的工作能力，又可作為震懾他人的活動告示，對於違犯輕罪者，不失一個好辦法。商代雖尚不見有於臉上刺字的圖像，金文的「黑」（）字作臉上刺有字之狀；有犯罪意義的「辠」（）字，則以一把刺刀及鼻子構形表示於鼻子刺墨。甲骨文含有「辛」部分的字多與刑罰或罪犯之事有關，如「妾」（）字作女子頭上有辛以表示地位低賤的女子；「僕」（）字作從事倒垃圾等雜務的男子頭上有辛之意；「辛」（）字應是一把刺紋刀的象形。當時應有以刺墨為處罰的措施。

刺墨雖是永不能消除的恥辱標識，但不妨害身體的功能，其他的刑法就不同了。甲骨文的「劓」（）字作一把刀已割下鼻子之狀，金文的字形有時於鼻下多一樹木的符號，大概是表示把割下的鼻子高掛在樹上，以警告他人之意。甲骨文的「刖」（）字作手持鋸鋸掉一人腳脛之狀，鋸掉腳脛就成行動不方便的跛腳人。刖腳之刑比劓鼻之刑更常見於文獻，卜辭有問及向一百人動刖刑；《左傳》曾記齊景公時太多人受刖刑，以致國之諸市，鞋子賤賣而義足貴的反常現象。

宮刑是割掉生殖器使不能生育的刑法，對於重視傳

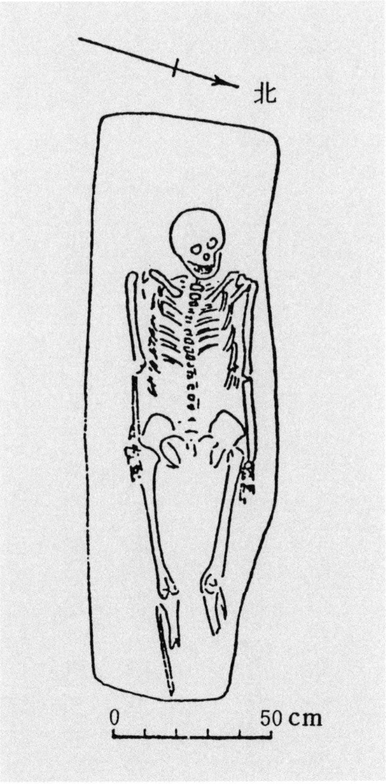

● 龍山文化墓葬中的刖刑犯者。

宗接代的中國人來說，那是件很殘酷的處罰，甲骨文就有一字作以刀割下男性生殖器之狀——「」。至於最嚴重的刑，當然是處死了，為了要震懾他人，砍下的頭還要示眾，金文的「縣」（）字即今之「懸」，作樹上懸吊著一個用繩索綁著的人頭狀。城門是人們進出的通道，最可以收到示眾的效果，故後來城門成為梟首的所在。

人既習慣於重刑，也就不以為非，孔夫子也沒有批評過一句。倒是漢孝文帝憐憫受刑者刻肌膚、斷肢骨的終身痛苦，才免除肉刑，代之以鞭笞，雖然有人不免因之而死，但大部分的罪犯都能以有期的痛苦替代終身的恥辱和不便。

現代楷書
隸書
篆書
金文
甲骨文
臧
民
黑
辠
妾
僕
辛
劓
刖
縣

在先秦，你需要知道的用餐習慣

一日三餐始於何時？／有什麼食物可吃？／已知建竈用火／用什麼器具來煮食？／何時使用筷子吃飯？／祭祀宴會不可或缺的酒／爵，美形但不實用的酒器

一日三餐始於何時？

吃東西是生物維持生存的一個最基本條件，所以尋找食物一直是人們最重要的活動。但是一個社會的飲食習慣，頗受其所處的地理環境、所擁有的生產技術，以及所達到的文明程度等等因素的限制，不是完全可以依人們的主觀意願決定的。

農業未建立前，人們以採集捕獵為生。然而野獸的繁殖、植物的生長，都有一定的地域與季節，不能終年適時地滿足人們的需要，尤其是狩獵，並不能保證有所擒獲。可以想見那時的人們，捕得獵物時就大吃一頓，運氣不佳時，多日不能飽餐是常事。因此那時的社會，一天要吃幾餐都由不得自己決定，更不用談定時吃飯及吃些什麼東西了。

而且自然界的資源有限，越來越多的人口迫使人們改變生活的方式，不是單向地消費自然的資源，而是發展畜牧、農耕，利用資源再造資源。雖然農業是比較可以預期成果的生產方式，而穀物也可以保存相當長久的期間，以應不時之需。但是根據研究，就是到了人們全年營定居的生活、農業發展的程度不錯時，還是有相當分量的食物必須取自野生植物和野獸。如果人們能夠完全依自己的意志去決定一天吃幾餐，就表示人們能控制食物的供應，社會已進展到相當的程度，不必費心地到處尋找食物。如果能定時進食，更表示社會的規制已頗強化，人們的生活已有一定的規律。今日我們的社會有吃三餐的習慣，但是它到底有多長的歷史，相信是很多人有興趣知道的。

人們有沒有定時用餐的習慣，頗難於從出土的器物去推斷，而有待文獻的記載。一個從事採集或初級農業的社會，只要略知季節就可以了；但對於一個組織嚴密的社會，就會重視節候對於工作效率的影響，而需要有更精細而明確的表示時間的措施。我們可以從此種時間的劃分，測知用餐的情形。

從商代到漢代，中國已有根據以太陽在天空的位置，來表示白天期間某特定時間的習慣，這是有效而易行的辦法，也正好能解答我們的問題。對於一日時間的分段，有商一代雖遞有改變，幾個定點倒是不變的。例如，太陽剛從地平線升上來的時候叫「旦」；次一階段叫「大采」，意即大放光明；接著是「大食」，即吃一頓豐盛的飯；然後是「日中」或「中日」，是太陽高懸天空的中午時候；接著是「昃」，太陽開始西下，照得人有斜長的影子；過後便是「小食」，吃簡單的飯；然後叫「暮」、「小采」或「昏」，表示光線已趨微弱；不久就是「夕」與「夙」，都是沒有陽光的夜晚了。

白天的分段，每段約二小時。從白天插入吃飯的時間而晚上沒有，可推知商代平時只用兩餐飯，早上的「大食」約在七到九時，下午的「小食」約在三到五時。從命名可看出早上的飯量多而豐富，下午的飯量少而簡單。

商代用餐的習慣反映了農業社會的生活方式，後來被用以表示清早的「晨」（）字，甲骨文便作雙手拿著蚌刀的樣子，表示拿蚌刀去除草是大清早就得從事的工作。農業生產是商代的人們主要維生的方式，而且莊稼頗為耗費體力，需要好好吃一頓飯以補充一早耗去的精力。至於下午的飯，因為不久太陽就要西下，天地昏暗，無法再去田地工作，莫若早睡早起，故不必吃得多。這種早飯吃得多的習慣，是習見的農業社會現

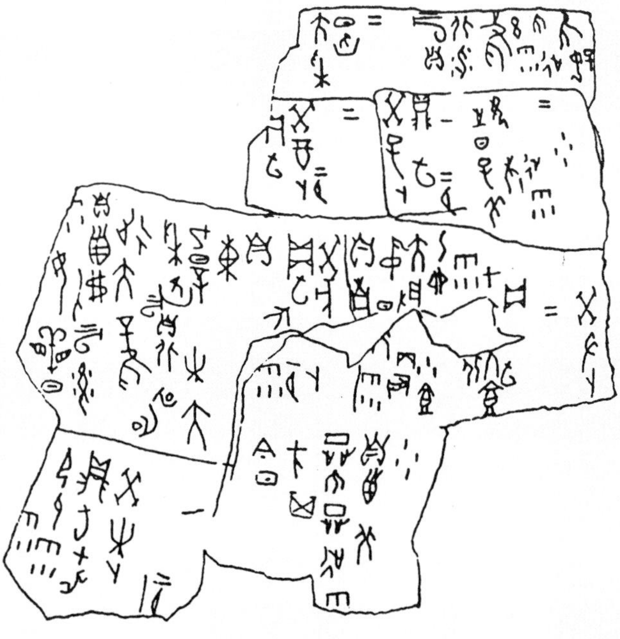

商代的甲骨貞辭。中間的最右一條貞辭作：「癸丑卜貞：旬？甲（寅），大食雨（自）北。乙卯，小食大啟。丙辰，中日亦雨自南。」以大食、小食、中日記時。此版其他貞辭還提及大采和昃。

象，譬如韓國人現在雖也一日吃三餐，但不久前還保存早餐最豐盛的習俗，故常見在早上請客吃飯。

《史記．殷本紀》說商紂：「懸肉為林，使男女裸，相逐其間，為長夜之飲。」（將肉片懸掛在樹枝上，讓男女都裸體而相互追逐，通宵達旦地飲酒取樂。）這則記載表示好像有吃晚飯的樣子，但應該是個別事件，商紂也因此蒙上荒淫無道的惡名。商代的人應該沒有吃晚飯的習慣，也可以從另一個現象看出。如果一個社會普遍有夜間的活動，就應當有室內照明的專用器具，從考古的發掘，得知專用的燈具始自戰國時代，商代雖肯定已使用燃油照明，但只限少數貴族，在有限的時機，臨時借用它種器物為之而已；所以，一般人們並沒有夜間活動的習慣。

春秋時代晚期以來，隨著牛耕鐵犁的廣泛使用，尤其是戰國時代鐵器的大量使用，生產力大大提高，整個社會的面貌起了很大的變化，人們的生活內容漸漸豐富起來，開始有許多人從事非生產性的工作，富裕人家還經常有夜間的娛樂活動，而且在一旁服侍的人員也得跟著滯留很晚，這時便有必要增加一餐以補充體力的消耗。戰國時代專用燈具大量出現，也許可以看作人們已經常吃三餐飯的反映，但最確實的證據，還得靠時間分段的名稱去判斷。

戰國時秦國民間使用的《日書》採用十六時制，於昏與夜暮之間有「暮食」之時刻。而西漢初年的時間分段，早上的用餐時間已改叫「早食」，午後的餐叫「晡時」或「下晡」，而晚上的餐約在十時叫「暮食」或「夜食」；不但明顯已用三餐，而且從新的名稱也暗示早上的飯可能不是最豐盛的了。

人們既然睡得遲，早上自然起得晚，早上工作的時間減短，飯量也相對會減少。當吃三餐的人數增多後，甚至用餐的時間也慢慢起相應的變化，與農民的生活習慣大有不同。不過到了唐代，從一個銀盒的題榜作「辰時食時、申時晡時」，可知一般人早餐與午餐還是相隔八小時，早飯如果不吃得多，就不能支持那麼久。可知要到甚晚的時代，或甚至進入工商的社會，才能普遍改變早飯量最大的習慣。

以上從一天時間分段的名稱變化，以及專用燈具出現的時代推測，中國人吃三餐飯的習慣應該建立於戰國時代。

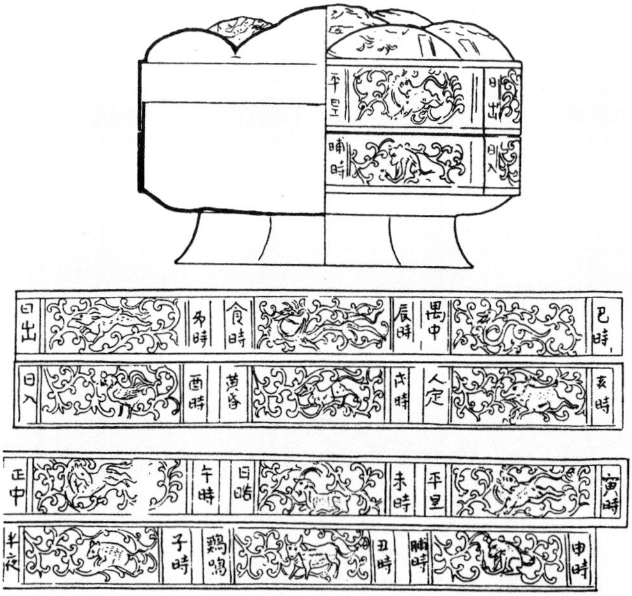

● 西安出土的唐代「都管七國六瓣」銀盒上的十二生肖及時辰題榜。

現代楷書	隸書	篆書	金文	甲骨文
晨				

有什麼食物可吃？

維持生命一定要仰賴食物，所以尋找和生產食物始終是人們最重要的活動。飲食的習慣取決於地理的環境、生產的技術、人口的壓力以及文明發展的進度，過游牧或定居的生活，往往取決於食物取得的難易程度。又如居住於高緯度或高山地區的人們，氣候較寒冷，比較需要攝取高熱量食物禦寒，該地區菜蔬難生產，肉食也能保存較久，故攝取肉食的比例要較低緯度的高，但單位面積內肉食動物的產量遠較植物少，故食肉多的地區，人口也往往較稀。

食物也是辨別一個文化的好標尺。人最初考慮的是根本的果腹問題，漸及味覺，最後才講究進食的氣氛，故飲食習慣可以約略看出一個社會發展的程度。譬如農業社會清早就要到田地去工作，需要有豐盛的飯以補充消耗的能量，故早餐最重要。然而在工商業社會的工作時間較遲，能量消耗也較少，夜晚是家人團聚的時間，有較多的活動，故轉變為晚飯最豐盛的習慣。又如沒有食物保藏的措施，由於夏天肉類比較容易腐敗，就要避免宰殺而多吃植物性食品。但是一旦食物冷藏技術有所發展，夏天不怕肉食腐敗，而某些水果、菜蔬又可以保藏到多天，當然冬、夏季節所攝取食物種類的懸殊情形可望降低。

中國人喜好飲食，自古以來隨葬往往以食具為主，但習慣也有不同，如商代重飲酒之器，而周代則重用食之器。中國人之長於烹飪舉世聞名，至遲商代已甚注重食物的味覺，以及進食的氣氛，用食有一定的器具與擺設，還有禮儀與樂舞助興。本文擬就食品的種類作一些介紹。

從遺物以探索古人用食的品類為最直接，但食物殘餘能保存於地下的不多。科學家也試從各方面去探索古人用食的品類，如試從糞便、骨骼判斷攝取食物的種類，糞便中的纖維素、蛋白質、脂肪等成分，可測知攝取食物的大類；而通過骨頭中骨膠原的同位素分析，可以計算出所攝取的蛋白質，有多少是來自陸生或水生的動物。

以現今靈長類動物主要以蔬食看，早期的猿人亦不例外。對南猿人牙齒的研究，得知可能距今五百五十萬年前，已開始吃食昆蟲及動物。在農業未興前，人們主要以採集為生，輔以漁獵，採集的植物大半以乾果及水果占多數，因殘殼不可能在地下保存過久，難知具體的採集種類；在中國，能肯定的品類有橡子、菱角、酸棗、葫蘆、毛桃、甜瓜子、蠶豆、芝麻、麻櫟果、杏、榛籽、松籽、油菜、蓮子、小葉朴等。至於漁獵的種類，因有遺骨可以檢驗，大致有所了解，從一萬多年前，因捕獵技術的改進，不少龐大的野獸都成捕食的對象，商代以前捕獵的動物以猴、豬、牛、羊、鹿、獐、犀、象、狗、虎、熊、貉、鼬、獾、獺、貓、狸、鼠、豹等較常見。但人口增加到狩獵不足以供應足夠的食物時，人們就得發展農業，再次越來越倚重蔬食。在畜牧與農業有相當發展後，除了豬、牛、羊、犬等家畜外，經常被捕獵的野生動物大致只是那些妨害農作的鹿、獐等可數的幾種了。

早期的人們雖居近水之處，因無漁釣的工具，主要撈取軟體貝殼及蟹、蝦、龜、鱉、蛙等。有了槍、矛、弓箭後，捕獲漸多，六、七千年前的遺址就發現很多水生動物的骨骸，可鑑定的魚類有鯉、鯽、鱧、鯰、鯔、鯛、黃顙、草魚等，海岸的遺址甚至還有鯨及楊子鱷。後來人口壓力大，被迫遠離河岸去生活，雖也發展人工養魚，但還是比陸上肉食更為珍貴。

在農業發展前，魚、肉可能並不是難得的食物，但隨著人口的增加，越來越倚重可以提供更多食物的農業。人類攝取食物的變化，可用墨西哥的德匡坎河谷（Tehuancan）地區為例，在八千年前農業剛發生時，肉食約占百分之五十四；農業已發生一段期間後的六千多年前，肉食的比例已降至百分之三十四；四千多年前全年經營農業時，肉食只占百分之三十；往後到三千四百年前，比例為百分之三十一，到二千七百年前為百分之二十九，到二千年前為百分之三十二，一千二百年前為百分之十八，四百五十年前只剩百分之十七。肉食分量慢慢減少的現象非常明顯。中國也不例外。

發展農業就要開墾森林荒地，不但野獸失其棲息之所而不能大量繁殖，家畜的數量也不容許增加太多，因此肉類食品才越來越珍貴，春秋時代「肉食者」遂成有權勢者的代名詞。《孟子．梁惠王》所提倡的理想王政：「雞豚狗彘之畜，無失其時，七十者可以食肉矣。」（雞豬狗的畜養，不要耽誤牠們的繁殖時間，如此七十歲以上的人就可以經常吃到

● 山東諸城出土東漢晚期畫像石上的庖廚圖摹本。調理的菜肴主要是肉食，且有宰牛的現象，非公侯的廚房恐怕不能有此景。

肉。）要在太平時代，且只有老人才能吃肉，可見肉食在戰國時候是多麼的稀罕。

《禮記．王制》有「諸侯無故不殺牛，大夫無故不殺羊，士無故不殺犬豚，庶人無故不食珍。」（諸侯和大夫在沒有特殊的情況下是不可以殺牛羊的，士在沒有特殊的情況下是不可以殺狗豬的，平民在沒有特殊的情況下不能吃時鮮食物。）這段話反映肉食的品級及短缺的事實。一般大眾，大概只有在節日或貴客來訪時，才會有機會食用肉類魚鮮了。春秋時代以後，牛成為拉犁耕地的主要勞動力，羊則在不妨害農業的條件下才飼養，故一般的肉食為豬。牛是皇帝賞賜臣下的特恩。

穀物是有史時期中國人的主食，商代最重要的是小米，麥是稀罕的穀物，其種植漸被推廣，至漢代時已取代小米成為華北的主糧。至於華南地區，則一直以稻米為主食，它的味道可能被認為比小米和麥都要美好，一直以為美食而為富貴者所喜愛；孔子曾經以食稻與衣錦並提，認為是種奢侈的享受。大豆味雖不美，但營養豐富，易於成長，成為貧窮人家的常食，乾旱時甚至成為大眾的主糧。從上引德匡坎河谷的食物攝取現象，可知發展農業後，要經歷五千年以上的時間才能大量減少野生植物的食用。《詩經》一書提及菜蔬有六十四種之多，但很多屬野生，非栽培的品種，常提及的有葫蘆、韭菜、苦瓜、蔓菁、蘿蔔、苦菜、薺菜、水芹、水藻、菜、豌豆、竹筍、蓮藕、卷耳、桃、李、梅、棗、榛、栗、桑葚、木瓜、杞子等。想來商代蔬果的品種更要少。

現代楷書	隸書	篆書	金文	甲骨文
食				

已知建竈用火

「民以食為天」，人們日常的行事，尤其是古時候，沒有比吃更重要、更花時間的。燒煮食物的竈也就成為家裡不可或缺的設施，與人們的生活關係最為密切，所以有每年農曆十二月二十三日家家戶戶送竈神上天的習俗。從《論語．八佾》：「王孫賈問曰：與其媚於奧，寧媚於竈，何謂？」（王孫賈問道：「與其奉承奧神，不如逢迎竈神，這是為什麼？」）從這裡可知其俗起碼可上溯春秋時代。雖然我們送竈君是希望他向上帝說好話，不報告日常生活的小錯失，但如果竈君不合作，讓飯燒不好，相信生活一定很難受。

當說到竈時，腦中就會浮起一座大型立體的形象，其實廣義的竈是指燒食的任何架構。當人們越來越倚重火食時，燒食可以說就成為主婦日常的最重要工作。燒食一定會留下炭屑灰燼，與其到處都是灰燼，不如只讓一個地方弄髒，而且古時生火不易，莫若有個地方保持火種，隨時可以引火，故竈很可能就是人們有關家居的最先構築。只要在某一個地點停留的時間稍微長些，就會有固定的燒食地點。起碼從幾十萬年前的北京猿人，起居的地點都有固定燒火的竈。當人們從山洞移居平地而構築住家時，如躺臥休息的地方外尚有空間時，便會加工，好好地架構一個竈以方便煮食，並使灰燼集中在一小片地方而不擴散，因此竈的大小也約略是一公尺圓徑。

早期的房子是地穴式的，主要作用是睡覺和吃飯。由於人們習慣在隱蔽的地點睡覺，自然竈就構築在進門的地點。一來從經驗得知如此比較容易生火，因為其處通風，易得氧氣的助燃；二來也可以防止野獸的竄入。但是竈在進門口的地方，對進出多少會帶來不便，所以當家居的構築技術越來越進步，房子離地面越來越近而面積也增大時，竈的地點就被移後而近房子的中央。一旦房子完全建築在地面，為通風排氣的方便，竈就被移到角落，春秋時代以來大概竈的構築地點就被固定在角落了。

初期的竈，因構築的便利，幾乎都是圓形的，在稍低或稍高於地面的一定範圍，使表面堅硬以便立腳架和鍋盆就行了。但是火在空曠的地點燃燒，熱量容易流失，浪費薪柴；人們從建窯燒造陶器的經驗，曉得火在洞窯裡燃燒，不但可省薪柴，也可以增高溫度，故陶器從露天燒造改進為建窯，從有長火道而改良為火道直接在窯體之下。最理想的竈也應該依此原理建造，五千多年前在甘肅秦安大地灣的房子就有這種形式的竈；在房子中央偏後處有兩個圓形的竈洞，大的圓徑八十五公分、小的三十五公分，兩洞底部相通，深達六十公分，其構造與陶竈相同，只是沒有中間的土箅。大的洞太大，不是架鍋用的，古代沒有那麼大的鍋，而且日常家用也不需要鍋那麼大，這洞容納一個人都還有餘，應該就是燒柴的地點，而小洞才是放鍋子用的。也許燒飯時要上下攀爬，很不方便，而且屋中有個大深洞，也有掉落進去的危險，所以還不實用，例子少。這種原理的竈若豎建在地上就很理想，故漢代以後大大流行，成為唯一的方式。

中國華北氣候比較乾燥，房子是半地下穴式或在地面建築的，可以在地面燒食，但華南地區頗為潮濕，新石器時代人們以欄杆建築適應之；它是於地面架臺，然後在臺上架屋以隔絕潮氣，這種構架的房子，燒食當然可以一如華北地區，在架

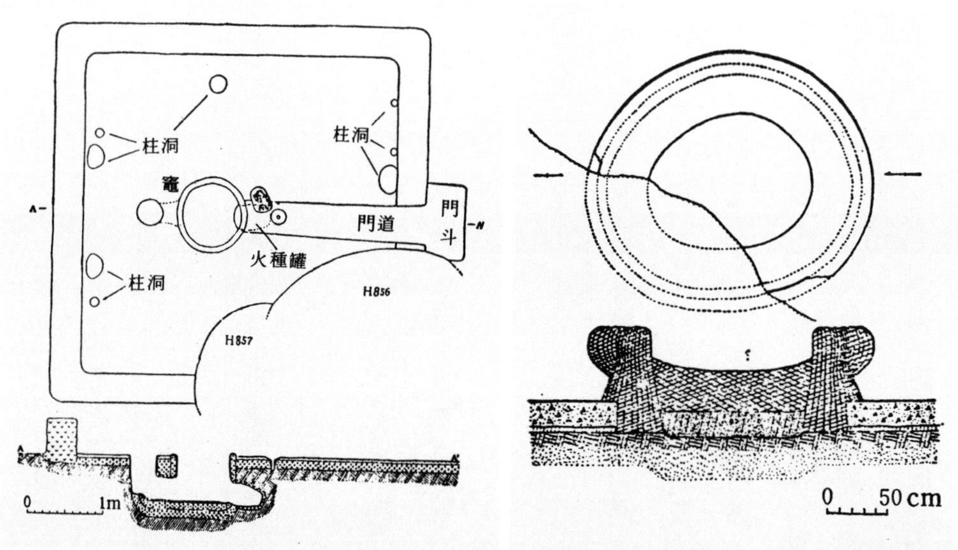

● 左圖是甘肅秦安大地灣五千年前的房址，有窖式的竈，是商代以前罕見的形式。右圖是大地灣遺址另一形式的竈臺。

臺之下任何地點設永久性的爐竈。但是如果下雨而不便在地面燒飯，比較方便在木臺上燒食時，就得燒造可移動的爐竈。浙江餘姚河姆渡六千年前的遺址出土一件陶竈，長五十五公分、高二十五公分，壁上有三個突出，圍成三十七公分的圓徑，正是一般鍋子的尺寸；前端還有個斜坡可供送薪柴，並保持灰燼之用。這種陶竈不太重，可移來移去，華南應該有很多人使用。華北的仰韶文化遺址也發現類似的陶竈。

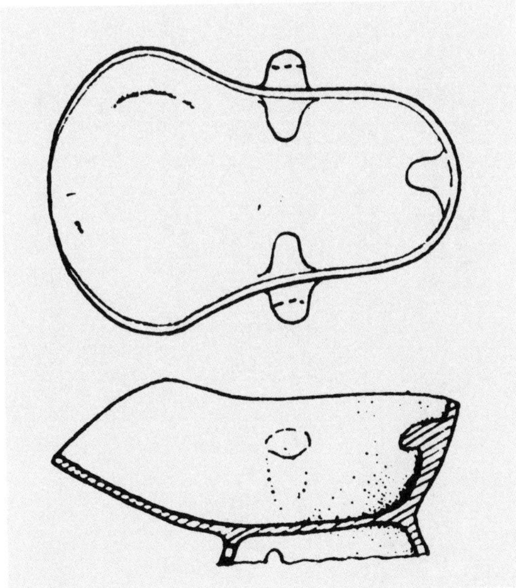

浙江餘姚河姆渡六千年前，可在干欄建築上燒食的陶竈。

西周以後房子的規模擴大，有許多分間，各有固定的用途，大概也開始有廚房，可能對竈的建築也有所改良。火的另一用途是取暖，相信它是火一被利用就有的經驗。竈是固定不能移動的，但把炭火放在陶盆就可以達到在沒有火膛的地方取暖的目的。商代的「召」（）字作自溫酒盆中的酒尊挹酒，有招待客人的意思，應該也懂得以之裝火取暖，也可能在其上架鍋煮食，具有竈的功能。甲骨文的「鑪」（）字是個有支架的煉爐，有的還裝鼓風橐，它也可以用來燒飯。不過從各方面看，還不到普遍使用的階段。

竈需要用耐火且能保溫的材料製作，以土為最適宜，而且也省費。但是春秋以前，瓦的使用不多，想是燒造費昂貴。春秋時不但有暖爐，而且有炕床的措施；《呂氏春秋．分職》有「公衣狐裘，坐熊席，陬隅有竈，是以不寒。」（主公身穿狐皮大衣，坐的是熊毛墊子，屋內又有熱烘烘的竈台，當然不覺得冷。）《左傳．襄公二十一年》有「闕地下，冰而床焉。」（挖地道，將冰放進去後，床架在上面。）

可知燒火通過管道取暖或裝冰取涼是常見的裝置。只要在管道上開孔，就可以容鍋燒食而成為竈了，把它建得高些，就是後世的竈了；尤其是此種火管道也名為竈，說明兩者一體。大型竈的高度可以讓燒菜的人立著，要較舊式的蹲居或跪著舒服得多，而且只起一處火就可以同時燒多道的菜，節省時間，所以一旦財力不匱，就會選擇使用它。竈體大，容受柴火多，就要有導煙火的孔道，否則容易失火造成災害；一戰國銅鑑上有廚房燒食的紋飾，其屋頂就有曲折的排煙管。很多明器竈也把這一要點表現出來。

漢代流行大型的立體竈的事實大致可從兩個現象看出：一是支腳鼎形燒食器的消失，或只有具形式的短腳，鼎下沒有填柴的空間。因為以前的竈只是一處燒火的地方，沒有什麼特別的構築。燒食要用有支腳的容器，一旦改變用竈式的竈，燒火在竈腔體內，就只需鍋子了；一是大量各類隨葬陶竈模型明器的出現，還有就是地面消失大面積燒土的痕跡。

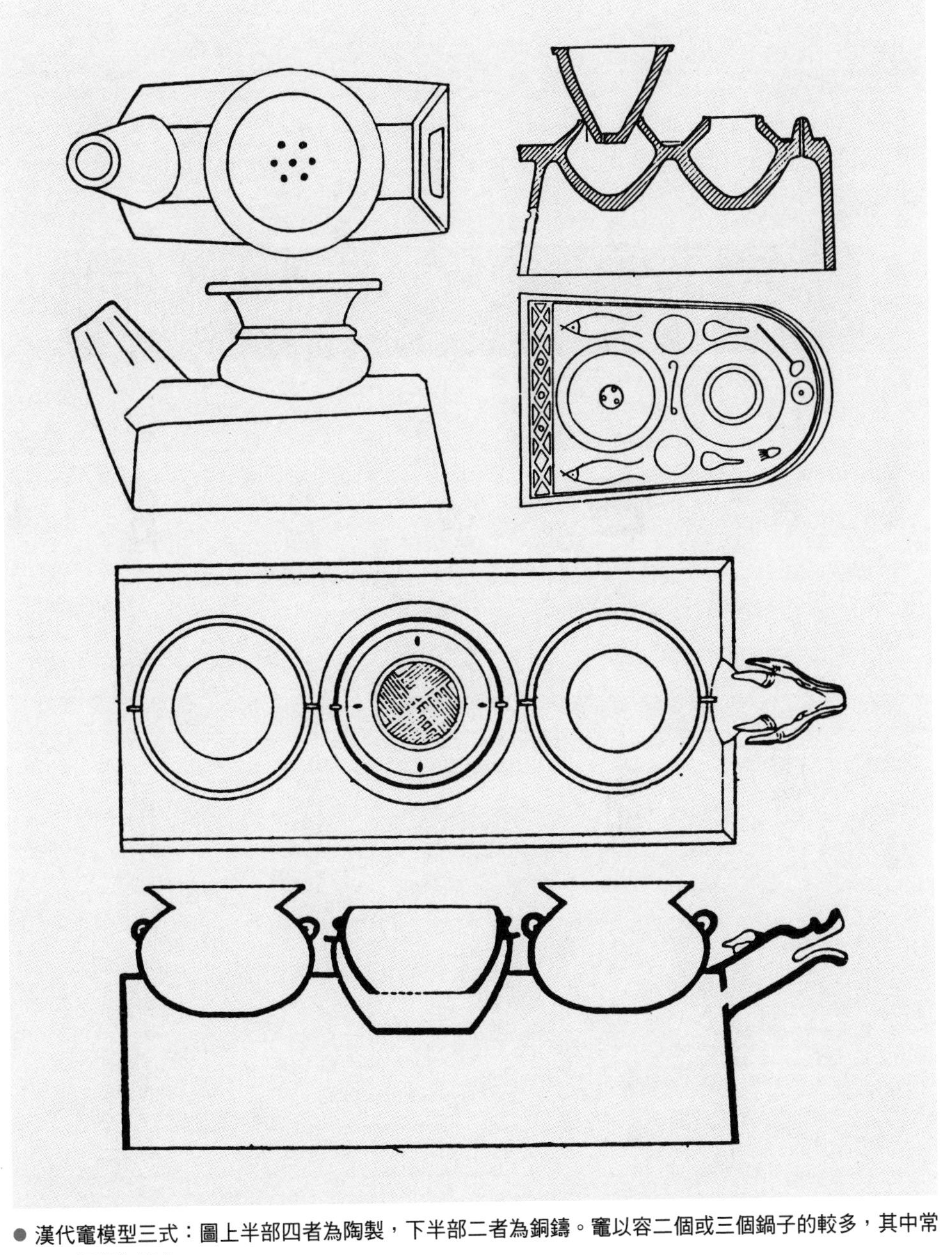

● 漢代竈模型三式：圖上半部四者為陶製，下半部二者為銅鑄。竈以容二個或三個鍋子的較多，其中常有一個專為蒸食。

現代楷書	隸書	篆書	金文	甲骨文
召				
盧（鑪）				

用什麼器具來煮食？

人不能不吃東西，不但會尋找食物，還有準備食物的方法也是人們很重要的活動。而飲食的習慣取決於地理環境、生產技術，以及文明發展的進度；所以，食物也是辨別某種文化的好標尺。人類最初只考慮最根本的果腹問題，漸及味覺，最後才講究器皿、禮儀、氣氛、營養等事；因此，我們從進食的習慣可以約略猜測一個社會發展的程度。中國向以美食聞名於世界，其燒食方法的演進過程想必有其特殊之處。

從現今靈長類仍以蔬食為主食看來，早期的人類亦不應例外。對南猿人牙齒的研究，得知可能距今五百五十萬年前，人猿已經吃食動物了，到二百萬年前食肉之風則更為普遍。在不知道用火以前，人類自然和其他野獸一樣生吃食物。如果有比較高明之處，恐怕也只限於懂得敲碎骨頭、吸食骨髓而已。

在發現雲南元謀猿人同一地層的不遠處，有炭屑、燒骨、石器、動物骨骼的遺留，被學者認為是中國境內最早的火食證據，此遺址被判定為一百七十萬年前，但近來有人提出異議，認為只有七、八十萬年而已。火的使用不但促使人類飲食的習慣起了大變化，也促進文明的產生。因為煮熟的食物易咀嚼，容易消化，養分容易被攝取，使人類體質增強，頭腦發達，也可以減少病痛，增長壽命，最重要的是它也增加味覺的美感。所以人類一旦發現火食的這些好處，自然很快採用而成為習慣。

現在日本人有生吃魚鮮的習慣，但很少生吃哺乳動物的肉，一來怕有寄生蟲，二來也不易咀嚼。但是《史記．項羽本紀》記載鴻門之宴時，項羽賜食樊噲：「則與一生彘肩。樊噲覆其盾於地，加彘肩上，拔劍切而啗之。」（部下遞來一整隻豬肘子，樊噲把盾牌反扣在地上，將豬肘子放在上面，拔出劍來邊切邊吃。）這也許是項羽要試試樊噲的膽量，因而故意給予尚待燒炙的生肉，並非中國當時仍有吃生肉的習慣。

可以想像最原始的燒食應是把肉直接放到火上燒烤，但是這樣的辦法很容易將肉烤焦，也很可能在燒造陶器之前，人們也有以泥土包裹獸肉在火上燒烤，以及用葉子包裹食物，放在帶火的灰裡煨熟的間接燒食法，不過直接燒炙法卻不適合施用於蔬菜。有些原始氏族於外出打獵無法攜帶炊具時，便利用「石煮法」來烹煮食物，這種方法可謂由來已久；它是選取較大的葉子或樹皮，折成船形的容器以盛清水及魚肉、菜蔬，然後撿取石卵洗淨，以火燒烤之，接著用竹箸挾起燒熱的石卵放進容器，石卵的熱透過水的傳遞，慢慢把食物燙熟；有些氏族甚至日常也用此法，在樹皮作的筒中煮食。

至於不能用石煮法的穀物，則用「竹煮法」，那是以竹筒裝水及米，用樹葉緊緊封口，然後把它放到火上燒烤，一直到竹中清水燒開而燜熟穀物為止。甲骨文「燮」（）字就是作手持細長竹節在火上燒烤之狀的會意字。人們一旦發明了這種燒食法，等到陶器一發明，馬上就可以應用，可免去每次更換竹節的麻煩。

人類大約在一萬二千年前開始燒造陶器。陶器最早的作用是盛水，很可能是因以石煮法在陶器中燒食，從而發現陶器也有傳熱的功能，因此改良從陶器外頭燒烤，使裡面的水燒開而煮食；其後人們很快又發現陶土若滲砂，可加速傳熱的效果，故大量使用從陶器外間接煮食的辦法。我們可以想像那時的人們，開始時把陶器架在幾塊石頭之上，在其下之空隙燒柴，後來改良此臨時找來的石塊，改成高度齊平而穩定的陶支腳，甚至把支腳連於器身而成鼎、鬲的形狀，約八千年前的河南新

● 鄂倫春人的石烹法示意圖。

鄭裴李崗遺址，出土有陶支腳及三腳陶鼎，大致已知此種間接煮食法。在華南地區，人們住於干欄式的房子，無法在木板上燒火，所以六千年前的浙江餘姚河姆渡遺址，就改良用陶灶架鍋盆。大概戰國以來磚灶就成為每個房子不能少的構築了。

我們從出土的器物測知，到了七千多年前，又增加蒸煮的一法。那時有像甑類的大口盆陶器，底部挖有許多小孔，可在內腹盆底鋪塊能透氣的布以放穀粒，把它架設在盛水的容器上，水的蒸氣就可以透過盆底的小孔將米炊成飯。這樣炊成的飯，不黏而味甘，且軟硬適中。但用蒸的方法比較費時費事，而且顆粒不能飽吸水分，必須使用較多量的穀子才能填飽肚子，所以開始的時候並不普遍。從出土器物測知炊蒸之法到商代使用漸多，而到東周時才成為重要的燒飯法。《詩經．生民》：「釋之叟叟，烝之浮浮。」（淘米聲音嗖嗖響，蒸飯熱氣噴噴香。）即描寫蒸煮時穀物跳動的樣子，而且蒸炊的方法也可以施用於蔬肉，另有一番風味。

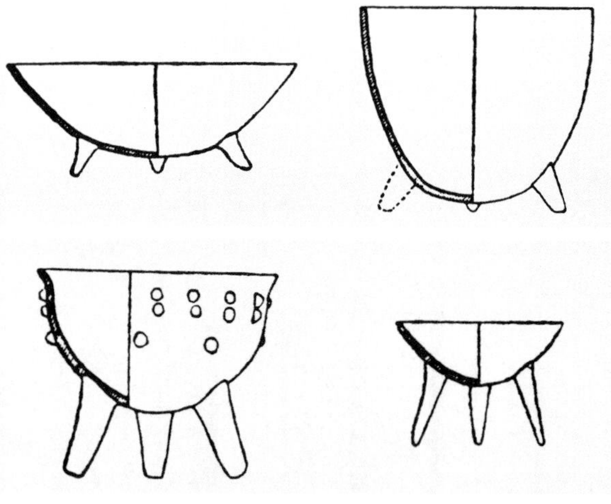

● 上圖　八千年前的三足陶器形，大多數夾砂，利於傳熱，但支腳太短，不能確定其確實用以燒食。

● 下圖　七千三百年前的三足鼎，夾砂，高支腳，無疑已用以燒食。

穀物除蒸、煮外，還可以磨粉加水作成糕餅。八千年前遺址所見之石磨棒與石盤，應只是去殼而不是磨粉的工具。小麥的外殼雖堅硬，但仁實極脆，稍加壓力即碎，又有黏性，故易發展成粉食，而稻米和小米則不然。小麥在中國發展甚晚，可能不早於商代，且是珍品，不是一般人所能食用的，而且磨粉的碾磨也要以鋼鐵才容易製作。從目前的材料可知，戰國晚期才見石磨出土。磨粉由小麥推廣到米、粟，大概要到漢代才普遍磨米麥成粉以製作糕餅等食品。但在西周或商代，旅行者所攜帶的乾糧，有可能是把煮過的飯曬乾研粉後製作的。

商代也已發展出不經火燒煮的乾腌和醢醬等食法。但中國菜肴最具特色、能保持菜蔬色香脆的快速爆炒，則要等到鐵釜鑄造成功後才有可能。中國發展高溫熔化鐵汁以鑄器物，要比西洋早一千五百年以上，至少西元前六世紀就有了。生鐵釜的實物見於西元前五世紀，生鐵性脆，易敲碎，相信那時的人以鐵鑄鍋，就是取其傳熱快，可以快速煮熟食物，而且保持其香脆鮮美的味道和悅目的外觀。中國著名的烹飪術，基本上在這時期就已齊全了。宋玉〈招魂〉、景差〈大招〉為招亡魂所列的美味，似乎尚未說到炒法，大概是仍未普及於南方的緣故。

● 山東漢畫像石上的庖廚圖，使用大型灶燒食。

現代楷書	隸書	篆書	金文	甲骨文
燮	燮			

何時使用筷子吃飯？

人類靠飲食維持生命，準備食物是人類很重要的日常活動，因此使用的器具自然也是一個文化很重要的內容。飲食的習慣取決於地理環境、生產技術、人口壓力，以及文明發展的進度，這同時也是辨別一個文化的好標尺。用筷子把食物送進口裡是中國文化圈（包括日本與越南）所特有的習慣，筷子的製作簡單，使用方便，為什麼只有中國人想到，會不會是因為烹飪的方式不同而導致的結果？這不是本文想討論的，此文只試著推論這種巧思是何時開始的？發展的過程如何？

筷子只是兩段細長的東西，可用金、銀、玉、石、角、牙、木、竹等材料製成以夾物，但絕大多數筷子是以易腐朽的竹、木做的，難於從地下發掘的材料解答何時開始出現。由於筷子形式的東西還可以夾取他物，不一定用以進食，就算筷子發現於食器群中，也不能肯定地說是以之送飯入口，因為它可能只用於湯羹中夾取肉類和蔬菜。

使用筷子的目的不外兩個：一是防止手指取食時被髒汙，一是不受熱湯燙傷。以筷子夾物的技術應起源甚早，在未燒烤陶器間接煮食之前，有種石煮法是非常原始或外出不能攜帶炊具時的變通辦法。方法是用樹皮作成的桶，或選用檳榔、椰子一類有較大的葉子，把葉子折疊成容器形，可盛清水及魚肉、菜蔬等，並且揀取石卵洗淨而以火燒烤之，然後用竹筷夾起燒燙的石卵，放進裝水及肉蔬的容器，石卵的熱透過水的傳遞，慢慢把食物燙熟；後來以之施用於陶器。發現陶器——尤其是摻有細砂的——也有傳熱的功能，不必燒烤石卵，就發展了從陶器外燒烤的間接燒食法。陶器的燒造有一萬二千年的歷史，因此以竹箸夾物的技術，起碼也開始於相等的年代。

使用器具進食是文明有相當發展、講究飲食氣氛以後的事，人們肯定最先用手取食，到了相當晚的時候才會覺得有必要利用器具以保持手指的乾淨。不知從什麼時候起，人們利用竹筷以夾持羹湯中的蔬菜、魚肉。在古時，菜蔬除了生吃外，大都用沸水煮熟一途，菜在熱湯中，只有用器具取出，否則就要等到不熱時，才能用手撈取。到了重視食物味道及飲食氣氛的時代，冷的食物味道較差，而讓手伸進湯中取食，以致到處濕漉漉的，也未免不潔及不雅，肯定會使用筷子或匙匕。古代匙匕有些有多個小孔洞，就是要濾乾菜蔬、魚肉，不使多帶湯汁而設計的。《禮記．曲禮》說：「羹有菜者用梜。」（羹湯中的菜，用筷子夾取。）顧名思義，「梜」是木製而可夾物的器具，即今之筷子。筷子古名為箸，箸從竹，表明材料。「者」（）是「煮」字初文，表現以鍋煮蔬菜、魚肉諸種食物之意。從取名可見「箸」是專為菜羹之食而準備的，初不以之取飯。

商代遺址常見各種式樣的匙匕，但很少見到筷子，恐怕只一、二見而已。先秦文獻好幾處提到商紂奢侈用象牙筷的傳說，以為是亡國之徵。《史記．龜策列傳》說商紂使用「犀玉之器，象箸而羹。」（用犀角做的杯子，用象牙筷食用羹湯。）反映漢代的人還認為筷子主要使用於羹湯，不是以之吃食粟飯。尤其是《禮記．曲禮》：「飯黍毋以箸。」（吃小米飯不需要筷子。）「共飯不擇手，毋搏飯。」（大家一起吃飯，要注意手的衛生。不要把飯搓成團。）明白指出吃飯用手指，不用筷子，因為小米飯顆粒小，不黏結，如果以筷子夾之，不但不容易，而且會散落滿地，不高雅。又手如不乾淨或帶有湯汁時，取飯就會髒汙其他飯粒，使共飯的人心生不快。從這一段話語，可知戰國晚期或甚至是漢初的時候，吃飯尚用手取，不以筷子。

筷子從湯中夾菜的功能可以匕代之，但匙匕挹取

● 山東嘉祥武梁祠東漢畫像石上的邢渠哺父故事圖。邢渠舉筷夾食餵飼父親，他手中的碗裝著的可能是羹湯，而背後婦人手裡的碗則是裝飯。

湯的功能則為筷子所不能，故陳設餐具時，常有匕匙而無箸。如《儀禮．士昏禮》：「舉鼎，入陳于階南，西面，北上，匕俎從設。」（抬鼎入內，放置在阼階之南，面朝西，以北為上。執匕人和執俎人隨鼎而入，把匕、俎放置於鼎旁。）不過到了以筷子吃飯時，因喝湯可以口就碗而不用匕匙，一如現今的日本人，故常不設匕匙。

《史記．留侯世家》的一段話，似乎表示西漢建立之前尚不以筷子送飯入口：「漢王方食，曰：『子房前，客有為我計橈楚權者。』……張良對曰：『臣請藉前箸為大王籌之。』」（漢王正在吃飯，說：「子房過來，有個客人為我計畫削弱楚國的勢力。」……張良說：「我請求您允許，借用您面前的筷子來為大王籌謀。」）張良說「前箸」，明白指出箸放在几前，而不是拿在劉邦手中；劉邦如果手中拿著筷子，張良比較不會從他手中借來比劃。在當時，筷子比較可能作為夾菜蔬而放在几上，張良順手拿來比劃，可不妨害劉邦吃飯。漢代以來，韓國受中國文化的影響很深，現在他們以筷夾菜，但卻以匙送飯，恐怕就是較古的傳統，不以筷子吃飯。

推測中國人何時開始以筷子送飯，恐怕要從食具入手。中國古時主要居住區域是華北，以小米為主糧，用蒸煮的方法處理。小米顆粒小而又鬆散不團結，很難用筷子夾取而不遺落滿地，只有捧碗就口，用筷子掃進口裡，才會吃得乾淨俐落。若要用單手捧飯就口，容器就得做得輕而小。

商周以前的時代，食器都作得頗重而大，難於單手捧著。盛飯的銅簋、銅簠自不用說，就是容量較小，有淺盤的豆，也以裝大塊的肉為主。故《考工記・梓人》有：「食一豆肉，飲一豆酒，中人之食也。」（吃一豆的肉，喝一豆的酒，是普通人的食量。）而且豆有高足，顯然也不是為捧在手中而設計的。到了西漢初期，出現沒有支腳的或圈足的平底小圓碗，顯然是配合以筷子吃飯的新風氣而設計的新形式。湖南長沙馬王堆西漢初期墓葬出土的成套漆製食器，筷子與巵碗同出，我們大概可以肯定那是以筷子送飯了。

從以上推論，得知中國人以筷子吃飯的習慣，最可能起於西漢初年。

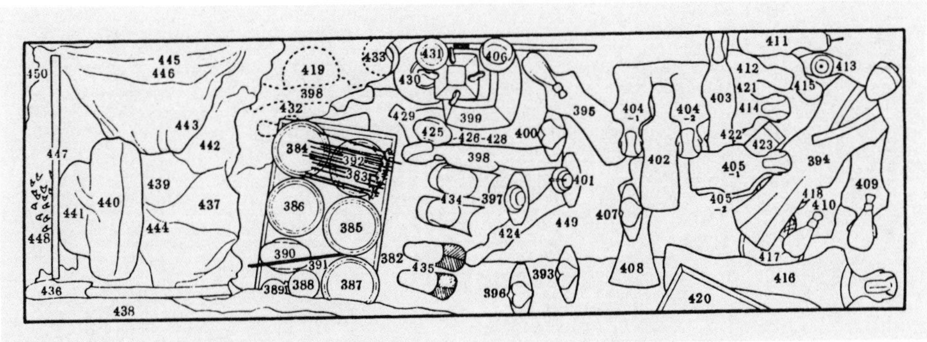

● 湖南長沙馬王堆西漢初期墓葬，邊箱出土的碗、筷、巵、案等成套漆食具。

現代楷書	隸書	篆書	金文	甲骨文
者	者			

祭祀宴會不可或缺的酒

酒的主要成分是水，古時它被用作祭神、待客、養病的物品，是飲料中之最高貴者，故清淡的水也被雅稱為玄酒。中國古代的酒主要以穀物黍或稻米釀成，後來才以高粱。酒不能取代食物充饑，所以要有相當的農業生產，並有多餘糧食的先決條件之下，才能充分發展釀酒的事業。如果一個社會所生產的糧食無法充分提供果腹的要求，則人們比較不會把維生的東西大量釀酒以供享樂；因此，某個社會有大量飲酒的習慣，就表示該社會有充分的糧食生產，農業有長足的進步。

酒是果實或穀類中的糖分經過發酵而成。水果的糖分比穀物高，水果久泡於水中而自然發酵成酒的機率比穀物高，而且容易，因此人們也可能因之而領悟其釀法。酒在中國，以水果釀造發展相當遲，可能遲至東漢，故其契機較可能起於「飯」。

中國什麼時候開始釀酒？很難從實物得到直接的證據，因為酒會蒸發，如果不裝在密封的容器，根本不可能讓我們於幾千年後測知其痕跡，故只能間接從古人使用的容器加以推測。

酒雖然可以裝在陶器以外的東西，如皮囊或竹筒中，但主要是儲存於陶器。盛水的容器雖然也可以用來盛酒，但為了保持酒的醇味不逸失，其設計應與水器有所不同；故從陶器的造形變化，也可大致推知開始釀酒的時代。

六千多年前仰韶文化及其前的陶器，主要造形是盆、鉢、罐、瓮、瓶、釜、甑等大口的容器，沒有防止酒味逸失的設計，可說都是水器和食器。到了約三千八百年前的龍山文化的晚期，就出現了不少小口大腹，顯然是為了保持酒味醇醲的設計，以及尊、盉、高足杯等和後世酒器同形的陶器，應該就是已普遍釀酒、飲酒的具體反映。有人以為萬年前的舊石器時代，或至少六千年前，人們就因水果浸泡於水中的自然發酵成酒而領悟其釀造法。但自然發酵的酒畢竟與有意的釀造意義不同，而且水果釀酒也是後來受西方的影響，不是中國傳統的方法，先秦文獻都沒有提及果酒，故不宜把中國釀酒的時代推得過早。

東漢許慎的《說文解字》說：「古者儀狄作酒醪，禹嘗之而美，遂疏儀狄，杜康作秫酒。」（古時儀狄造了酒醪，夏禹品嚐後大贊美味，但從此疏遠儀狄，杜康則釀了秫酒。）醪是帶渣的酒，秫酒應是濾過的清酒。夏禹的時代就在龍山文化的晚期，與陶器反映的現象一致，應是較實際的意見。

商代的釀造業已相當發達。河北藁城臺西村一個早商遺址，在一容器內發現有八公斤半的酵母；當時的墓葬重酒器，出土眾多的儲酒、溫酒、調酒、飲酒等專門酒器。商代釀酒業發達的最直接證據應是幾次西周文獻提到，商人沉溺於群飲酗酒的惡習，以致《尚書．酒誥》中周公諄諄告誡新封國的康叔，要嚴厲查禁，不憐憫地處罰犯戒群飲的周人，以免步上商人因酒亡國的後塵。因此周代的墓葬，也改以食器為主，酒器的分量越來越小。

● 商周時代的青銅酒器形。上排是盛酒的尊、彝、卣、壺、罍；中排是溫酒的爵、角、斝；下排是調酒的盉，以及飲酒的觚、犧觥、觶。

過量飲酒雖然能使人精神失常，做出超逸禮儀容許的行為，以致周之當政者要嚴禁周人群飲。但適量的飲酒卻能增加食欲，使精神歡暢，賓主盡歡，是別的食物所難達到的效果，故成為祭祀、宴飲的最重要食品及貢獻。《禮記．祭統》說：

> 夫祭有三重焉，獻之屬莫重於祼。聲莫重於升歌。舞莫重於《武宿夜》。此周道也。（祭祀有三個最重要的節目：在奉獻祭品活動中，沒有比祼禮更重要的；在歌唱演奏活動中，沒有比登堂歌唱更重要的；在舞蹈活動中，沒有比《武宿夜》之舞更重要的。這是周代的規矩。）

祼就是酒獻。《儀禮》所載東周時代各種禮儀，也都伴有飲酒的節目。故於文字，甲骨文的「召」字（請見一一六頁）作兩手拿著酒杯及杓子於溫酒器之上，溫酒器之上有時還放著一個酒樽，表示從酒樽挹取溫酒以招待客人的意思。當時的宴會大抵先進酒以增進食欲、培養氣氛，次上魚肉、菜蔬以品味，最後上飯以飽腹，飯後再以酒敘歡。人們進食的次第如此，禮神大概也不例外。

商代是否飯前與飯後所飲的酒有不同，已難考證。從文字知商代的酒有幾種，最粗是有滓的，其次是濾去其滓的清酒，最高級的是加香料的鬯。甲骨文的「莤」（）字後來

寫作「縮」，作雙手拿一束茅草於酒尊之旁，表示以之瀘酒的意思。《左傳．僖公四年》管仲伐楚，數說楚的罪狀，就有「爾貢苞茅不入，王祭不供，無以縮酒。」（你們應當進貢的苞茅沒有交納，無法濾酒，周王室的祭祀沒有供品。）可以想見濾酒的材料難得，清酒不是人人喝得起的。

「曹」（）字作容器之上有兩束茅草之狀，應是表現大規模濾酒的作業。後來發展成三字，過濾下來的滓粒為「糟」，濾酒的容器為「槽」，管理濾酒工作的機構為「曹」。好的酒更是要加香料，那就是祭祀用的最高貴的鬯。後代用椒、柏、桂、蘭、菊的花葉為釀鬯的香料，想來商代也不外這幾種。

古代釀酒的成酒率高，有時十分之三，即釀一斗酒只需三升粗米，故酒精濃度很低，容易變酸；用蒸餾的方法以提高酒精濃度是六朝人士因煉丹而發現的。酒精濃度既低，再加上有滓，故可以飲得相當多量。《史記》記淳于髡回答齊王的話，如賜飲於王之前，戰戰兢兢不敢失禮，只能飲一斗；但若男女同蓆，心最歡爽，可飲一石。戰國時候的一斗約等於現在的二公升，一石為二十公升，可想見當時的酒精濃度一定不比啤酒高，才能夠喝得這麼多。

古時的酒，酒精濃度雖低，甜度卻高，即含糖量多。故酒於醫療，除了作為麻醉、消毒、加速藥力及激勵心情的藥劑外，還作為養老、養病的藥方；也就是說，已認識到酒中的高糖量有提供熱量、增強體力的效果。如公孫弘年老有病，漢武帝因賜牛酒雜帛，數月後還能再行視事。甚至是服喪期間，要求不樂而哀戚，睡最簡陋的地方，吃最粗糙的食物，是古代一種很嚴厲的社會規制。但是曾子在《禮記》的〈曲禮〉和〈檀弓〉都說過：「喪有疾，食肉飲酒，必有草木之滋焉。」（如果服喪期間生病，可以飲酒吃肉，還要加上草木的滋味。）反而要強制飲酒，為的是借酒中的糖分提供熱能，維持體力。

現代楷書	隸書	篆書	金文	甲骨文
茜				
曹				

爵，美形但不實用的酒器

加冠進爵是中國繪畫常見的題材，很多電影於處理古代的酒宴時，也以爵為飲酒的器具。本文想略為介紹，到底爵是個什麼樣的酒器？使用於什麼朝代？

爵是我們稱呼某種特定形式的酒器名稱。在古文獻裡，它也被使用為一般行禮時酒器的通稱，並且用以表達高貴身分的爵位。在甲骨文中很容易看出「爵」（）字是個容器的象形，字形雖有多樣，但主要都在表現此種容器的幾個特徵：有流，流上有柱，空腹，腹旁有耳或把手，腹下有支腳。雖然我們尚未發現商代的銅器有自銘為爵的，但從字形本身看來，無疑它就是指商代常見的，而被我們稱為「爵」的酒器。

爵的形狀非常奇特而不自然，為中國所獨有，不見於其他的文化。它在諸種古代行禮所用的容器中，占有特殊而崇高的地位，可見其成形定有某些特別的意義。

器物的成形，一般會受其所製作的材料，或特定使用目的的影響。爵的形狀很不規整，應該比較不會是模仿用轉輪成形的日常陶器形；換句話說，其創意比較可能是基於某種要先塑造模型的特別需要。爵的成形與鑄造，要較觚或尊等規整圓筒形的酒器困難得多；觚或尊的外範只要三塊就可以成形，沒有柱的爵就需要八、九塊，有柱的還得再多加兩片範。從鑄造技術的層次看，爵是種複雜的器形，要求的技巧高，應是容器中較遲發展的器形。但是根據目前地下發掘的材料，爵可以說幾乎就是在能鑄造立體的容器之後，馬上就被鑄造的東西。

爵的造形作為酒器，有不少並沒有實用上的需要，它被鑄成有長尾的樣子，顯然是為了與其長流取得平衡，不易傾倒。但是注酒的流，亦無必要造得那麼寬長，甚至是可以不要的，如觚、觶等飲器都沒有流。爵的流上兩個立柱，好像也沒有實用上的必要，但卻會增加

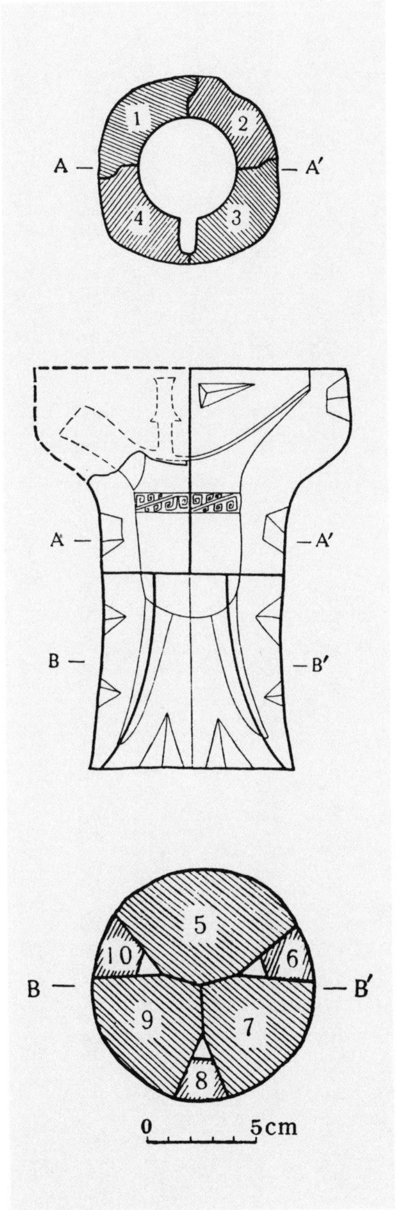

● 爵的外範分型復原圖。

很多鑄造上的麻煩和費用。立柱是在有了爵之後就立刻出現的形式，難於解說那只是裝飾，而沒有使用或鑄造上的要求；它很可能是當時人基於某種信仰特意鑄造出這種不見於其他文化的異常形狀。爵的另一意義是雀鳥，雖可解釋為起於同音上的假借，但爵的形象確實像極了許慎《說文解字》所解釋的「像雀鳥之形」。商朝有其始祖為吞玄鳥之卵而生的傳說，鳥圖騰是東方氏族的共同信仰，商也是發源於東方的氏族，它們之間應該有某些關聯。

從爵腹下有三個高支腳，出土時不少爵的腹部下有煙炱痕，可以推知爵是溫酒器。而酒是商人祭祀最重要的品物，商人也喜歡飲酒，隨葬可以沒有食器，但不能沒有酒器。商代出有青銅器的墓葬，爵與觚經常相伴出土，大概是以爵溫酒後再傾倒入觚中飲用，很可能銅爵受火燒烤後太燙熱，不便用手把它從火上移開，因此鑄成流上有兩立柱，以便用布提起。後來立柱被鑄成下平的半圓錐形，也許是為了便利用竹箸夾持。不過，商爵鑄有立柱的真正原因，恐怕永遠是個難解的謎了。

酒爵的容量，漢代的注釋說是可容一升，即不到今日的五分之一公升，我們可以理解那只是舉整數而言。從發掘及傳世品來看，商代的爵都很小，容量有限，小的恐怕還裝不了一百毫升，大的也不過是二百毫升。另一種商代的溫酒器，三足有柱無流的斝，一般容量都較爵大得多，有的竟達七、八公升的容量，很容易用杓子從腹中挹出酒來。商代酒的酒精濃度很低，爵所裝的酒只夠喝一、二口而已，不足作為宴席中賓主盡歡，或日常舒暢心情的多量飲酒，且不但不足以溫酒，甚至也不便作為酒杯使用，因此爵比較可能是為了禮儀的需要，只溫少量的酒以供行禮時作個樣子，如要盡情飲酒，就得使用觚或他種容器了。

「爵」字在商代已使用為以爵位加於人的意義，大概使用酒爵的人要具有一定的身分。加人以爵位時，大概也要以爵賜飲。爵是作為貴族必備的器具，故在商代的墓葬，稍為豐盛者都有銅爵或陶爵隨葬，因此爵較之其他的銅器具有特殊的地位。如《左傳．莊公二十一年》記載：「鄭伯之享王也，王以后之鞶鑒予之。虢公請器，王予之爵。鄭伯由是始惡於王。」（以前鄭厲公設宴招待惠王時，惠王把王后的鞶鑒賜給他。虢公也請求賞賜器物，惠王把青銅酒杯賜給他。由於鞶鑒沒有青銅酒杯貴重，鄭厲公從此怨恨周惠王。）顯然鑒（鏡子）在社會意義上的價值要較爵差，故鄭伯覺得顏面有損，心生怨恨，後來加以報復。

大概是由於鑄造的技術原因，鄭州二里頭先商和早商期的銅爵都是平底的，後來才出現弧底。到了商代中期已是弧底多於平底，晚期就不見平底的了。為了禮儀的需要，還有不少是陶或鉛的仿製品。

西周時為了糾正商代耽酒風氣，墓葬漸重食器，但酒為祭祀和禮儀所不可少的，故西周早期也出了不少銅爵，不過以後就幾乎不再鑄造了。然而先秦的文獻也提到以爵飲酒，如《詩經．小雅．賓之初筵》：「酌彼康爵，以奏爾時。」（賓主們都斟上滿滿一杯酒，敬獻給得勝者。）在一個西周遺址發現一個自銘為爵，但考古學者稱之為「瓚」有長把的圓筒形銅器；知道西周中期以後，不再鑄造商人名之為爵的酒器，但是它的名稱已被移用至其他形狀的行禮用酒器了。

西周禮儀用具的形狀大都承繼商代，卻在銅爵上有所不同。也許是周的始祖為履大人之跡所生，沒有鳥的信仰，不必把酒器鑄成禮儀或信仰所需的複雜形狀，故改用形體合理而易於製作的筒形杯子；倒不是周代的爵改為木雕，以致腐朽於地下，不見出土了。宋代以後慕古之風興起，加以古代的銅器屢有出土，文人雅士方能使工匠依之以各種材料製作，以為擺設、觀賞，或禮儀行用。

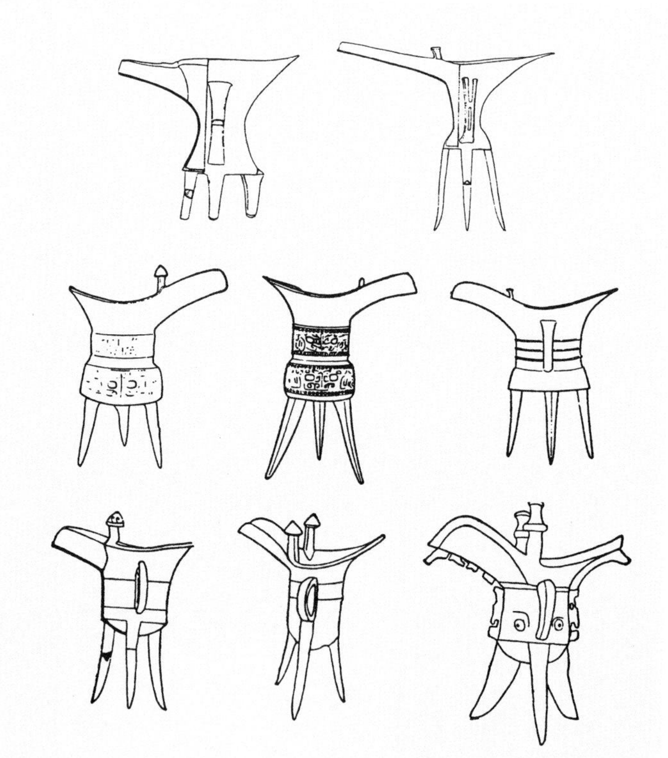

● 自早商到西周中期酒爵形制的大致演變。上排為早商；中排為中商；下排左與中為晚商、右為西周中期。

現代楷書	隸書	篆書	金文	甲骨文
爵				

在先秦，你需要知道的穿衣規則

衣服呈現的階級／帶鉤，繫腰帶的飾品／帽子，權力的象徵／鞋子，地位的象徵／散髮改為束髮是男性主導的？／什麼人可以服戴玉珮？／彰顯身分的玉器

衣服呈現的階級

定居的生活是文明能較快發展的重要因素。一般來說，除非氣候的條件極端，只要食物和水的來源不缺，人類能在地球的任何一個地區生活。不像其他動物，多少都要受氣候的限制，分布在某特定的地區。因為人們曉得利用動物的皮毛或植物的纖維以縫製衣服，還可以利用材料建造棲身的地方，以適應不同季節的氣候變化。一萬八千年前的山頂洞人遺址發現有骨針，說明起碼從那時起，中國人就曉得縫製遮身的衣物了。

人類製作衣服的目的是多樣的，有些地區是為了禦寒，有些地方則可能起於以動物皮毛偽裝以捕獵，有些地區是為了保護性器在工作時受到傷害，還有可能為防避荊棘、昆蟲、雨露的傷害，甚至希望得到所服用之動物所具的特殊能力。在酷熱的地區，衣服甚至是種累贅，但幾乎所有的早期社會，不管穿戴如何的少與象徵性，仍都會要求穿用某些衣物；這大概是基於後來才發展的愛美、遮羞、或分別階級等文明觀念了。有時為了達到這些目的，還過分裝飾，不但不方便行動，甚至危害身體的健康。

農業發達的地區，社會裡少數人積聚的財富比他人多，身分的差異自然慢慢建立起來，這時衣服就取得了新的用場；用罕見的或遠地交換而來的材料，諸如動物的皮毛、骨角、爪牙、羽毛，或金銀、珠寶、貝殼等，以標誌和識別漸漸明顯的社會地位差別。當社會的結構擴大，衣服也跟著起了政治的作用，只有具某種特別身分的人才許服用某種顏色或形式的衣服，包括與衣服配合的各種裝飾；所謂黃帝始創衣制，就是這一類的表現。中國後來儒家的喪制，用粗陋的蔴衣表現對死者的哀思，無心為美，也屬於這一類的社會功能。

衣服裁剪的形式頗受生活習慣和採用材料的限制與影響。游牧民族為了要騎馬奔馳、照顧畜牲，就得選擇經得起磨擦的材料，因而選用他們

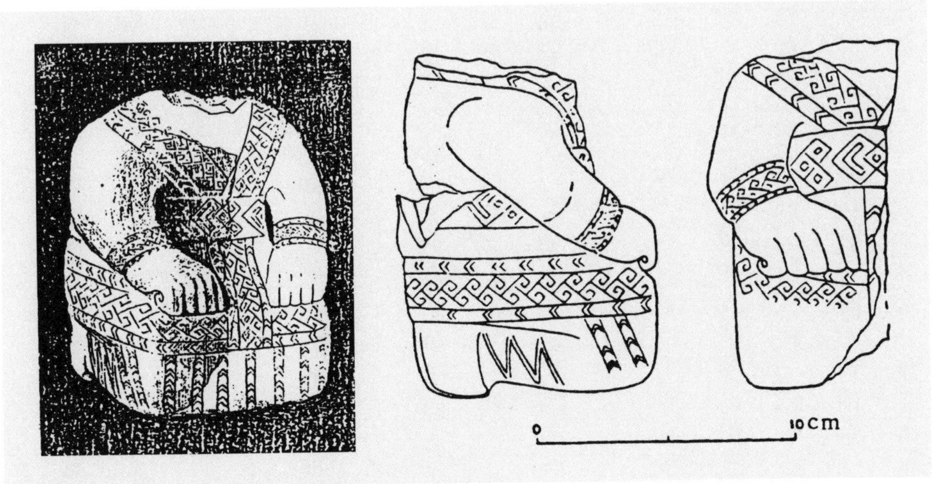

● 晚商的石雕跪坐人像。衣純、袖緣、大帶都施有刺繡。

易得的堅韌毛皮材料。他們也要求裁剪合身以利行動，獸皮因形狀不方正，大小也因獸類而異，要割成多塊再加以縫合，故因勢隨身材的曲線裁成緊束窄短風格的衣物。至於農耕的社會，桑蔴是較易得的材料，而且工作的性質也不磨損衣服。為了省工，就盡量保持機織原來的布幅，不多作曲線的裁剪以求合身，故形成寬鬆修長的風格，有一定的布幅，可適合各類高矮、胖瘦的身材。

古代漢族的生活形式是農業定居，故服式是基於紡織一類的傳統，即屬於寬鬆修長的風格，一般是用粗細不等的蔴類纖維裁製，貴族們還選用蠶絲。證據顯示中國早在六千多年前就曉得養蠶紡絲，東周時代就成為市場常見貨物。為了防止紡成的布幅邊緣鬆散，就用窄長布幅加以縫邊，由胸前經肩，繞過頸部而回轉至腋下，形成交領右衽的形式。此邊純也發展成刺繡不同花紋以表示不同的身分，是上級賞賜下僚，以誌榮慶和威權的東西，不是可隨意服用的。

商代以來華夏定居農業民族的衣式與邊裔的游牧民族已有顯著的分別，並起著強烈的種族意識，因為那是形之於外的東西，一眼即可辨識，較之體型、膚色，都容易辨識得多，故採用異族的衣式也就成為屈服及認同的表示。春秋時代已普遍用以為政治的手段，夷狄能改行華夏的服制和習慣就以華夏視之，吸收了大量的同化者。孔子讚美管仲驅除夷狄而保存華夏的文化時，也強調「微管仲，吾其披髮左衽矣！」（要不是管仲，我將得散亂著頭髮，穿著開左邊的衣服。）

中國的寬鬆長衣對於勞動者來說並不是非常便利，尤其是採用較機動性的跨馬騎射的戰術後，長衣就大大不如窄短的胡服便利作戰。春秋時代的勞動者和戎裝大概有採用胡式的趨勢，以致孔子深恐中國文化也跟著陵夷，就強調長衣的功用，以期保存固有文化。《禮記．深衣》說：「可以為文，可以為武，可以擯相，可以治軍旅，完全弗費。」（穿著深衣，可以習文、可以練武、可以作為擯相、可以帶領部隊，樣式完備。）是不分男女、貴賤、婚喪、喜慶都合宜的服式。漢代重儒術，文士就基本上採用深衣之制直至明代。

滿清入關前是游牧的民族，其服式自然屬於窄束一類的風格，統治中國後，鑑於其他游牧民族被中國文化所融合，連傳統服飾也消失了；為了表現其統治者的尊嚴，雖然縫製的材料已改為

漢代勞動者之服裝。

絲蔴，生活也是農耕定居了，仍然保持其傳統的式樣。但是漢族過農業定居的生活已有幾千年的歷史，傳統根深柢固，很難接受不習慣的新形式，故形成官家採用偏重窄袖短衣的游牧風格，而民間依然盛行寬袖長衣的定居特色。

封建社會處處都要表現其階級性，衣服是天天要穿的，故應用得最早。傳說黃帝創衣制，其表現的方式不外是色彩，圖案，以及佩帶的裝飾物。《尚書．益稷》說帝舜時代：「日、月、星辰、山、龍、華蟲、作會；宗彝、藻、火、粉米、黼、黻、絺繡，以五彩彰施於五色，作服。」（在上衣用日、月、星辰、山、龍、華蟲的圖飾繪製；在下裳用宗彝、水藻、火苗、粉米、斧形和黑白相間、兩弓相背的幾何圖形繡制。用五種顏料做成五種色彩不同而鮮明的禮服。）這些染色、塗繪和刺繡的裝飾雖不一定是帝舜時代的實況，至少應是周人根據自己的經驗以猜測千年前的現象。周代的顏料主要取自礦物，有紅、赭、褐、綠、青、藍、黃、橙等多種顏色，漢代就改良為不易褪色的植物色素染法了。

漢以前的服色，朱最為尊貴。漢以來，由於陰陽五行學說的興盛，代表中央的黃色成為皇家的象徵，東方的青色是士子的常服，南方的紅色為喜慶，西方的白色為喪葬，北方的黑為老人的服色。一般說，一直到清代，黃及朱紫是只有少數人才能服用的。

承繼周以來以圖案表階級的傳統，明代特頒布律令，嚴禁官民衣服用蟒龍、飛魚、斗牛、大鵬、像生獅子、四寶相花、大西番蓮、大雲花樣等圖案。清代雖然特別強調要保持

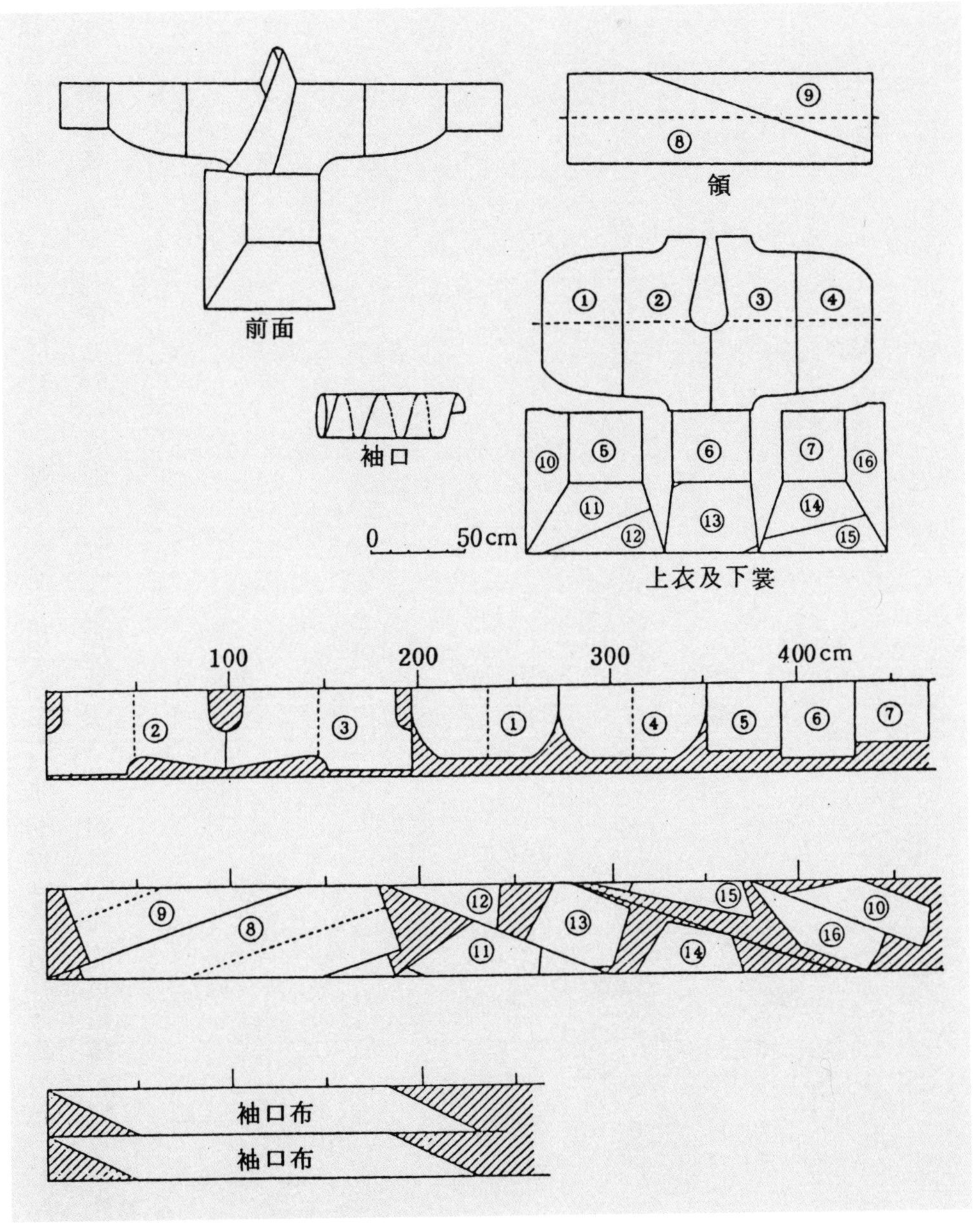

● 西漢時期直裾袍的縫合及裁剪示意圖。

其祖先的服制，但對於服色及刺繡的限制，也大致跟隨明的舊制；如皇帝龍袍上六下六的十二章制度，是明初依上引《尚書》的記載而確立的；又如官吏的補服刺繡，其一至九品文官與武官的紋樣與明代的規定也是一致的。

現代楷書	隸書	篆書	金文	甲骨文
衣				

帶鉤，繫腰帶的飾品

帶鉤是東周時代常見的衣飾用品，它的基本造形是由鉤首、鉤體和鉤鈕三部分組成，用以束緊衣服，或懸掛日常用品及裝飾物。鉤首是個鉤，鉤住衣帶一端的環以束緊衣服。由於鉤首的形體小，不是展示美觀的主要部位，所以大都因勢鑄成簡單的動物頭形，有時則素白無飾。鉤鈕是個鉤體後的突出圓鈕，用於把帶鉤固定在革帶或絲帶上，因為它被隱藏於帶內，不顯露於外，故不必有任何的裝飾。鉤體是帶鉤的主要部分，顯示於外，是裝飾炫美的所在，故帶鉤的各式各樣變化就在這一部分。有些鉤沒有鉤體部分，大半只用以懸掛日常小用具。

從帶鉤在墓葬中被發現的情況，可以確定它有兩個用途；一是用以束緊衣服，一是懸掛劍、弩、刀、削、錢囊、鏡、印章、珮飾等物。是日常、也是軍事的裝備，它的尺寸頗為懸殊，沒有鉤體的小至二公分以下，長的有達四十六公分，不過一般長十公分上下。鉤體一向作成有弧度，以適合腹部的彎度，故用以束衣的功用至為明顯。

幾乎所有固體的材料都可以製作帶鉤，因它是身上很顯眼的東西，可以達到誇示財富與地位的目的，所以有錢的人往往以最昂貴的金、銀、玉、玻璃等材料來製作，家境不富裕的則大多採用鐵、石、骨、木、陶等材料，但目前存世最多的帶鉤卻是青銅鑄品。

鉤體的造形，基本形狀有寬板、窄帶、一端膨大及不規矩的像生形狀等大類。每一種都於形體的變化外，加上幾何線條、各種動物、人物等平面、浮雕或立雕的紋飾，還有加上鎏金、嵌鑲金、銀、綠松石、水晶、玻璃、玉等不同顏色珍物的繁多花樣。

從成千出土的帶鉤來看，可知中國最早使用帶鉤的時間是春秋中期，戰國時最盛，漢以後就衰微了。但根據文獻，《史記・齊世家》有：「而使管仲別將兵遮莒道，射中小白帶鉤。」（管仲單獨率領一隊士兵堵在莒國回齊國的道路上，他一箭射中了小白的衣帶鉤。）小白即後來的齊桓公，時代屬春秋早期，帶鉤已有使用於戎服。

使用帶鉤以前，中國人以布帛的帶子束緊衣服，並在其上懸掛日常用具。高貴者的帶子也有繁縟的刺繡裝飾，炫耀的目的與帶鉤並無不同。那為什麼到春秋時代才突然興起服佩帶鉤的風尚呢？

有些人以為帶鉤是因使用革帶而發展起來的服飾。皮革是游牧騎馬民族比較熟悉的材料，加上帶鉤又有犀比、犀毗、胥紕、私紕頭等顯然是外來譯音的名稱，因此以為它是騎馬民族引進的服飾。但是幾十年來的考古工作，發現帶鈎的傳播是從三晉與關中的中原地區逐漸向四周擴散的，而同時代的游牧地區反而少發現這一類的服飾，可知它應是中國自己發明的東西。而且，在西周初期就已有以革帶繫芾的衣制，其時並沒有使用帶鈎，可知帶鈎不會單純起於革帶的使用。

帶鈎與帶扣都是革帶上的零件，都用以束衣。帶扣很早就被用以為馬騎的束帶，因此推測它被轉用為腰帶而發展成帶鈎，但是用帶扣束衣要晚於帶鈎，而且從早期帶鈎的形制看，似乎也不是如此發展的。春秋期的鈎以小型的居多，不少是沒有鈎體，甚至沒有鈕的，顯然其作用是懸掛物品而非束衣。古時的帶鈎雖可在腰際插大件的工具，但如像刀、削一類有角稜的小件東西，就不便插於腰際，宜懸吊於衣帶，很可能那就是鈎的最初用途，後來才轉用以束衣的。

帶鈎之出現於春秋時代，該有時間上的因素。以帶鈎束衣的好處是容易帶上和卸下方便，不像寬帶要捆繞折疊，頗為費時。雖然紳士們講究雍和從容的氣度，不嫌費時，但這種帶子不便攜帶量重的東西；所以萬一攜帶某種不常用而量重的東西時，便需要有種特別用途的腰帶，而帶鈎很可能就是這樣發展出來的。

《左傳．桓公二年》記載：「袞冕黻珽，帶裳幅舄，衡紞紘綖，昭其度也。藻率鞞鞛，鞶厲游纓，昭其數也。火龍黼黻，昭其文也。」（禮服、禮帽、蔽膝、玉笏，革帶、裙子、綁腿、鞋子，橫簪、瑱繩、紐帶、冕布，這是為了表明法度。玉器的墊子、佩刀的裝飾，衣帶、飄帶、旗幟及馬胸前的裝飾品，這是為了表明等級尊卑。衣上所繪火、龍及圖案，這是為了表明文飾高下。）明示身上穿有絲帶與鞶帶。河北平山戰國初期中山王墓出土的佩劍男子持燈燈座，男子的寬幅腰帶上也繫有帶鉤，啟示我們使用帶鉤的契機。

春秋時攜帶量重而不常用的新事物最可能是劍。劍是短兵刃發展起來的，初為乘戰車者的護身武器，它開始發展於商代晚期，以刺殺心臟部位為目標。早先只有二、三十公分長，隨著冶金技術的發達，春秋時騎兵的應用日盛，短劍的使用越來越迫切，所以劍的長度越鑄越長，經常達到五十公分，重量自然也跟著增加。同時，春秋以來諸國交鋒頻繁，卿士多參與軍事，本為格鬥武器的劍，漸變為裝飾的用具，成為一種身分的

● 左圖　西元前五至三世紀戰國時代的繫銅革帶鉤的銅造像。

● 右圖　在寬帶上加佩劍的革帶鉤圖像。左為漢代空心磚上的印紋，右為戰國時代的銅造像。

象徵；它可能懸掛於有帶鈎的革帶上，平時閒置於家中，一旦有需要佩掛時，才臨時加到絲帶上，因此才成帶上有鞶帶鈎的現象。

早期的帶鈎可能只是帶劍的用具，還不被視為裝飾的器具，故早期的帶鈎都短小而製作粗陋。因為它易服易卸，春秋晚期普遍用之以束衣，為了顯示威儀的目的，就開始製作精美而大型的帶鈎。

束衣的帶子本來都以紡織品作成，後來大半是基於上述軍事上的用途，男子的帶子才改以革製帶鈎，婦女則仍保持絲製；故東漢《說文解字》對帶字的解釋是：「紳也。男子鞶帶，婦人帶絲。」大概源自騎馬民族的帶扣，束衣的功能更為穩牢，加上人們又不時興帶劍，不必時卸時帶，故西晉以後帶鈎就逐漸被帶扣取代了。

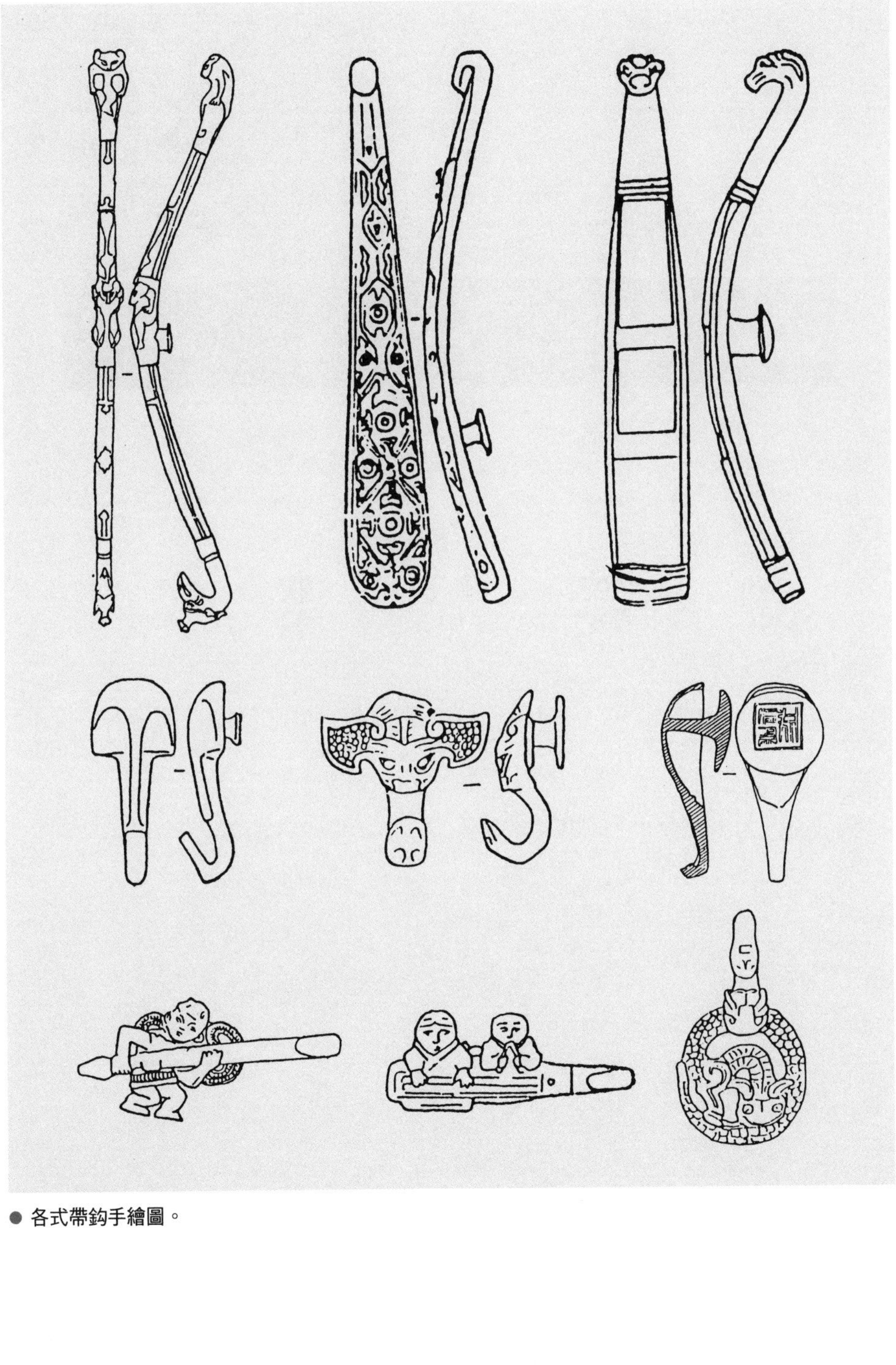

● 各式帶鈎手繪圖。

現代楷書	隸書	篆書	金文	甲骨文
帶				

帽子，權力的象徵

人類由蒙昧狀況進化到有政府組織的文明社會，是經由無數人的勞力和經驗，逐漸創造而累積發展起來的。自戰國諸子百家爭鳴而後，傳統的中國歷史把開天闢地以來的人類歷程和創建的歷史大致分為三個階段：第一個階段約等於以漁獵採集為生的平等社會，只有創物以提高生活水平；第二個階段起自黃帝的五帝時代，約等於以園藝農業為生的階級分立社會，開始有人為的政治制度；第三個階段是夏朝以後，建立王朝的多階層複雜的社會，它是真正進入國家組織的時代，社會對個人的規制強化，掌握政治組織最高權位的人叫「王」。

甲骨文「王」（）字的較早字形是「皇」（）字的下半部，作高窄的三角形上有一短橫。在一塊晚商的雕花骨版，發現刻有一個戴頭飾的貴族或神人的圖案，反映皇字取像的造形；其頭飾有像角狀彎曲的東西，在正中插有一支高翹的羽毛，羽毛上端有孔雀眼花紋

及三簇分歧的末梢。「王」字應是少掉「皇」字上半的羽毛裝飾，為裝飾較簡單的帽子形。在文字上，高窄的三角形常被作為有結髮的人所戴的穹頂帽子，現今有些人把撲克牌的A稱作帽子，是基於同樣的心理。也許是巧合，蘇美人的楔形文字，君王也作和甲骨文較晚的「王」字同形，三角形之上有二短横。王權是一個有組織的社會所必須有的制度，為什麼古代的人會以帽子表示？應也是值得探尋的。

過去沒有在商代以前的

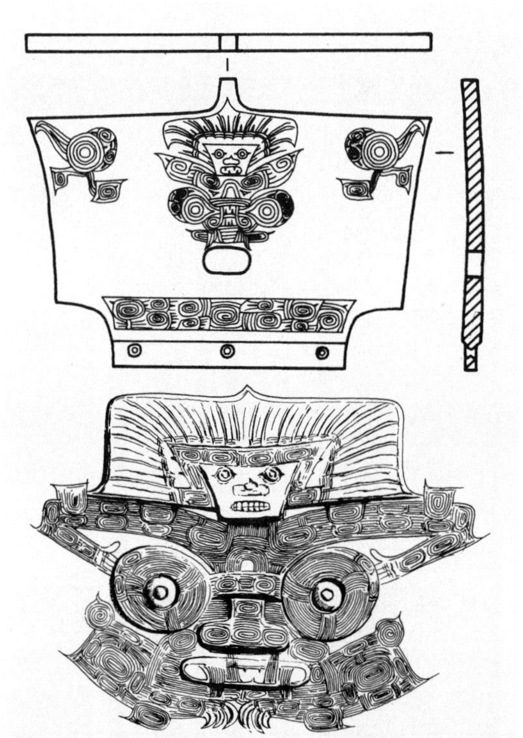

● 左圖　四千八百年前良渚文化玉琮與玉冠狀飾上的戴高帽者紋飾。

● 右圖　商代骨器上作頭戴裝飾羽毛之皇字形冠圖像。

遺址，發現有裝飾羽毛或高聳形象的頭盔或帽子的圖案，近年在一些四千到四千五百年前的大汶口遺址的陶器發現羽冠的圖案。在一個四千八百至五千年前的良渚文化遺址，發現神人戴羽冠的紋飾，以及作為插羽毛的冠飾玉片，都與傳說的四千七百年前的黃帝時代相近；中國傳說創立冠冕之制的是黃帝，看來此傳說似有相當的可信度。

帽子的效用，我們可以想像，第一是增加美感；因此甲骨文的「美」（）字就作一人的頭上裝飾高聳彎曲的羽毛狀。自舊石器晚期以來，人們就曉得借用他種東西來裝扮自己，到了貧富有差距、階級有區別的時代，人們就以罕見、難得的飾物以表現其高人一等的身分，因此帽子也很自然會演變為地位的表徵之一。中國雲南發現一處少數民族的崖畫，所畫的人物，身子越大，其頭上的羽毛裝飾也越豐盛，絕大多數身子小的人，就沒有任何頭飾；充分表現頭飾在社會中所代表權威的作用。

頭戴高聳的帽子就非常不利於日常事務的操作，除非是慶祝會等有限的特別時機，一般

● 雲南滄源少數民族的崖畫。身子越大，頭飾也越豐盛，顯然表示地位的差別。

的勞動者不會去戴它，經常穿戴它的必是有閒的統治階級。中國還傳說黃帝創制衣服，強調其佩戴玉珮於帶上的時機是戰後，以表示不戰的決心，顯示優閒的統治者形象；不利於勞動的帽子應也有類似的作用。

雖然黃帝的時代已有帽子的創製，但卻到了有國家組織的多階層社會的時代，才以帽子代表最高的統治者。帽子應該於表示階級權威、優閒形象、示人不戰的政治策略之外，可能還有應付新形勢的更為重要的新作用。試為猜測、推敲一二。

競爭是自然界為求生存所不能不採取的手段。在尋找必要的生活物資時，如果雙方的利益不平衡而又不能迴避時，為了保全自己，就只有通過各種可能的方法，以達到壓制對方的目的，武力一向是其中最有效的途徑。尤其是到了經營定居的農業社會，不但有必要組織武力以保護自己辛勞耕耘的成果不被侵擾、掠奪，甚至為了取得肥沃的土地，占有溫暖的地域，控制充分的水源，以保證糧食的生產，也得組織大規模的武力以從事經濟性的掠奪或占有。

所以戰爭是進化到農業社會時所必經的過程，其規模由小而大。小規模的衝突不必有人指揮戰鬥，但是一旦衝突成為大規模時，有成千上萬的人參與，就需要有人作全盤性的統籌指揮，才能獲得最佳的戰鬥效果。指揮者如希望他的指示及時被部下知曉，以應付戰場即時的形勢，他就有必要讓部下容易見到他所號令指示的措施，而同族人的身材大都相差不多，如果沒有特別顯眼的標誌，就很難在人群中辨識其人；一般說，指揮者只有站在較高的地點、穿著特殊的服飾，其舉動才較易被人注意到。

高聳的帽子不利於行動，本來是優閒的形象、不戰的象徵，原本不應在戰場出現的；但是，如果指揮者在戰場找不到人人可見的高地來傳布命令，戴上高聳的帽子也可以達到增高身長，大有鶴立雞群的效用。很可能就因此，在戰爭時以頭戴高聳頭飾為指揮官的形象，甲骨文的「令」（）字就作一個跪坐的人頭戴三角形帽子之狀。

古時部族的行動不離旗幟，以旗幟表示部族的駐紮所在，並指示部族的聚散進退。故封邦建國時，往往以旗幟和土地、人民一起授給邦君。商湯克夏、周武王克商時，他們手裡都拿著斧鉞與旗幟。馬車在使用的初期並無衝鋒陷陣之能，而商代的指揮者還是選擇站在易於傾覆的車上，車上豎有指揮的大旗，很可能就是為了可機動地指揮軍隊，常處於可移動的居高位置，易於被部下看到，這與高聳的帽子具有同樣的作用。

古代的軍事領袖就是政治上的掌權者。戴高帽本是慶祝會以外，為指揮作戰的臨時設施，它慢慢演變為象徵權威的常服，同時也被改良成保護頭部的盔冑。甲骨文的「免」（）字就作一人戴頭盔之狀，戴頭盔本是武士的殊榮，作戰的裝備，後來非武士成員掌權後也可戴冠，於是再進一步改變為行禮時戴的各種冠冕了。

現代楷書	隸書	篆書	金文	甲骨文
王		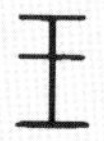		
皇				
美				
令				
免				

鞋子，地位的象徵

鞋子是人們日常穿用的東西，一點也不覺得有什麼稀奇。但我們可能見過有穿衣服、戴帽子而沒有穿鞋子的半開化部族，卻從來不曾見過有穿鞋子而不穿衣服、戴帽子的社會，可見鞋子是有帽子以後文明社會的產物。在中國，戴高聳羽冠或帽盔的風氣，可能是為順應大規模的戰爭，為指揮戰鬥的需要而發展起來的。最早有羽冠的圖案見於良渚文化的石斧，鞋子的穿用既然在帽子之後，大約就不會早於西元前二千八百年了。

一般人想到鞋子的最初功用，大概是可以保護腳不受到傷害。但事實上人和其他的動物一樣，腳本為走路而生，皮膚自會硬化，不會輕易受路上石塊的損傷。人類已經幾百萬年赤腳走路，不會突然為此目的而興起穿鞋的念頭，那麼到底是基於什麼需要、人們才開始製作鞋子的呢？相信很多人有興趣知道。

鞋子是衣飾之一，衣有美化的作用，是不是穿鞋子可以看起來漂亮些呢？但是鞋子穿在腳底下，地位非常的不顯著，尤其在人群中，根本看不到鞋子的樣子。半開化民族對身體的各部位經常作種種的裝飾與紋飾，就是少有把注意力放到腳下的。譬如留下很多雕像和圖像的中南美洲馬雅文化，以及非洲北部的埃及，他們穿戴過分誇張的帽子、珠寶，就是不穿鞋子，可見鞋子並沒有裝飾方面的大用途，不會因之而創製。

衣服還有政治上的作用，它可以作為某種地位的表徵，鞋子似乎也可以達到此目的，但是鞋子所在的地點太不顯著，材料也不珍貴，恐怕不會只為此需要而創造出來。鞋子的另一個基本作用是保持腳的乾淨，很可能是對某種特殊場所的需要而發展起來的。這倒是適合古人的心態，而且也算是一種新的情況和要求，值得考慮。

很多商代的文字和雕刻作品，都反映中國人有跪坐的習慣；甲骨文有一字作一人跪坐於草蓆之上，反映有跪坐於蓆上的風氣。如果穿鞋子而坐上蓆子，就會髒汙蓆子，對自己、對他人都會帶來不便，因此有脫去鞋襪的要求。《禮記．曲禮》：「侍坐於長者，屨不上於堂。解屨不敢當階。」（凡陪伴長者坐談，不要穿鞋子上堂，而且脫鞋時亦不可面向臺階。）連上堂也有要脫鞋的情況。

某些場所若不脫鞋襪，在當時會被認為是種大不敬的行為。如《春秋．哀公二十五年》：

衛侯為靈臺于藉圃，與諸大夫飲酒焉。褚師聲子韈而登席，公怒。辭曰：「臣有疾異於人，若見之，君將㱧（吐）之，是以不敢。」公愈怒。大夫辭之，不可。褚師出，公戟其手，曰：「必斷而足。」

（衛出公在藉圃建造靈臺，和大夫們一起在臺上飲酒。褚師聲子穿著襪子入席，衛出公大怒。褚師解釋說：「臣患有腳疾，與別人不同。如果見了，君王可能會噁心，所以不敢脫襪子。」出公更加忿怒。大夫們為他辯解，出公怒氣不息。褚師退出，出公伸手指著他說：「一定要砍了你的腳！」）

衛侯咬牙切齒，誓言要砍斷褚師的腳，可見嚴重的程度。《釋名．釋衣服》：

履，禮也。飾足所以為禮也。复其下曰舄。舄，臘也。行禮久立，地或泥濕，故复其末下，使干臘也。

（穿鞋是種禮節，裝飾足部以為禮節。在單底的鞋子下另加一塊木板，使鞋子為兩層為重木底鞋。穿著舄便於在典禮中久站，或在泥濘地中行走。）

在沒有發明鞋以前，人們一向習慣行走於朝露上，沒有必要為了保護腳受潮濕的侵蝕才發明鞋。筆者小時候赤足上學，只有在開學儀式等有限場合才穿鞋，因此很可能行「禮」的目的才是創造鞋子的真正原因。其演進的經過，大概可作如下的假設。

保持廟堂等莊嚴所在的乾淨，是很多社會都有的習慣，現今還有廟堂是要脫了鞋子才許進去的，很可能起先在進入廟堂之前，有洗去足上汙穢，以免侮慢神靈的習俗。甲骨文的「前」（）及「湔」（）字都作一隻腳在盤中洗滌之狀，「前」之有前進、先前等意義，可能來源於上堂行禮之前要洗腳的習慣。

臨時洗腳恐怕有點匆促，為了方便起見，後來就事先以皮革包裹已洗乾淨的腳，於行禮時才取去皮塊，以保持腳的乾淨。為行禮的目的，避免汙穢神聖的廟堂才是新的情況，需要新的應變措施，才有以皮塊包裹腳的動機。此臨時的皮塊就慢慢發展成縫製的鞋子，用不同的材料縫製，至於在鞋子上增添裝飾的花樣，則又是更晚以後的發展了。

後來大概覺得赤足行禮不雅，就縫製襪子。故《禮記·少儀》有：「凡祭於室中堂上，無跣。燕則有之。」（凡是祭祀，無論在堂上還是在室內都不用脫鞋；但在宴飲時，升堂之前就要脫鞋。）行禮要雅，故需要穿襪，宴會要求舒服，故脫去鞋襪。

在古代，參與禮儀是紳士們才有的資格，故穿用鞋子的人也一定是有地位的貴族。圖1、圖2是商代的跪坐人像，穿著有刺繡的寬帶，衣緣也都有縫邊，顯然是貴族的形象，兩人都穿有鞋子。圖3是春秋晚期的塑像，該人的衣服滿是刺繡且帶有劍，雖然手持燈架，不應是貴族的形象，但絕不是低級的奴僕，卻不穿鞋而作赤足；明顯表現遲至春秋晚期，穿鞋還不是人人所能，而是要具有相當的身分者。

從文字也可以看出其著重穿鞋者身分的創意。古人稱鞋子為履或屨，「履」（）字在西周的金文字形作一人穿著一隻如舟形之鞋子狀，但是此人絕不是平民的形象，它特別強調穿鞋者的具有眉與目細節的頭部形狀；鞋子穿在腳下，與高高在上的頭根本扯不上關係，創字者不嫌麻煩地把頭部的特徵描畫出來，一定是為了

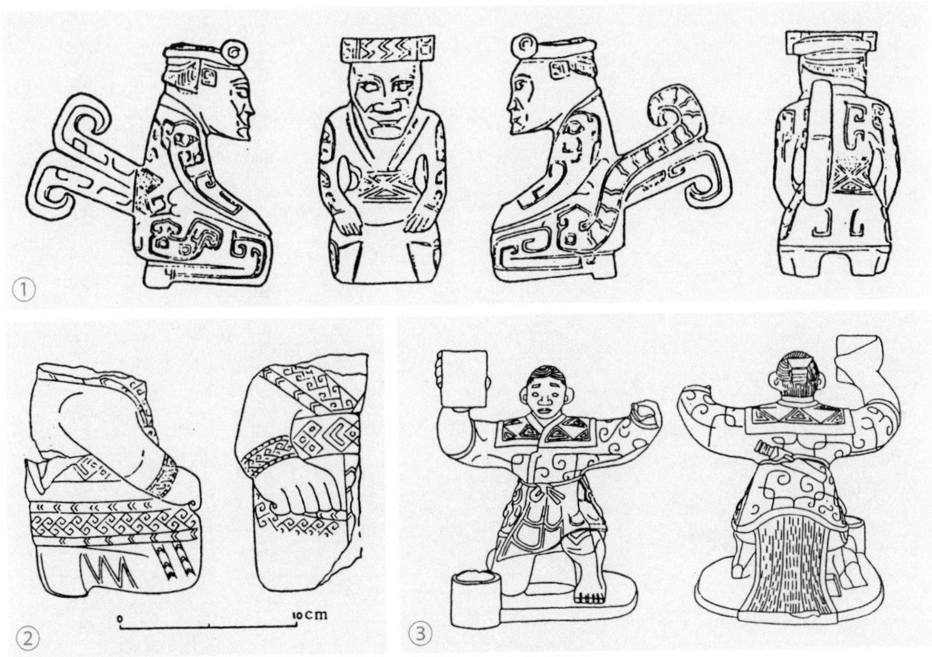

● 圖1　殷墟婦好五號墓出土，晚商跪坐人像玉雕，穿有方頭形鞋子。

● 圖2　河南安陽侯家莊一〇〇一號大墓出土晚商跪坐人像殘石雕，穿有方頭形鞋子。

● 圖3　春秋晚期的青銅鑄像。這可能是插燈盤用的架子，奴僕掌燈是古代常見的題材，或者在宴會場所故赤腳不穿鞋。

要表現穿鞋者是何種人的服飾，否則畫個簡單的人形就夠了。

「履」字所表現的穿鞋人可能是個主持祭祀的巫師，臉上還有化裝。一如金文的「夏」（）字，大概是作臉部有化裝的巫者在舞蹈的樣子；夏天經常鬧乾旱，需要巫師跳舞求雨，故以巫師跳舞的形象代表炎熱的夏季。巫祝在古代屬於貴族的行列，主持禮儀是他們的職務，最有需要踏進廟堂莊嚴聖地的是他們，因此他們是最有可能首先穿鞋子的人，其次是有機會參與禮儀的貴族。

現代楷書	隸書	篆書	金文	甲骨文
前				
湔				
履				
夏				

散髮改爲束髮是男性主導的？

頭髮是人類所共有，各個民族的頭髮雖有稠稀、長短、曲直等不同的性質，但都是生長在人身最高的地方，部位顯著。除了頭髮本然的隔絕冷與熱的功用外，還有其他種種的社會功能。佛教認為它是煩惱絲，表現世俗的欲求之一，要剃掉它，以示隔絕世俗；有的宗教則要留長它，以方便被神抓上天去。其他如以髮型表示年齡、婚姻狀況，或地位等的區別，都在很多社會發生過。到底人們何時開始注意頭髮並花費很多時間加以打扮？中國古人對頭髮是否和其他民族有同樣的觀念和措施？其演變的經過大致如何？

我們現在的經驗，婦女比男人花更多的時間裝扮頭髮，以增添其美麗的容貌。似乎因為女人比男人更愛漂亮，處理頭髮被歸為是基於美容的原因。但詳細一想，恐怕事情的發生並不是如此。

愛美是種進步的象徵，表示人們於餘閒能從事覓食以外的思考，不是渾渾沌沌毫無思想的時代了。在動物群中，恐怕人的頭髮長得最長，如果不加以修剪，大部分男女的頭髮都可以長過腰際。如果把我們想像生活在已知愛美的遠古時代，譬如在一萬多年前就會覺得沒有什麼可利用頭髮打扮得漂亮些的辦法，因為鬆散下垂的頭髮無法使飾物保留在其上而不掉下來。那時沒有什麼趁手的利器可將頭髮剪短，如讓它無限制地生長，就會妨害工作，要想辦法把它弄得不礙手些，否則就得一根根地扯斷，太煩人了。因此當人們到了不只從樹上摘果子或在地下挖塊根等生活型態，還要追逐奔跑捕捉野獸時，就會有束括頭髮，以不妨礙工作的需要。最先整理頭髮是基於工作的需要，還可以從一些後世的風俗得到印證。日本在戰國時代以前，不管身分高低，女性都順其自然梳為長長的垂髮，最多是用油脂品幫助把它梳得烏亮而已。後來，身分低的人為了應付繁忙的生活，感到散長的垂髮多少對工作有些不便，於是乃有於勞動之際才束髮於腦後的風俗。這種形式漸為一般人所接受而才普遍結髮，而且又受歌舞妓裝扮的影響，演

● 廣州東漢墓彩繪舞女陶俑的服飾。

成普遍梳成各種各樣複雜的髻，所以束髮最初應是為工作的需要，後來才發展為美觀的目的。劇烈的工作都由男子從事，因此束髮也很可能始自男性，不是女性。

括髮成束需要有可以綁得住的東西。一萬多年前的山頂洞人有骨針，既能製作頸飾，自也有辦法搓繩束髮。這樣的結髮也還是難於在其上插戴飾物，要結髮於頭上，用笄貫穿，頭髮才能緊密插住東西。以木、竹作的笄難於在地下保存，所以難估計何時有髻髮的習慣，或以為始自燧人氏，自是猜測之辭。若以不腐敗材料製作的，約八千多年前裴李崗文化遺址就發現了很多骨笄，那時階級尚未形成，因此骨笄的使用除工作外，還有基於愛美的追求。不少初民的社會，作為領導階級的人有插骨、羽毛等物以炫耀受其統治的族人，並以之向外族顯示其崇高地位的措施，可以肯定這種階級社會的功能使它的使用更為推廣。

女性髮型之複雜勝過男子，應是較晚的事，起碼在漢代之前，婦女以垂髮或束髮而結圓髻於腦後，陶俑、壁畫所顯示的漢代婦女大都如此打扮。而我們可以看到秦始皇的陶俑坑，士兵都於頭上結各種式樣繁雜的高聳髮型，武士這種結髻的習慣至少可追溯到商代。甲骨文的「免」字（見一七四頁）作一人戴有彎角裝飾的頭盔狀，可避免矢石的傷害；頭盔作穹頂的形狀是為容高聳的髻，與小孩的平頂帽異趣。出土的商代銅盔都是穹頂，眉以上的部分很高，顯然是為容髻，西周有玉人雕像，戴布帽高約頭長，也是為容高聳的髮結。士兵結髻顯然是為打戰的需要，和工作的目的一致。

固定頂上的髮髻，最簡單的是用一支笄，甲骨文的「夫」（）字，作一個大人的頭上插有支笄的形狀。笄的主要作用是把頭髮束括起來不使鬆散，附帶也起裝飾及分別等級的作用，故雕刻繁縟的骨笄只見於較大的墓葬。括髮是成人的裝扮，男人平常只用一支笄，故「夫」字是成年的男人。在漢代，士族就蓋以冠，而庶人則只加巾。女子成年、當了人妻之後才梳髮、插髮笄，故甲骨文「妻」（）字作跪坐的婦女在裝扮頭髮之狀。女子更為愛美，經常插多支笄，甲骨文的「每」（）字其本義是豐美，作一跪坐的婦女頭上插有多支髮笄之狀。在幾個商墓，曾發現婦女頭部遺留幾十支髮笄的情形，真是驚人的盛裝，大概到了商代，女子已比男子花更多的時間打扮頭髮。甲骨文的「敏」（）字作一手在打扮一婦女之頭髮狀，要裝扮漂亮，需要巧手才能勝任，故有敏捷、聰敏的意義。頭髮除笄外，還可以裝飾各種珠玉、貝蚌等美麗的束

● 秦兵馬俑坑出土，結扎複雜髮型的兵士陶塑頭像。

西。金文的「繁」（）字作一婦女頭上裝飾有絲帶及其他飾物之狀，因為頭髮或頭帶上所綴飾物多樣，故有繁多的意義。

由於髮型漸成為美的項目，當社會文明進展到以人格修養為最高指標時，社會中堅的男子就較少競逐於美的外形表現，因此商代以來男子的髮型可說較無變化。女子因不戴帽而變化甚多，其原因大致是生活的富裕，使人們有餘裕裝飾競美；文藝、音樂、歌舞的興盛，追求舞容的表現，以及婦女參與社交的精神解放。

漢代貴婦人大都不結髮於頂，但是戰國以來娛樂他人的舞女，就經常作高聳、繁雜的盛髻及飾物。魏晉南北朝的貴婦人就也受其影響，顧愷之所畫的歷代婦女，髮型多樣，見於出土的漆畫、壁畫等亦莫不如此。文獻提到的髮型，有朝天髻、墮馬髻、八鬟髻、歸雲髻等

● 長沙馬王堆西漢墓葬中的帛畫，貴婦與侍女都無高髻。

數十種名稱。唐代的陶俑和壁畫表現的更是多樣和誇張。

髮型的取決，如上所說，是基於生活的環境，也有社會思潮的成分，本與政治無關。但是人是政治的動物，總會盡量把生活納入政治的體制，頭髮也不例外。滿族人進關後要漢人剃髮結辮子，而此種被壓迫的憂慮，春秋末期的孔子就嘆：「微管仲，吾其披髮左衽矣。」

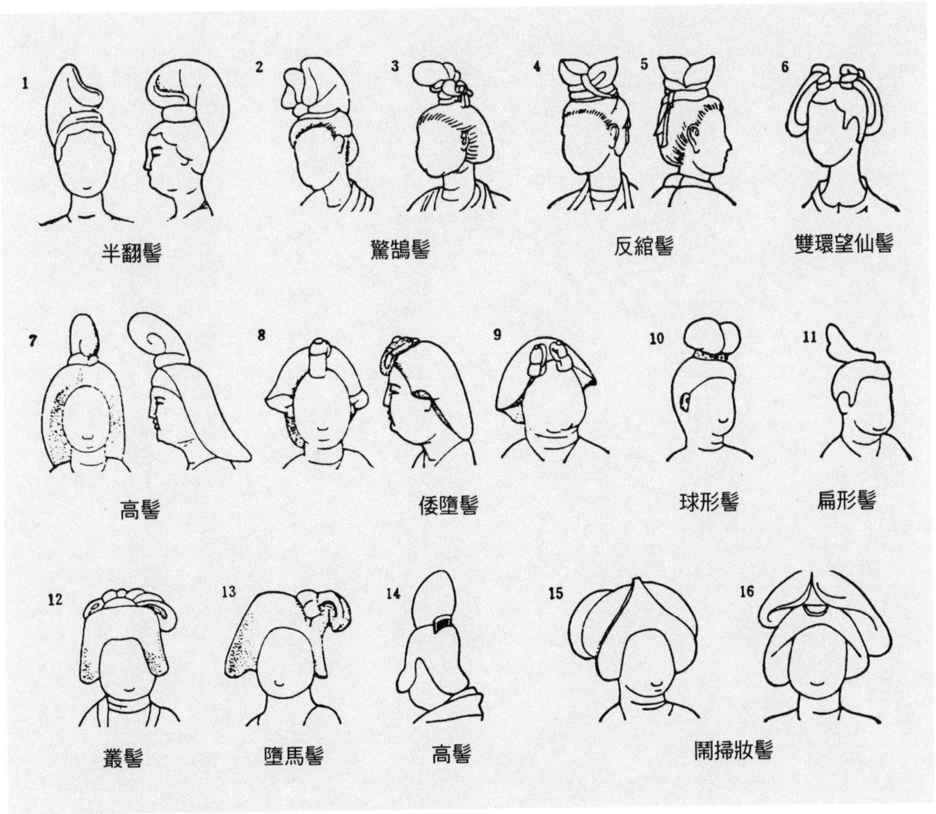

● 唐代婦女的髻式範例。上排為初唐，中排為盛唐，下排為中晚唐。

現代楷書	隸書	篆書	金文	甲骨文
夫				
妻				
每				
敏				
繁				

什麼人可以服戴玉珮？

談到遠古的人物，沒有比黃帝的傳說更為詳細的了。他生於四千七百年前，被視為中國人的共同祖先，後世的姓氏幾乎都可以在他的朝廷找到淵源，故《史記》以他為中國歷史的開始。他是中國第一個建立人為制度王朝的人，較重要的創制有衣裳、旃冕、曆數、律呂、文字等。在歷史學家的眼中，他與以前的聖人如開天闢地的盤古氏、構木巢居的有巢氏、鑽木取火的燧人氏、網罟漁獵的伏羲氏、種植穀物的神農氏等有極大的不同。那些聖人雖然次第發明改善人們生活的勞動方法和器物，為文明的進展、國家的建立提供必需的物質基礎，但都未觸及政治措施的種種人為制度，班固的《白虎通》就特別推許「黃帝始作制度。」（從黃帝開始才有制度。）因此在古籍記載中，黃帝以前的創物聖人被描寫成半人半獸的神物，或穿著樹葉、獸皮，尚處於野蠻狀況的人物，而黃帝以下的帝王則穿戴著文明人的衣冠，服佩著玉珮。

歷來以為黃帝的取名來自其順應土德而崇尚黃色。西周時代，人們開始想像宇宙是由木、火、土、金、水五種物質構成，發展到戰國晚期，鄒衍把五種物質配合東、南、中、西、北五個方向，青、赤、黃、白、黑五種顏色，春、夏（孟夏、季夏）、秋、冬四個季節，認為這些東西很有系統，依次序輪番主宰宇宙，從而影響人間政治的更革，王者需要當運才能成功，否則就會遭遇敗亡。根據這種陰陽五行學說，黃是最尊貴的顏色，土是五穀生長所最倚重的物質，中央是臨制四方最適中的位置。黃帝既然是五帝中最偉大的，當然要應土德之運，坐領中央而穿黃色的衣裳，故以為黃帝是以黃色之德命名的。

但五帝中，只有黃帝是以顏色命名的，在鄒衍創演五德相勝學說之前，其名字已出現於銅器銘文，而且戰國晚期以前，中國也不見有尚黃的習俗。因為根據考古資料，中國自新石器時代以來，就普遍喜愛鮮明的紅色及黑色，並以之為尊貴者的裝飾色。戰國時代的人大概根據周代尚赤的事實，應用五行相生相勝的新理論，附會黃帝的名字，推算上古各帝王所應崇尚的顏色，才得出黃帝應土德的這種不正確結論。甲骨文顯示，「黃」（）是一組玉珮的象形字，中間是主體的圓環，環下則為垂飾的衡牙及雙璜，所以黃帝很可能便是以璜珮來取名的。

現今可知，七千多年前中國已有「炊蒸」的燒食法，這種方法需要一塊布來隔開穀粒與水，並讓水蒸氣透過孔隙將食物蒸熟，而地下發掘的材料也證實，起碼六千多年前便已有布。所以黃帝的創制衣裳，其意義應不只是裁剪衣帛縫製衣服，主要還是在規定不同形式的衣裳來區分階級，以達到某種的政治目的。傳說黃帝始作帶以束緊衣服，並以之作為代表階級的標記，《禮記．玉藻》說：「凡帶必有佩玉。」（衣帶上一定佩有玉飾。）玉珮是帶上的懸掛物，很可能黃帝所創衣制就是以璜珮增飾並用以表示階級。

在以漁獵採集為主要生活方式的遠古時代是個平等的社會，人們向自然擷取資源，沒有產權及領域的概念，也不會產生貧富的差距。當時所謂的領袖是人們自動的依附，不能強制執行權威，所以沒有必要強調某個人的特殊地位；但是到了以園藝農業維生的時代，開始有產權及領域的概念，由於對環境的投資程度不同，個人的財富漸有差別而形成有階級的社會。一旦有了階級的區分，就普遍產生以穿戴某些難取得的動物皮毛、爪牙，或裝飾金玉、貝羽等東西來顯示權威及特殊身分的現象。

在當時，玉即屬於難取得的貴重

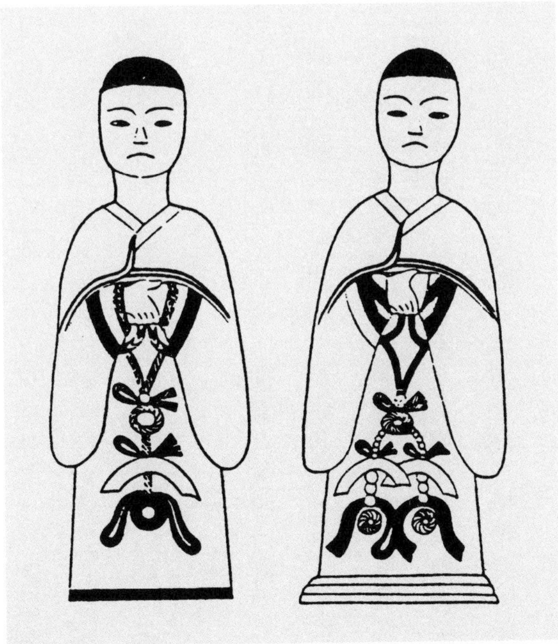

● 璜珮的組合形狀。

物質，是貴族階級才有能力擁有的，他們用玉為材料來磨製禮儀及裝飾用具。一般說來，玉的色彩美麗，表面溫潤光澤，質地堅實，若磨成薄片將之串聯成組，行走移動之際便會相互撞擊，發出清爽悅耳的聲音。作為璜珮，還有節制步伐，增加肅穆氣氛的效用，很能表現統治階級不事生產、優閒儒雅的形象。

至於珮玉之制到底是基於什麼動機創制的，已難考究。不過，禮器大半源自實用的器具，例如《後漢書志．輿服志》就曾說：「威儀之制，三代同之。五霸迭興，戰兵不息。佩非戰器，韍非兵旗。於是解去韍珮，留其係璲，以為章表。」（威儀的制度，夏商周相同。五霸相繼崛起，讓戰火不息。玉珮不適合作為武器，蔽膝也不是兵旗。所以兩者都除去，留下瑞玉作為象徵。）猜測珮玉源自戰器很可能是正確的，大概是從可攜帶於腰際的石製武器發展到圭璋，再從圭璋變成玉珮。

懸掛貴重的成組玉珮於腰際，顯然會妨害勞動的進行，也不利於軍事的行動，是只有不事勞動、優閒的人才用得著的服飾。而把兵器改變為禮器，個人以為其最重要的目的就是在示人以不戰的用心。《史記．周本紀》說周武王於克殷後，「縱馬於華山之陽，放牛於桃山之虛，偃干戈，振兵釋旅，示天下不復用也。」（武王讓人將戰馬放養在華山以南，把作戰時拉車的牛放養在桃林一帶，將武器放下，整頓軍隊，解除武裝，向天下人表示不再用兵。）可見在安邦定土，天下一統之後，表示不再用兵的舉動是種很重要的政治技巧。

起碼在很多人的心目中，仁慈的君王就該如此。譬如《孔子家語》有「黃帝與炎帝戰，克之，始垂衣裳作黼黻。」（黃帝跟炎帝開戰，打敗了炎帝，天下臣民從此穿著繡有花紋的長禮服。）即強調創制不便於作戰跳躍的垂地長衣裳，和表現高階級的費工刺繡，其時機就是在戰後，亦即人民亟需和平以生產養息的時候。

玉珮的重要零件「璜」，是龍山文化早期才開始出現的，而龍山時代正是社會階級從開始分化進而確立的時期，其時約在四千八百年前，與傳說黃帝的時代約略一致。黃帝於戰後創衣制，於帶上懸吊玉珮增飾，以顯示優閒與地位的舉動，也很符合那時

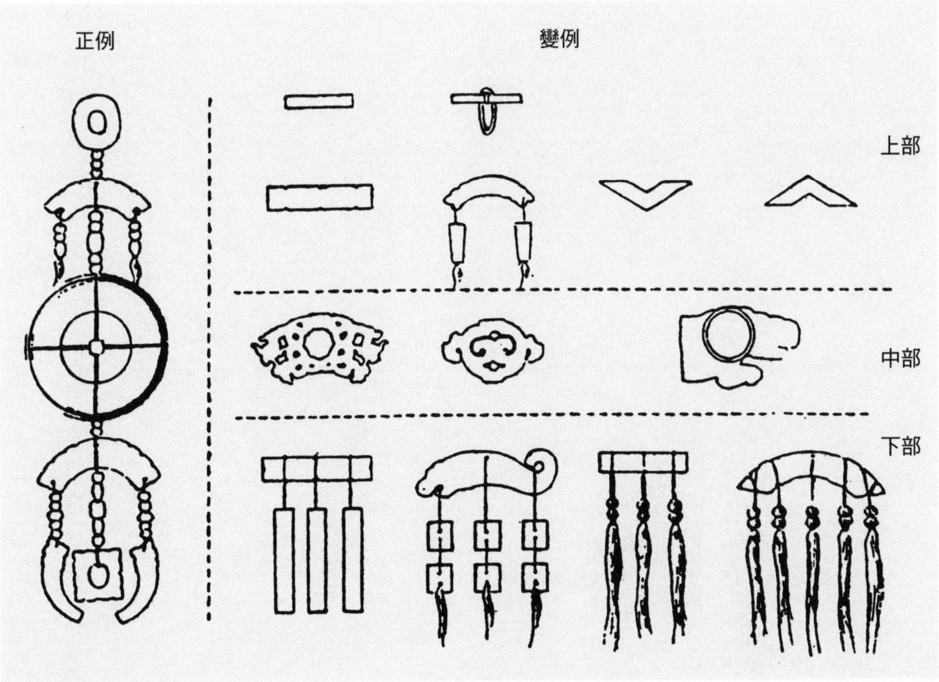

● 璜珮的組合形狀。

代的背景。因此我們可以肯定，後人命名這創建人為制度的君王為黃帝，是因為他以璜珮來表示不戰的用心，並以之區分階級，強固社會的秩序。由於顯示君王優閒的形象有重要的政治動機，故演成除了遭遇喪事，君王要時刻珮玉不離身的風氣。

現代楷書	隸書	篆書	金文	甲骨文
黃				

彰顯身分的玉器

中國人之喜愛玉甚於金銀是世界有名的，在古文明裡只有馬雅人有類似的偏好，它大半與中國的資源有關。當人們尋找優質的石材以打造工具時，偶而會碰到黃金以自然元素的形態存在；它有美麗而光澤的色彩，又具有延伸性，易於打造量輕的飾物，而且不腐敗，顯然比粗重樸素的石塊易於受到人們的喜愛而被寶貴。但在中國，主要產金地是春秋時代的楚國，在楚國參與華北地區的政治活動以前，遺址極少見到黃金打造的器物。由於新石器以來，人們所見到的材料沒有比玉更美麗的，愛美是人的天性，不但以之裝飾自己，並被採用作為地位的表徵。後來雖接觸到金、銀等材料，但幾千年來，寶貴玉的傳統一時難於去除，故金銀雖有經濟上的價值，在階級象徵的意義上還輸給玉，以致成為一種獨特性的中國文化。

玉是進入磨製石器的新石器時代後才會有的事物。簡單地說，玉是種質料凝重細緻的石頭，它不但比一般的石頭更具效用，經過琢磨後，其文理緻密，色澤晶瑩，令人愛玩不已。現代科學所說的玉是輝石中的一種，有軟、硬之分，比重約為水的三倍；前者的莫氏硬度在六和六級半之間，後者硬度為七級，兩者的晶體組織不同。玉因所含雜質、沉積等因素，呈色有青、綠、白、黑、褐等不同顏色，不使用儀器，很難只靠肉眼從表面的現象加以鑑定。肯定在很多古人的眼中，只要石頭有堅硬緻密的表面，可磨成帶有溫潤光澤色彩的便是玉，不一定指現今科學定義的玉。譬如說，良渚文化的墓葬發現很多製作精美的石器，其形狀看起來不具實用性，但無疑具有某些宗教性的意義，肯定已被當時人視為玉，但它們的硬度只有二點五到四點五之間，與真正的玉相差甚多。

玉初因美麗而被接受，一旦價值大大升高，社會以之作為階級的象徵，就得認真鑑定玉中之良者。大致說來，除表面所呈現的色澤外，古人所能依據的只有它的重量感了。從商代貴族大墓隨葬的玉大多來自幾千里外的新疆河邊的

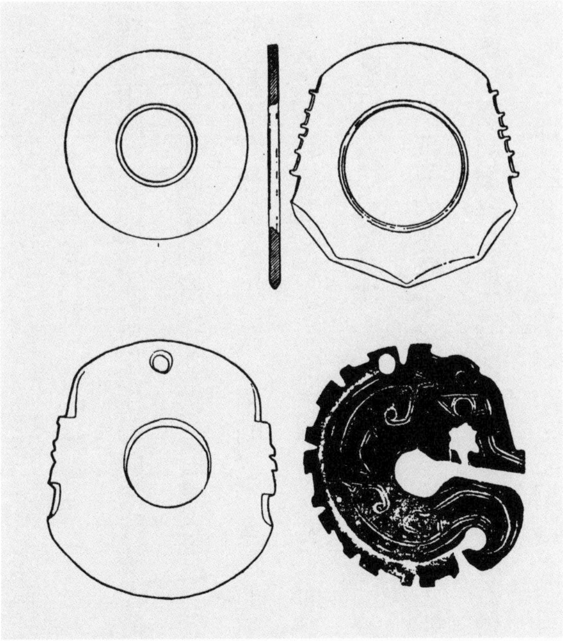

● 商代玉器琢磨的一般種類和形狀。

和闐和葉爾羌玉，這種認識可能早已經有，但到了漢代才見之文字，東漢鄭玄註《周禮》有「玉多則重，石多則輕」（玉大多會比較重，石頭大多相對會較輕。）的解釋。

對於玉的定義一般還是含糊的，因此很難對中國何時開始使用玉作為飾物或禮器取得一致的見解。開始時，玉材大半撿拾自河邊，後來才曉得向深山挖掘。甲骨文的「璞」（）字作雙手拿著挖掘的工具在深山中挖到玉材而置放於籃中之狀，表明三千多年前中國人就有開採玉璞的知識和經驗。但是史前質量較高的軟玉都不是開採自華北地區，而是來自遙遠的地方，「璞」字所表現的可能是華北鄰近次級玉的開採。

中國的高質量玉材既然以遠地交易而來較多，以古時的運輸水平，要半年的時間才能把笨重的玉材運到中國來，更不用說，其獲得應不易而價昂。但是商代墓葬中玉器的數量卻可比美銅器，如以婦好墓作例子，墓中出土大小玉製品有七百五十五件，而銅器才四百六十八件。古人如此喜愛玉，不惜工本大量輸入，必有其在社會上的功用。

中國大致於西元前三千年開始使用玉。那時社會中的階級已開始分化，有人不必勞動，可以依賴他人的生產成果過活。在這種階級分立時，世界各地普遍有以服用某些裝飾物的特權去表達其高人一等的地位，常見的飾物有罕見的鳥獸毛羽、齒牙、金貝，大概中國人選擇了玉。

中國古代玉器的製作有幾大類，最重要的是沒多大實用價值但作為權位象徵的東西：

一是直接仿製刀、斧等武器或工具的形狀，一是由之變形的圭、璋、璜、琮等祭祀、行禮的用具。它們是大貴族頒給小貴族，作為合法權位的信物，一如非洲內陸的土人，沒有海貝就沒有充當酋長的資格。中國古代也許有類似的習俗，故貴族們不惜花費要獲得它。

次一類是製作裝飾物。玉有溫潤光澤的表面，較之很多素材美麗，作為隨身佩帶的飾物可以增美，又可以示人財富，且玉不敗壞，價值可以長久保持。玉質堅而細緻，磨成薄片相撞擊時，聲音清爽悅耳；如以之作為璜佩服戴於身，行動之間鏗鏘有聲，還有節制步伐的肅穆作用。尤其是統治階層要表現其悠閒的形象，佩戴串聯成組的笨重玉佩，雖會妨害工作的進行，不是勞動所宜，卻正合紳士標榜形象的目的。故玉被比美君子，以修養有成的君子的五種最高品德來讚美玉的品質，它們是《禮記・聘義》所說的：

溫潤而澤，仁也。縝密以栗，智也。廉而不劌，義

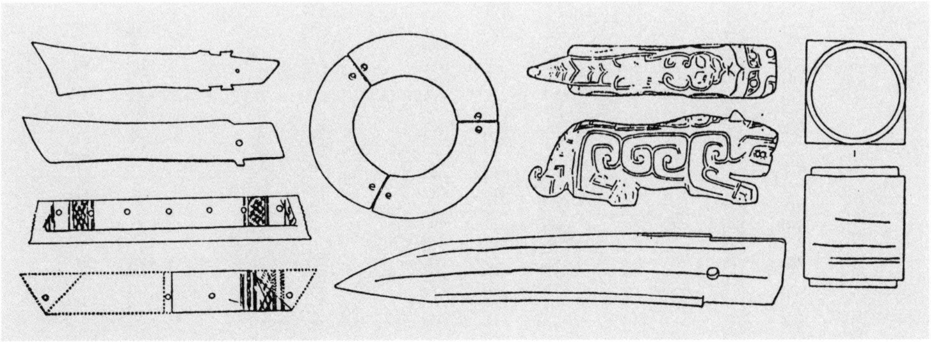

● 商代玉器琢磨的一般種類和形狀。

也。垂之如隊，禮也。叩之其聲清越而長，其終詘然，樂也。

（玉的溫厚而潤澤，就好比仁；縝密又堅實，就好比智；有稜角卻不傷人，就好比義；玉佩垂而下墜，就好比禮；輕輕一敲，玉聲清脆悠揚，響到最後，又戛然而止，就好比動聽的音樂。）

由於被讚美擁有這些高貴的德性，玉在中國人心目中的崇高地位一直不墜，較之金銀更受愛藏寶重，而有「君無故不去玉」的習慣。

玉後來又被製作專為埋葬的用品，玉很早就發現於墓葬，但比較可能是作為權位的表徵。東周以來人們開始以玉縫製面罩，以玉塞耳、鼻、眼等孔竅，甚至動用數千玉片以縫製玉衣；除了可能因相信玉有增益生命力的積極保健意義外，大概還有希望屍體不腐，或保護靈魂不受妖邪侵犯的思想了。

玉的硬度比銅鐵高，其成形只能利用砂石一類高硬度的東西，慢慢蝕磨而成。所以早期玉器的造形肯定較簡單，技巧粗陋，越文明，追求精美的要求也越提高；人們不再滿足刀斧一類簡單的造形，加以輪、鋸、鑽、銼等工具也陸續發明，就從蝕磨發展到線刻繁縟的象形，終於到達最高技巧的立體雕刻。商代有很高水平的立體玉雕，已達成熟期，戰國時代則有更進一步的發展，漢以後玉雕工藝就很快萎縮，到了清代再次興盛。

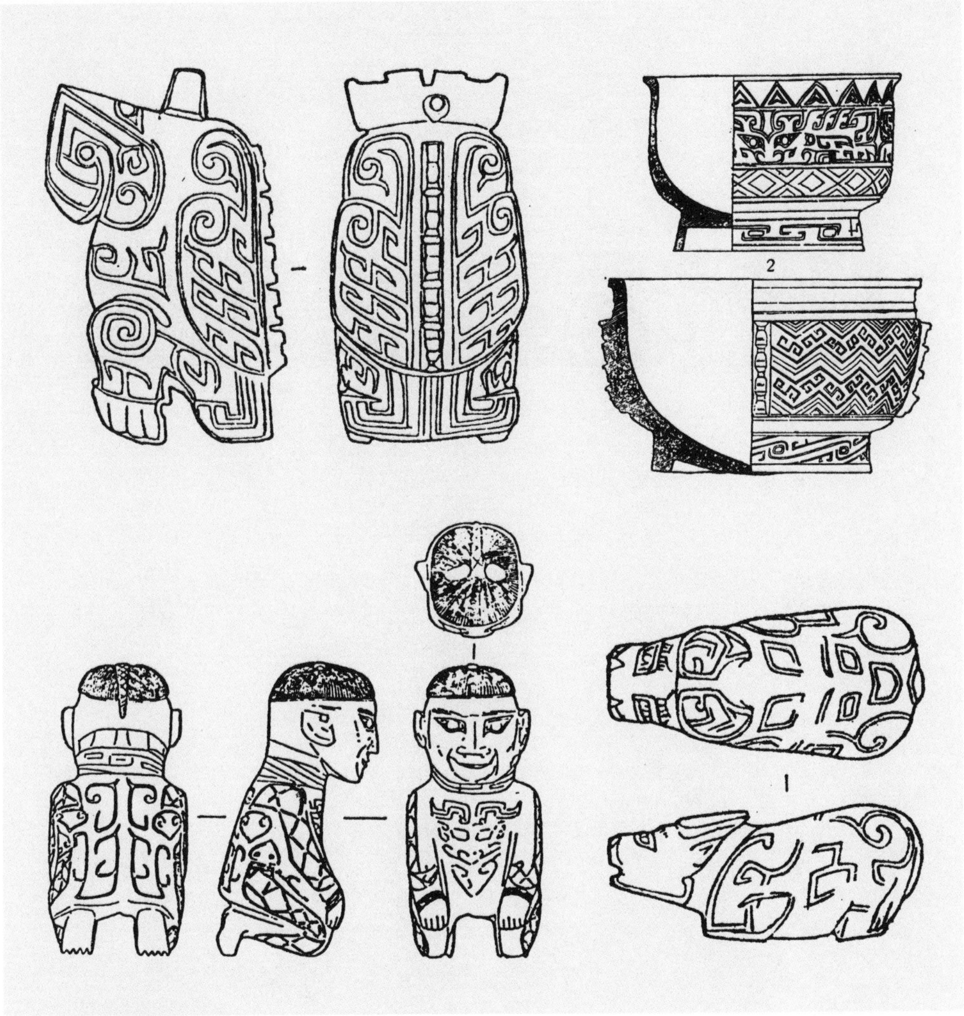

● 商代立體玉雕的示意圖。

現代楷書	隸書	篆書	金文	甲骨文
璞				

在先秦，你需要知道的宅文化

大型複雜建築已普及／穴居到干欄式建築的變革／瓦，屋頂上的亮點／磚，從造棺槨到建屋／從家徒四壁到講究家具／床，原本是停屍用的／何時開始習慣伏枕睡覺？／夜間活動增加，研發照明燈

大型複雜建築已普及

人們有一半以上的時間在屋裡居息，它是生活的重要內容。一般說，社會越進步，產業越發達，財富的聚積就越懸殊，不免產生地位的差別和以各種事物顯示身分的措施。各個社會都有以擁有罕見物品炫耀其地位的設施，房子既是人人需要的東西，其形象大而明顯，少有更好的階級表徵物，故地位高的人往往會不遺餘力加以修築和修飾。故奢華的建築物常引起暴君的聯想。

三千年前的商代是中國迄今所知有大量文字遺留的時代，被視為信史的開始。商人活動範圍廣，出土大量實用及禮儀的骨、石、玉、銅器，手工業發達，出現人口集中的城市，有大規模的戰爭被認為是已有嚴密組織的國家，它可以說是中國文明一個代表的階段。讓我們用考古證據所顯示的當時技術和文物，來看看其時一般住家的情況，以及權貴者所可能達到的豪華程度。

商的主要活動區域是華北。華北冬季寒冷多風，初期構築的住家都是半地下穴式的，有冬暖夏涼之效。隨著構築技術的改進，六千年前的仰韶人們已能完全在地面立柱建造房子。當時一般半地下穴式房子的面積約為二十平方公尺，沒有隔間，大房子則達一百六十平方公尺，有隔間。商代的建築業已有長足的發展，但進度往往是參差不齊的，商代不但半地下穴居還是比地面多，還有不少房子比仰韶時小，面積不到十平方公尺，深入地中一公尺多，需要七級階梯以進出。

商代的地面建築已大有增加，且規模一般比半地下穴式的大，常有三、四十平方公尺，有矮牆隔成二、三個分室的例子。大面積建築的規模，更是其前時代所不能想像的，如最早的河南偃師二里頭早商宮殿，包括圍牆的整個夯土臺基長一百零八公尺、寬一百公尺，範圍

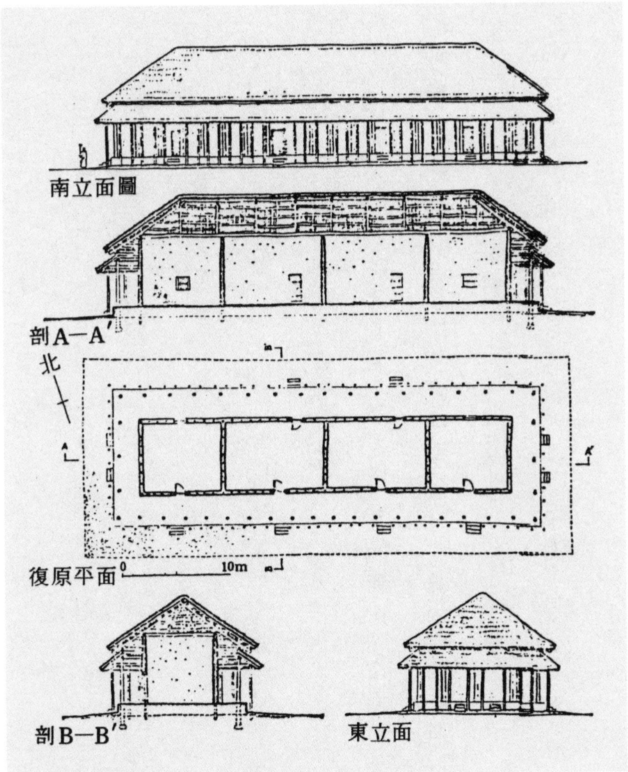

● 湖北黃陂盤龍城早商宮殿復原的四阿重檐建築。

達一萬平方公尺，若只算其中的主要建築臺基，也有三十六乘二十五公尺，等於九百平方公尺。稍遲的湖南黃陂盤龍城宮殿為三九點八乘十二點三公尺；鄭州的臺基殘長三十四公尺、寬十點二公尺；在河南安陽的晚商乙八基址，殘為八十五乘十四公尺半。它們分散在國內各處，表示其時建造大型房子的技術已頗成熟而普及。

華北平原少石材，房子主以木料結合黃土構建，地面建築的地基是利用黃土細密的特性，在框中層層夯打，使地面堅實而不透水，較之早期用燒烤或敷石灰的方法有效而費工，其構築的程序大致是先挖土坑深約一公尺半，填以純淨的黃土再夯打成稍高於地面的平臺。若大型的建築，臺基有時高出地面數公尺，接著於地基挖洞埋柱再夯實。為使木柱牢固而不下陷，木柱之下以石或用銅作礎墊底，最後上樑架頂，柱間的牆以草泥合拌築成，或用夯築，牆內外表層還有敷以石灰使光滑，並可彩繪。六千多年前的浙江餘姚河姆渡遺址已有榫卯的木構件，商代的宮殿無疑也採用同樣方法以結合柱樑，架設屋頂。地下有埋陶下水管以排洩雨水，還有以石板和卵石鋪成的石甬路以利行走。一般說，建於高平臺上的是有政教作用的公共建築，故享祭的「享」（）字在甲骨文就以高臺上的建築物表示。

從基址遺留的柱洞及文字字形，可知商代的屋頂結構已有頗為複雜的四坡重檐頂及二層的樓房，但屋頂只鋪蓋蘆葦一類的東西，要到西周早期才有陶瓦。不過上面也用草泥，再加一層用細砂、石灰、黃土攪拌的三合土做面，以防雨水的侵蝕。字形所表現的二層樓，有些建在支柱的干欄上，有些則建於夯土高平臺。劉向說帝紂建鹿臺高千尺，大概是比照漢代的例子，商代是否利用多層階梯式的平臺建造樓房，還有待發掘。鹿臺的屋脊有裝飾高聳的飾物，遠遠可望見，增加統治者的威望。

在商代，一般的房子甚少隱蔽性，沒有牆壁隔間，起居、工作都在一處。有時一室之內有三個火膛，好像住有幾戶，各自開火的樣子。但大型的建築就有許多隔間，而且還有附架廡廊的圍牆，自成院落，不受干擾，如早商二里頭的宮殿就是，其殿堂四面有數目不等的臺階，正面臺階之上是個六間寬二間深的大廳堂，堂之三面共有十一個房間，廳堂是辦理政務、接待賓客、舉行禮儀的地方，寢是睡臥的地方，室則是兼有廳與寢的功用。甲骨刻辭提到的隔間名稱有大室、小室、東室、中室、南室，東寢、西寢及廳，恐怕到晚商時，大型建築物的隔間已不止十一個，隔間愈多，柱子的安排和架構就得更為複雜。

牆上設有圓或方形窗子以暢通空氣，引進光線，

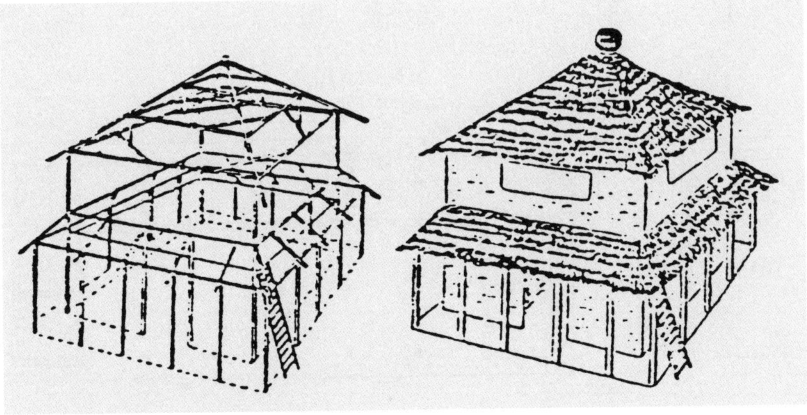

● 河南安陽的晚商二層樓房復原圖。

一般單室的多開在南牆，多室的就在後牆。入口有可開闔的單扇或兩面的門和戶，不只懸掛帘子以分內外了。有的房間前後各有一道門，但一般只有一個單扇的戶，在對立木柱上可旋轉的兩扇門，大概是大建築或建築群的入口才有；西周初的房間就見有兩扇的門。

牆上可能有彩畫。在一個晚商玉器作坊遺址，發現一塊長二十二、寬十三、厚七公分的牆壁白灰面；上有紅色花紋和黑圓點，構成對稱的圖案，應是一幅畫的邊框。手工業作坊已有如此的裝飾，不難想像宮殿有更精工的多彩壁畫，恐怕木柱上還有更費工、昂貴的丹漆雕刻。甲骨文的「宣」（）字作屋子裡有回旋紋圖案，宣示的意思來自圖案展示的美麗。商遺址發現不少多彩的雕漆木板，想來也應用於木柱、門框等處，丹漆是古代貴重的木器塗料，只有高高在上的王才容許大量施之於建築物，故遲至春秋早期，諸侯的宗廟裝飾漆雕還被認為是僭制。

《說苑》記載墨子曾說：「紂為鹿臺糟丘，酒池肉林，宮

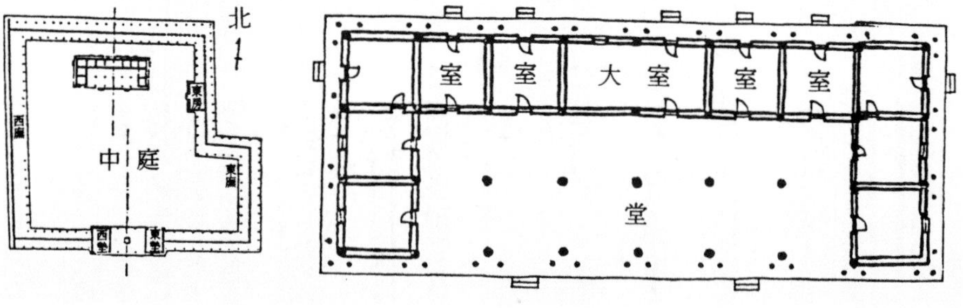

● 河南偃師二里頭的早商宮殿基址與建築物上的隔間。

牆文畫，雕琢刻鏤，錦繡被堂，金玉珍瑋。」（紂王在鹿臺將酒糟堆成山丘，用美酒灌注池子、以肉片掛在樹枝上，宮殿的牆上有精美的壁畫，更處處可見精工雕琢，華麗的織品鋪滿整座廳堂，並以金玉珠寶來裝飾。）商墓曾見紅、黃、黑、白的四色布幔，順理成章有以之裝飾窗戶帳壁，甚至更奢侈以珠玉珍寶點綴其上。根據以上的介紹，墨子的描述應不會離事實太遠。

現代楷書	隸書	篆書	金文	甲骨文
享	享	享	享	享
宣	宣	宣	宣	宣

穴居到干欄式建築的變革

人不能離開水和食物而生活，在儲水的工具和設施沒有發明前，遠古的人們肯定要選擇易於取水的地點居住，以求生活的方便。取水的地點則以小河流為最便利，但河流水量的季節性變化，落差有時達二、三十公尺之多。為了避免雨季水漲所帶來的災難和損失，古人就選擇較高亢可避免水患的地點棲身，而且以借住自然的洞穴為主，由於古人要作季節性的遷移，以尋找食物及適當的日照，所以有時會找不到天然的棲身處，尤其是人口多了以後，這種需求就更殷切了。考古證實，遠在三十萬年前，就已有人利用材料修建自己的居所。

然而，人口的壓力越來越沉重，人們要擴充耕地發展事業，只得往較低平的地方去住。平地沒有自然的棲身洞穴，就得自己建造，因此人們逐漸習慣於自建房舍。但是早期的農業還不是定居，需得作季節性的移動，因此所建的住所構造一定較為簡單，易建也易拆，因此比較不易作長久的居住，而讓我們發現其修建的痕跡。大概在西元前六千年以後，人們比較定居，所以也較容易於遺址見到房基的遺跡。時代越後，人口越多，住的也越密集，例如西元前四千多年前的西安半坡遺址，在約三萬平方公尺的範圍，就發掘了四十六座房基；而臨潼姜寨更有一百二十座，在那時代，那已算是很大、很密集的村落了。

長江是中國南北的自然分界，江南和江北的氣候條件一直有著相當的差異。在商代以前的幾千年間，為適應此種自然條件的差異，就發展了兩種基本住家的形式：一是半地下或地面的，一是高於地面的。

就技術面說，最容易的住所是不必築牆的地下穴居，就效用說，夏天涼爽而冬天可避風颳之苦。因此和其他民族的早期住所一樣，華北也發展了半地下穴式的家居。尤其華北不少地區是黃土所堆積，黃土土質疏鬆，孔隙度高，加上垂直毛管發達，每每形成陡崖，易於向下挖掘。而且黃土顆粒有輕度膠接性，乾燥時不易發生崩塌，那時的氣候雖然較今日溫濕，但對挖土不深的穴居說，也不致發生危險。

就技術面說，挖掘圓形的洞穴要比矩形的容易些，因此在發展的程序上，圓形的一般要早於矩形的。譬如，經常作移動的游牧民族喜歡採取較省力的圓形穴居，而定居的農耕民族則多採取矩形的形式。中國比較早期的穴居，可以河南偃師湯泉溝的圓形地窟為代表，其深度超過一個人高，有木柱架頂以遮風雨，更早的或只加蓋，可開闔以進出，並防野獸侵擾之用，為便利進出，就在木柱捆縛幾道腳踏的木梯以便攀援上下，有些只在地壁挖刻腳坎。

這樣的住家本來只是個人避風雨、防野獸的夜晚短暫休息所，場地小，只容一、二人棲身，沒有足夠的空間燒煮食物，遑論從事他種活動，一般只在需要時才進入。隨著定居期間的增長，構築技術的進步、家庭成員的增多，所挖地穴的面積也越挖越大，但深度卻越來越淺，於是人們就構築出入的斜坡，可步行出入而不必攀援東西以上下了。相應的，屋頂的結構也複雜起來，不但使用一根大柱支撐頂架，還架設幾根較細的木柱以支持走道上方延伸出去的屋頂；再進一步，就把地基完全升到地面

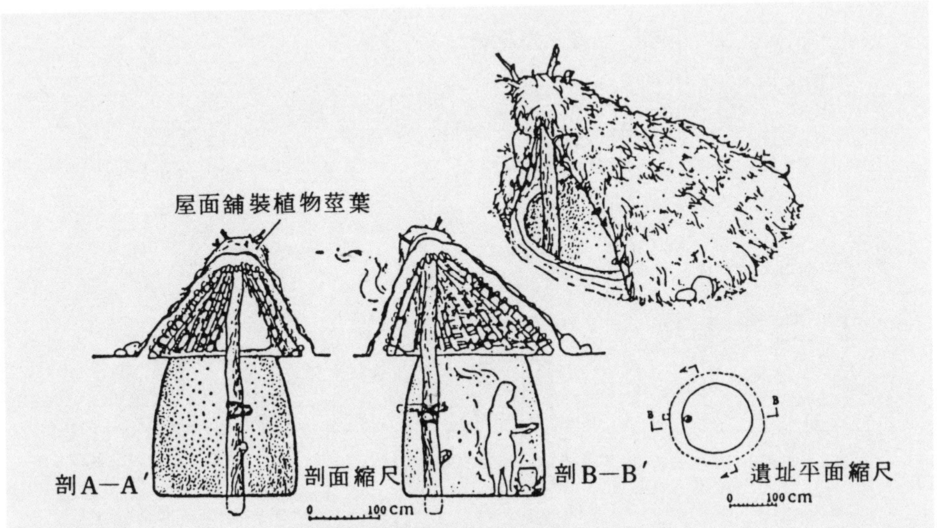

● 六千多年前仰韶文化早期半地下圓形穴居復原圖。

上而有牆壁的構築了。

八千年前的圓形房子，直徑才二公尺多。到了六千年前的半坡村落，矩形的一般是二十平方公尺，圓形的直徑約是五、六公尺，但大房子卻有時達到一百六十平方公尺，是公眾的聚會所。那時的房子已有足夠的空間做飯，故大多有火膛的痕跡。隨著人們在裡頭生活時間的增長，為求便利、防閒和隱蔽起見，就出現了分室隔間，其矩形屋的間架斜頂已具有今天中國斜頂屋的形式。

華北在古代比今日溫濕得多，半地下的穴居不免有潮氣，不利長久的居住，所以人們便作了種種改善的設施。例如半坡的人們燒硬地表使不透

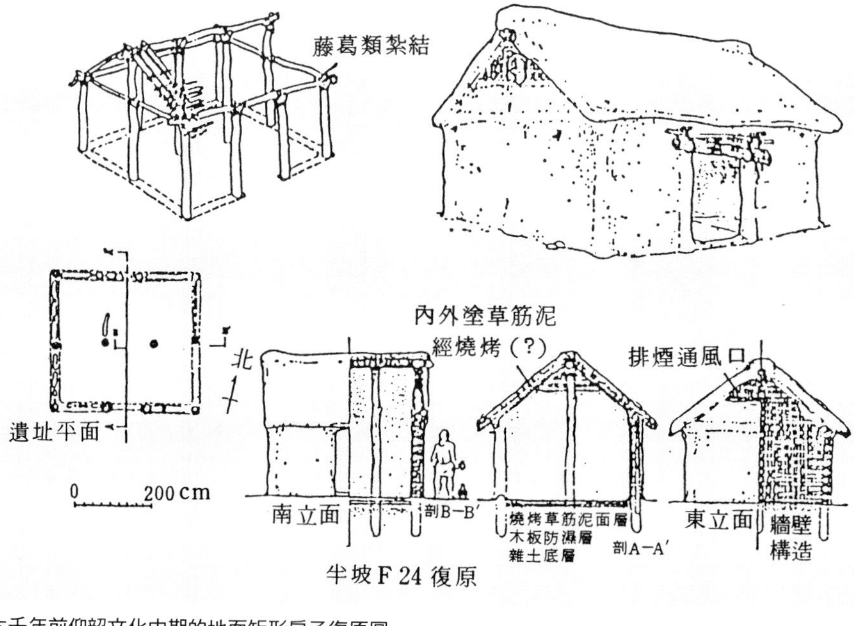

六千年前仰韶文化中期的地面矩形房子復原圖。

水，或用蜃灰塗地以吸收潮氣。到了五千年前的龍山時代，就燒製石灰敷地，後來還偶有用夯打的方式，使黃土面堅硬而有不透水的厚層。然而夯打是費事的方法，到了商代一般人還很少使用，只有貴族或手工業作坊才以之防濕。

現在的華南已算是比較溫濕的地區了，但在六千到三千年前之間，其年平均溫度更比現今高攝氏二度以上。如以浙江省為例，其六千年前的年平均溫約可比現今高攝氏三至五度，降雨量多八百毫米，即超過二千毫米。可以想見其時地面多麼的潮濕，所以很難像華北一樣，採用半地下穴式的居所，故發展高於地面的干欄建築。干欄建築有可能發展自棲身樹上，它是先在地上豎立多排的木樁，然後在樁上鋪板、設廊、架屋、蓋頂、分室。如以六千多年前的餘姚河姆渡遺址為例，在背山面水的地點豎立十三排的木樁，可以復原為帶前廊的長屋，它比地下穴居的構建大大的費工和費時，大多發現於華南各省，顯然是為了適應多雨燠熱的氣候，不得不以干欄的方式隔離潮濕的地面以生活。另外，還利用屋下的空間以飼養家畜，後來氣溫雖漸低，雨量也慢慢減少，使人們不必再行動於干欄之上，所以也省去搭建干欄的麻煩，直接將房子建在地面，但舊有的習慣頗難一下子去除，於是就在屋裡架設高於地上的大床鋪，以為就寢、休息、活動之用。雖然從外表看不出是干欄的建築，意義與干欄並無二致，以前臺灣的建築就是這種變化的形式。

有了建造干欄房子的技術，只要用牆圍起來就成為兩層的樓房。華北地區學得華南先進的木構建築技術，包括企口板與榫卯，就可以在夯打的地基上建成二層樓，甚至是多層的樓房以顯示統治階層的威望。商代有二層樓房的建造，不但從柱礎排列的痕跡，從甲骨文的字形也可以看出；不過當時都以茅草蓋頂，西周才漸有陶瓦，以提高避雨的效果。

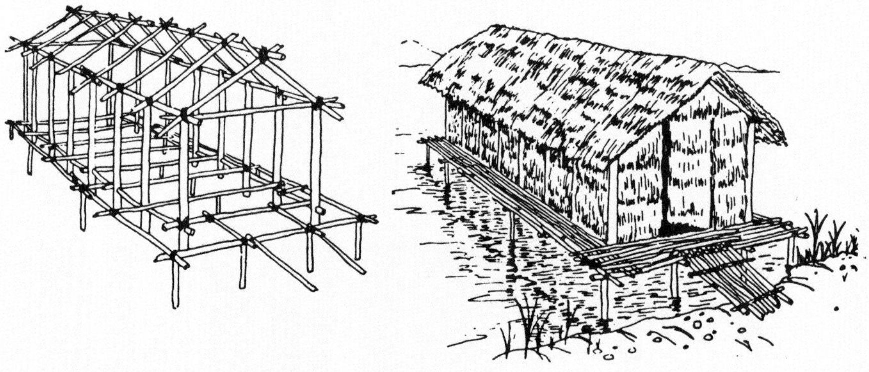

● 上圖　華南地區干欄式住屋的模型。
● 下圖　廣東高要茅崗新石器時代的干欄式木架結構與房子復原示意圖。

現代楷書	隸書	篆書	金文	甲骨文
寢	寢			

瓦，屋頂上的亮點

比之其他的文明，瓦的使用也可說是中國建築的一種特色，它有避雨的實用效果，也兼作展示的裝飾。探索它演進的過程，應也是很多人感興趣的。

事物的進化都是漸進的，人類早期借用天然洞穴或大樹棲身，後來才慢慢發展自己的住所用以避風雨及休息。在華北地區，最先營建的是深穴式的半地下穴居；有木柱架頂以遮雨露，並便於攀援，以之上下進出。較進步的就構築斜坡門道，可步行出入，再進一步就修建牆壁，把建築完全移到地面。到了商代，還取法華南的干欄建築技術，建築二層的樓房。

人類從舊石器時代起就懂得愛美而裝飾自己，一旦物資較為餘裕，且作較長期的定居，就要著手裝飾住家，使住起來悅目些、舒服些；一旦階級確立，更要修飾家居的外觀，以表現其高人一等的地位。屋瓦的使用就是其中一種措施。

譙周的《古史考》說夏時昆吾氏作屋瓦，張華的《博物志》則說夏桀作瓦蓋。從商代的甲骨文字形可知三千多年前的屋脊有高聳的裝飾，頗似後世的陶製屋脊裝飾。但是幾十年來的發掘，尚不見商代有陶瓦的出土，可知當時的屋頂用茅草覆蓋，而屋脊的裝飾或為木製，所以早已腐爛無存；也有可能為銅鑄，尚未被我們所辨識，但絕未覆以陶燒之瓦。想來在那時候，陶器的燒造必甚不易而為價昂之物，因此才把屋瓦的創製，歸罪於暴虐奢侈的夏桀及其臣僚。

屋脊是屋頂兩斜面的交接處，在防漏的效果上要較其他的部位差，因此有必要想辦法用不透水的東西加以覆蓋。從西周屋頂殘泥遺留的痕跡，可知當時普遍塗泥於茅草蓋，以加強避風防漏的效果。陶器本為盛水、燒食而燒造，每窰燒造的數量有限，成本大概不低。到了西周初年，也許造窰、燒陶的技術提高，產量增加，成本降低，貴族有財力以之覆蓋屋頂，改良防漏的效果，在岐山的西周初期宮

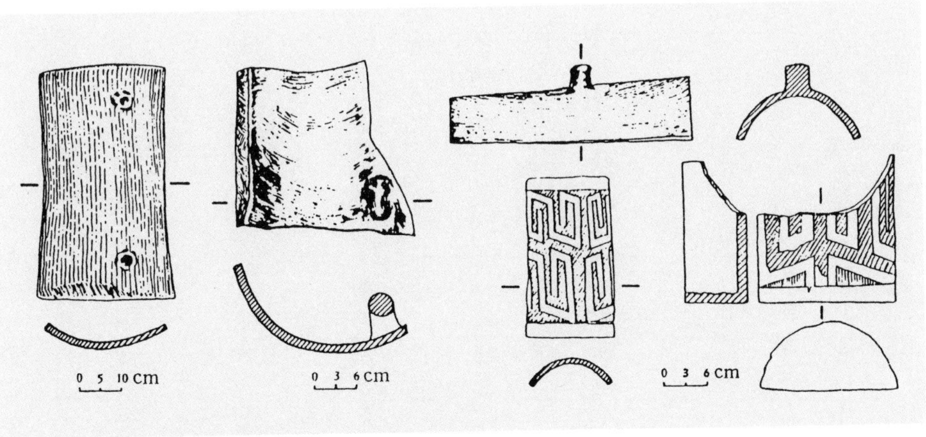

● 陝西岐山鳳雛村西周早期宮殿遺址出土的屋脊之陶瓦。

殿遺址便發現了陶瓦。也許當日支撐屋頂的木柱的承受力有限，從瓦的形狀、殘泥的痕跡，得知當時只在屋脊部分覆瓦，屋頂的部分還只是傳統的茅草束。到了春秋時期的遺址，才較多量發現板瓦、筒瓦、瓦當，可測知其時連屋頂也已用瓦覆蓋，而且也注意到其裝飾的效果了。

春秋早期時，屋瓦還是貴重的東西，不是人人用得起的。《左傳・隱公八年》記載：「宋公、齊侯、衛侯盟於瓦屋。」（宋殤公、衛宣公、齊僖公會盟於瓦屋。）會盟的地點是在周地的溫，但下筆的人只寫覆有瓦的屋，可見它在當時是人人曉得的，被視為偉大的建築，所以才不需寫明其地點。到了戰國時代，一般人的房子也以瓦覆蓋了。《史記・廉頗、藺相如列傳》：「秦軍鼓譟勒兵，武安屋瓦盡振。」（秦國軍隊擊鼓吶喊、操練軍隊的聲音，都震動到武安城內屋頂上的瓦片了。）又《莊子》佚文：「師曠為晉文公作清角，再奏而風雨隳廊瓦。」（師曠為晉文公演奏《清角》，當樂聲響起時狂風暴雨應聲而至，風雨掀翻了宮廷的屋瓦。）

板瓦和筒瓦都具有防漏的實用效果，發展較早。圓形或半圓形的瓦當，可說是為了房子的美觀原因而設計的，因此發展較遲。它放置在屋頂的邊緣，其表面與地面成垂直，人們可以看到其表面，故加以種種的紋飾以為展示之用，不像板瓦和筒瓦的樸素無文。春秋時代的瓦當數量還算少，秦漢時代就相當多了，裝飾的圖案也已有幾何圖形、花草、神怪和動物，更有許多作吉祥的文字，如安樂未央、長生無極、長樂萬歲、高安萬世、千秋萬歲、億年無疆等。以裝飾為目的的瓦當大半是為統治階級的建築而燒造的，董卓說漢武帝居杜陵南山下時，附近就建立瓦窯數千處以起宮殿。

以瓦覆蓋屋頂雖有防漏的效果，但陶瓦的質量重，覆蓋太多，恐怕樑柱就會承受不起而崩塌。也許如此，早期的建築只以瓦覆蓋屋脊的部分，倒不全是由於瓦的造價高。戰國時已普遍用斗拱的方式構建樑架，那是以前後左右挑出的臂形橫木交互疊合，把它們承托在橫樑與主柱間的過渡部分，將屋頂的力量平均分配到承托的橫架上，所以可以承受更大的重力。此後漸有重檐四合的複雜屋頂結構，可以在其上架設更多的東西裝飾，增加壯觀。

接著發展的是屋脊的大型裝飾，戰國晚期中山王墓發現有山形瓦脊飾，為漢畫像石常見屋正脊上有鳳凰形象脊飾的前身，大概晉代開始又有在正脊的兩端裝飾魚尾或龍尾形的陶鴟尾，此後較大的建築物就少不了此類的裝飾。西元五世紀時，後魏太平城的太

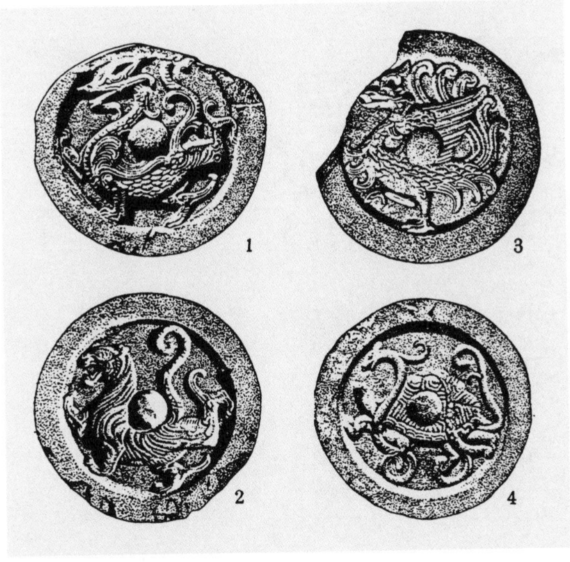

● 漢代的四靈瓦當圖案。

極殿琉璃臺及鴟尾都以琉璃為之，琉璃是種有釉的陶，在當日極為貴重，其實物見於七世紀唐昭陵的黑色琉璃釉灰陶鴟尾；想來同時也有上釉的瓦和瓦當。唐大明宮曾見兩片綠釉琉璃，甚至七、八世紀的高麗，也於遺址發現綠釉瓦當，十一世紀更有昂貴的青瓷瓦。

至遲晚唐時，鴟尾的前端漸被改變為獸首張口而成獸首魚尾的鴟吻形式，以為有預防火災的作用。宋以後的建築就絕大多數作鴟吻，只少數作他種的形象。明清的寺廟建築，更在整個正脊安上多個多彩釉琉璃龕、寶瓶、樓閣、神仙等雕塑，有些作品太大，要分成幾段燒

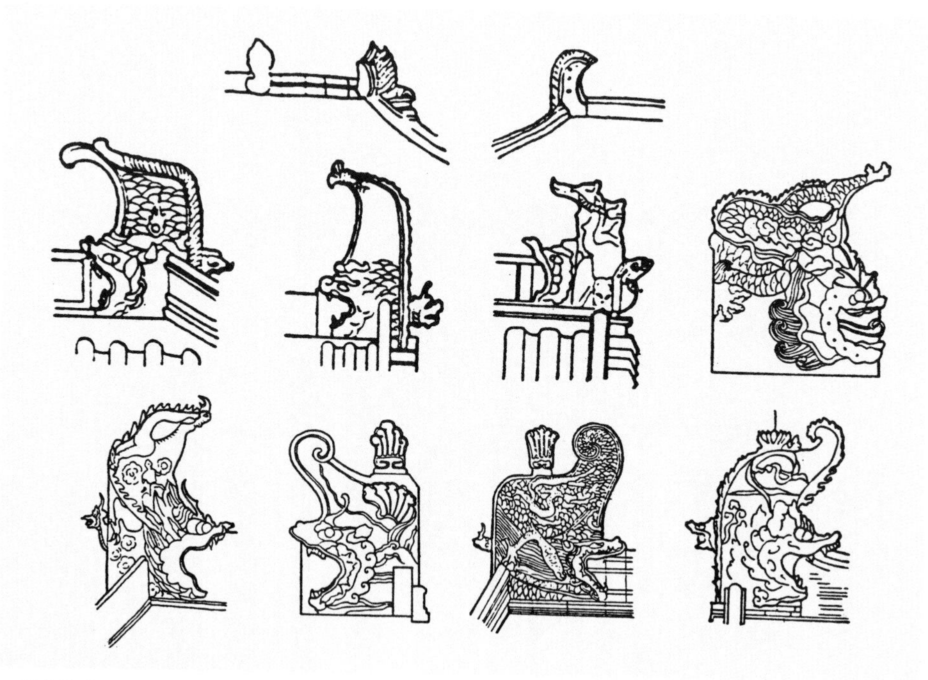

● 歷代的鴟尾的形象手繪圖。

製再接合起來，各種造形的彩塑常布置成對而面對中心的寶瓶或人物。

除正脊外，一些高大的建築還有好幾個垂脊也需要遮蓋和裝飾。參考漢代的綠釉陶望樓，垂脊一般用樸素的條瓦，只有少數在端部裝飾上挑的東西，也可能是陶製，它後來也演變成獸首的造形，更後又在垂脊裝飾蹲獸。宋代有八個列獸的繪畫；清代規定最多有九獸，自上而下依次為龍、鳳、獅、海馬、天馬、狎魚、狻猊、獬豸、斗牛，再加最前端的騎鶴仙人，成為一組十分華麗的屋角裝飾。

● 上圖　河南靈寶出土東漢時代之陶樓閣。屋脊有鳳凰形象的裝飾，垂脊端部有上挑的裝飾，屋椽有筒瓦當。
● 下圖　山東高唐出土東漢時代之綠釉陶樓。每層樓都有斗拱的設施承擔四坡重簷屋頂，屋簷覆蓋上釉的陶瓦片和上挑的脊角裝飾。

現代楷書	隸書	篆書	金文	甲骨文
脊				

磚，從造棺槨到建屋

磚是土坯燒造以立牆壁的條形建材，是一千多年來採用的形式，直到現代為節省時間及提高強度，大型、高層的房子才改由鋼筋水泥澆灌。在發明磚塊之前，中國一向採用土牆，初期用加塗於枝條的方式，後來改良於框架中夯打。土牆的基部禁不起雨水的侵蝕，要時加修護。燒結的磚則與陶器為同樣的東西，質料堅固，能防水、耐腐、耐磨、耐壓，歷年長久而不壞，是古代建築技術的重要革新。但是牆磚的發展，恐怕就很少人知道它起於對死者的服務，主要用以修造墓室、替代棺，而不是修築住家。

磚是燒陶的進一步利用，早在六千多年前的仰韶時代，人們就知道燒烤地面使堅硬，便於行走，又可以防濕。利用陶燒零件於建築的用途，初有龍山時代的陶下水管，西周初覆蓋屋脊的瓦，但都限於有限的時機。要到了春秋以後，大概因燒陶費用的低減，漸有能力普遍用之於建築的用途。

或是受燒烤地面的啟發，鋪地磚首先出現。陝西扶風出土一塊五十公分見方的西周墻磚，其底面四角各有半個乒乓球大的乳突一個，作用像扒釘一樣使嵌緊於泥土墻上。秦咸陽宮殿還出現帶有子母榫的鋪地磚，進一步解決地面潮濕和平整的問題。不過當日被認為最高貴、費工的大型建築物的地面，絕大多數是用夯打的方式。秦代以後才漸普遍以磚鋪地，附帶有裝飾的效果，以磚砌牆的靈感可能來自陶，最早的實例見於河南新鄭戰國煉爐通氣井的井壁。但早期磚牆結構絕大多數見於墓葬，最先是大型的空心磚，後來才發展小條磚，有理由相信磚是因墓葬的用途才大量發展的。

對親人屍體的處理，最先是棄置於山野溝壑，由於不忍見屍體受鳥獸蟲豸的侵擾，漸漸演變成埋藏於地下而加以保護的措施。到了四千五百年前的半山時代，偶爾有用木棺或石棺加以收殮的。埋葬的風氣越來越興盛，到了三千多年前的商代，使用木棺已甚常見，而且更在棺外套以室，墓坑就得大為加大了。如以安陽武官村的大墓為例，室長六點三公尺、寬五點二公尺、高二點五公尺，從土上印痕跡，可知底用三十根圓木鋪設，四周用半面削平的原木以井形交相疊構築成室。到了周代，更變本加厲演成天子四、諸公三、諸侯二、大夫一的制度，埋葬的工程就更浩大了。

以原木在好幾公尺深的地下構築室，可能相當費工，而且造價也高。棺制度本來是頗為嚴格的，春秋時代以來，由於王室的式微，僭制成為普遍的現象。稱為有資產的人，大概就僭用了外槨。原木的供應量可能起了短缺，而燒陶的費用又低降，民間已普遍用瓦蓋屋頂，因此戰國時代就有人想出陶造的棺槨。

河南洛陽地區於西漢早期大量出現單棺空心磚墓，磚室一般略大於木棺，長二到三公尺、寬一公尺左右，具有木槨的作用。這種墓陪葬仿銅禮器，身分較陪葬少的單棺土洞墓顯然要高，看來是前代長方形豎穴木墓的衍生物，大概是陶製較省費，使用漸多。到了西漢中期，又增夫婦合葬形式的雙棺空心磚墓，起先的空心磚墓都是平頂的，此時也有三角形的磚以構築尖頂，具有家屋的雛形。

大型的空心磚是種陶瓦，它用木模一版版壓製，然後用稀泥黏合四片成空心的形式，再晾乾入窖小心燒烤，所以磚的灰黑呈色非常均勻。為了燒造的需要，以及燒後運搬的省力和方便，故做成空心，而且在兩端的邊上都挖有兩個或圓或長方的洞，這些小洞也可能用穿繩、插木榫等法以固定磚的位置，防止滑落或走位。有些墓室在構築之前大概已先設計式樣，故磚上有朱書東南上，

● 大型空心磚構築墓室的組合情形。

東南下，南和西，和東上，和東下等方位的說明，可依之以套合。空心磚的形制有限，以作長方形為最多，大的有長一點八公尺、寬六十公分、厚十五公分，小的只長九十公分、寬三十公分，還有三角或近三角形、窄長條、不規矩形的。

空心磚都有印紋的裝飾，施於磚面四周的都是連續的幾何紋。主題大多是具有形象，且種類甚多，諸如乘龍者、騎馬射獵者、控馬者、執戟佩劍武士、帶劍或持簡冊、闊步或作揖的學者文吏、龍、鳳、馬、羽馬、獵狗、躍兔、飛鳥、飛鵝、立鶴、奔鹿、虎豹、樹木等多種形狀，有些還不止一式。有時圖形太大，印模就得用榫卯把幾塊板接合起來；有時於壓印後又加剔刻，使圖形有變化而更為生動。

除了印紋，有的還在灰黑的背景上加塗紅、白、藍、黃、淡紫等顏料，更費工的是有些西漢晚期空心磚墓，不用印模而用塗繪的方法裝飾。那是先在磚上塗一

西漢壓印文士相見紋灰黑陶長方形空心磚，河南洛陽金村出土。長一百六十公分、高五十三公分、厚十五公分。此面有十種不同的圖案，中央是手持簡冊的文士。

層白粉，然後再彩繪與人死後升天的思想有關的種種題材，如伏羲與女媧、各種神獸、星象雲彩等，這就需要有相當經驗的畫工，不是人人可亂印一通的了。

這種大型空心磚流行到其他地區，有的圖案就採浮雕形式，或材料改為石板。大概因不易燒造完美，量重不便搬運，組合也受限制，同時也為了解決堆積的穩定、屋頂架構及轉角聯接等構築的難題，漢宣帝前後開始用小條磚砌築，不久就建成有前、後、耳室的多室磚墓，與地上的建築相似，大概磚也就應用於家屋的建築。小磚的疊砌有多種基本形式，通過個別的平、豎、橫、傾側等放置，整體的直砌、環砌、編蓆、嵌鑲、交錯、空斗等排列，圖案的變化複雜，具有很高的裝飾效果。從此葬具也就有棺無槨，不行傳統的棺槨制度了。

順便一提明代文人雅士對此古物於擺設展示外的使用。曹昭《格古要論》說：「琴桌面用郭公磚最佳，嘗見郭公磚灰白色，中空，面上有象眼花紋。相傳云出河南鄭州泥水中者絕佳。磚長五尺，闊一尺有餘。此磚駕琴，撫之有清聲，泠泠可愛。」（琴桌用郭公磚製作最好，磚是灰白色的，中間空心，表面刻有象眼花紋。聽說河南鄭州出產的最好。磚長五尺、寬一尺多。在這種磚製作的桌面上撫琴，琴聲清脆悠揚。）空心磚是否能起共鳴效果是值得懷疑的，但筆者遊蘇州網師園時，確實見書齋中以此種漢代空心磚作琴桌。

現代楷書	隸書	篆書	金文	甲骨文
脊				

從家徒四壁到講究家具

家具是為方便日常生活而製作的器具，是現代人極熟悉的商品。不過家具在古時候並不屬於生活的必需品，一開始時應只有貴族才用得著。通常定居比游牧的生活更需要家具，可說是文明達到相當程度後才有的產物。

初始的家具肯定是用木、竹一類材料製作的，它們都是易於腐爛，難於長久保存的物質。因此想從地下發掘的實物，去證實中國何時開始使用家具，可以說幾乎是不可能的，更不用說要探明其形狀及木料了。

在木、竹類家具中，最為人們感到需要的可能是箱、櫃一類收藏衣物的東西。在以漁獵採集為生的遠古平等社會，雖然產物公有，沒有必要隱藏貴重的東西，但是穿著的衣物有冬、夏之別，為避免受塵埃、雨露的髒汙，就有可能製作箱櫃加以收藏。及至到了經營農業、定居的階級社會，對於某些貴重的物品，更有給予某種防範和保護措施的必要而製作箱櫃；甲骨文「貯」（）字便作海貝收藏於櫃中之狀。海貝產於印度洋及南海島嶼附近的暖水區域，殷人不但將其視為貴重的裝飾物，也可能已作為交易的媒介，所以要特意加以貯藏。

六千多年前的浙江餘姚河姆渡遺址，其殘存的薄木板已帶有榫卯及企口，已具有製造箱櫃的必要技術了。河姆渡的人們只用石與骨的工具，就能製造高度巧妙的工藝構件，而商代的匠人使用青銅工具，其技術應更為精巧。從甲骨文「貯」字，可知貯藏海貝的櫃子有支腳，櫃頂還似有裝飾，不只單具箱形而已。「宁」（）字表示箱櫃，現在已知字形是表現平放於地，三道突出物是綁繩索用的，楚地出土很多。

箱櫃之後發展的家具應該是有關坐臥的，從人的生活習性，我們可以推測其產生的過程。除了生活在樹上，人在睡眠時身體不能不接觸土地，在有了穿衣服的習慣後，為免髒汙衣服，也為了隔離地上的潮濕，都有必要用乾淨的東西隔絕身體與土地。人們最先大概是使用乾草或獸皮，後來獸皮漸成難得的東西，就代以編織的草蓆或地毯；河姆渡遺址於干欄建築上便發現木板鋪有蘆蓆的痕跡。到了商代，蓆子的使用已相當普遍，且有一定的規格。甲骨文「尋」字（見六七頁）作伸張兩臂以測量某物之長度狀，所測量的東西中有蓆子。可知蓆子的長度約為兩臂之長，古代的八尺，稍短於現今的二公尺，正好容納一人睡眠。

蹲踞是合乎生理的自然休息法，連猿猴也採用，在沒有使用蓆子前，人們用蹲踞的方法可避免身體接觸地面。有了獸皮或蓆子後，因其輕便可任意移動，因此除供睡眠之用外，也可以用以坐息，避免衣服被土塵沾汙，於是在中國就逐漸發展跪坐的方式。

跪坐是種較不自然的坐姿，只見行於人類，而且也不耐久。但是社會一旦有了階級之分後，人們就通過各種辦法以表現其比常人高一等的身分，跪坐就是中國所採用的方法之一。在秦漢之時，蹲踞被認為是鄙俗、沒有教養、不禮貌的坐姿，孔子見原壤夷俟而不悅的故事眾所周知，夷俟就是蹲踞而待。中國使用椅子甚晚，就是習慣跪坐的關係。

蓆子因主客身分、使用目的等不同，隨時皆可鋪設，沒有固定的位置。可以想見商代以前的房間，除了牆上的帳幔，室內是空蕩蕩的。由於跪坐的姿勢不耐久，可能有矮几之屬以為憑靠，書寫、進食本來也是在蓆上進行的，為了坐起來舒適，也可能

● 漢畫像磚講學圖。經師跪坐於高榻，其餘諸人分別跪坐席上。

發展矮几案。浙江安吉的商代遺址，發現有長十點五公分的銅案足，鋈內尚殘留木塊，可看出是矮几的形式。

床的可能來歷請詳〈床，原本是停屍用的〉，它本是為重病人而設的，以備萬一不幸時刻來臨時，能死得其所，為停屍的器物。也許隨著醫學研究的進步，病期延長，痊癒的機會增多，後來在木板下加上支架用的床足，以隔絕地上的濕氣，有利病體復原。此時開始，臨時性的床就被造得講究些，於是健康的人也開始利用了。從文獻知西周中、晚期時，貴族們已經常以床為睡眠的寢具，病危時才另行換床。

床板高於地面，不但避濕，也避灰塵，也許人們因之利用以坐息，在其上鋪蓆；東周時床已發展成可以坐臥、進食、書寫、會客的家具，為屋中最有用的常設家具了。古時有父子不同蓆、男女不

● 東漢晚期墓壁畫。墓主夫婦跪坐於有屏風的高榻上。

同薦的習慣，同時也為了易於搬移，就有做成只容一人跪坐的榻床。後來大概是受佛教的影響，也有採用趺坐的方式，很多設施就圍繞著床而設，如屏風放在側後以分內外並可靠背，進食的矮几和伏依的憑几則放在床前，承塵和帳也張設懸掛在床頂，如果床面太高，還可借助矮凳登床。至遲戰國時代已有獨坐而有靠背的床。

床面高於地，坐於床沿，兩腳可以下垂，較之跪坐要更舒服，所以坐的習慣便慢慢改變了。《史記．酈食其傳》：「酈生入謁沛公，公方踞床，使兩女子洗足。酈生長揖不拜。」（酈生來到旅舍謁見沛公，沛公正叉開腿坐在床上，讓兩個女子替他洗腳。酈生進去見了只是作個長揖，而沒有傾身下拜。）劉邦一定是垂足坐於床沿，才能分使二女洗腳，顯然這種姿態是相當不禮貌的，所以酈食其不拜。在有了垂足高坐的習慣後，隨之進食或書寫的矮几也要搬下床而變為高桌了。

江蘇六合春秋晚期墓出土一殘銅片，有坐於高凳的刻紋，大約是吳國的習慣。中原的貴族們還採取跪坐的姿勢，故椅子沒有很早在中國發展，不像埃及，於三千三百多年前便已有椅子。坐椅發展的契機可能是胡床，名稱首見東漢後期；三國時已有武將坐胡床指揮作戰的描寫，可知它是種輕便可折疊、垂足而坐的坐具。從漢、六朝的畫像石及文獻，推斷胡床只是臨時性的坐具，大都於郊遊、狩獵、戰爭等野外使用，偶而也用於室外，並不是常設的家具。

顧名思義，胡床是外族傳來的東西，因為是編綴而成，故或叫繩床。胡床本是沒有靠背的，採取榻後屏風的靠背形式，以後就慢慢發展成不能折疊的椅子和可折疊的交椅兩種式樣。椅桌既成為日常的家具，床榻因為笨重，便漸退為專供寢息的臥具了。到了宋代，中國傳統家具的種類和形式已大致定形，主要為椅凳、桌案、床榻、櫃架等。

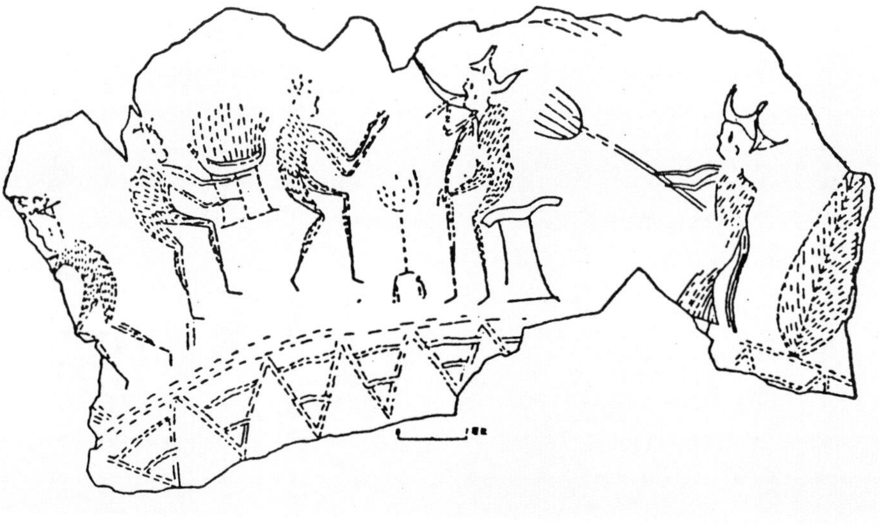

● 江蘇六合出土，春秋晚期殘銅片上的刻紋，主人坐於凳子上，可能是東夷的習慣。

現代楷書	隸書	篆書	金文	甲骨文
貯（宁）				 （海貝藏於箱中）  （箱櫃之形）

床，原本是停屍用的

現代人普遍睡在床上，大概很少有人會探索，床到底最初為何而設。甲骨文「宿」（）字作一人躺在草編的薦上，「疾」（）字則作一人躺在有短腳的床上；表明三千多年前，人們對於薦與床已有習慣性的各別用途。睡眠以薦，臥病於床，一眼即明白其各自的意義，故依之以創字。

首先讓我們來推測寢具發展的步驟。人們最先利用的無疑是地面或樹枝，漸漸鋪設東西於其上，以求舒適或不汙穢衣服，最後才製作專用的寢具。《禮記．間傳》：

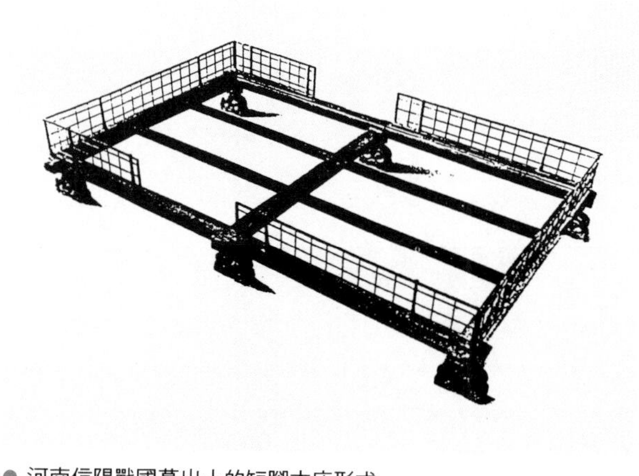

河南信陽戰國墓出土的短腳木床形式。

父母之喪，居倚廬，寢苫枕塊，不說絰帶。齊衰之喪，居堊室，芐翦不納。大功之喪，寢有席。小功緦麻，床可也。此哀之發於居處者也。

（父母之喪，孝子要住在倚廬裡，寢臥在草蓆上，用土塊當作枕頭，睡覺時也不脫麻衣；齊衰之喪，就要住在只用白泥粉刷的房子裡，睡在剪齊邊緣卻沒有扎起的蒲蓆上；為大功親屬服喪，就可以睡在蓆子上；為小功、緦麻等親屬服喪，像平常那樣睡在床上也是可以的。這是悲哀表現在居處方面的不同。）

漢代的喪制以生活的簡陋程度去表示哀悼的深淺。寢具的規定，正反映從鋪乾草發展到睡床的演進過程，鋪乾草之後的特定寢具大半是獸皮。未營定居的時代，如使用固定的寢具，只宜選用輕便、耐用而易於攜帶的東西。那時人們以採集漁獵為生，獸皮來源不匱乏，是理想的寢具；它不但量輕、質柔軟、能捲藏，又可以隔絕地上的濕氣。以獸皮為寢具的源流甚古，使用廣泛，故古人常取以為比喻。如《左傳．襄公二十一年》：「對曰：臣為隸薪。然二子者，譬於野獸，臣食其肉而寢處其皮矣。」（下臣充當君王的僕人時間不長，但是這兩個人用禽獸來打比方的話，下臣已經吃了他們的肉、睡在他們的皮上了。）寢皮成為憎惡敵人的最惡毒詛咒。

到了人們發展農業，營定居生活，獸皮漸成難得的東西，就代以編織的草蓆。草蓆不能隔絕潮濕，雖然可用種種辦法減輕地面的潮濕，總不若高出地面的床，可確實隔絕潮氣，故發展成寢臥於有支腳的床。

《詩經．小雅．北山》：「或燕燕居息，或盡瘁事國，或息偃在床，或不已於行。」（我看到有的人安居閒適，有的人鞠躬盡瘁操勞國事；有的人安睡在床高臥不起，有的人奔波不停勞作不止。）表明西周中、晚期的貴族們已經常以床為睡眠的寢具。但〈小雅．斯干〉：「乃生男子，載寢之床，……乃生女子，載寢之地。」（誕生的是男孩，用溫暖的睡床將他安置。……誕生的是女孩，用輕薄的地席讓她安睡。）表明許多人尚睡臥於地面。

古文獻所提到的床，有時只指鋪有寢具的地方，並不一定是睡眠的家具，如《左傳．襄公二十一年》：

> 薳子馮為令尹，……遂以疾辭。方暑，闕地，下冰而床焉。重繭衣裘，鮮食而寢。楚子使醫視之，復曰：「瘠則甚矣，而血氣未動。」
>
> （楚康王任命薳子馮為令尹。……薳子馮推說有病，辭去令尹。正當暑天，他挖地道放冰，將床架在上面。穿著兩層棉袍，裹著皮衣，少吃多睡。楚康王派醫生去探視，回來報告說：「瘦是瘦得厲害，但氣血不虧。」）

當時於地面睡臥必甚平常，否則蓋子馮在地下挖洞充冰以裝重病的舉動，必會引起視疾醫生的懷疑而罹禍。

臺灣以前的建築是屬於干欄式的，人們睡於高出地面的鋪板上，當有人病危時，就得將病人從板床房移至正廳臨時鋪設的床上，稱為搬鋪或徙鋪。認為在板床房上死，冥魂將被吊在半空中不能超度，而會前來騷擾親人。要死在臨時架設的床上才合禮的習慣，起碼可以上溯到孔子的時代。《禮記．檀弓上》：

曾子寢疾，病，樂正子春坐於床下，曾元、曾申坐於足，童子隅坐而執燭。童子曰：「華而睆，大夫之簀矣？」子春曰：「止。」曾子聞之，瞿然曰：「呼。」曰：「華而睆，大夫之簀矣？」曾子曰：「然。斯季孫氏之賜也，我未之能易也。元，起易簀。」曾元曰：「夫子之病革矣，不可以變，幸而至於旦，請敬易之。」曾子曰：「爾之愛我也不如彼。君子之愛人也以德，細人之愛人也以姑息。吾何求哉？吾得正而斃焉，斯已矣。」舉扶而易之，反席未安而沒。

（曾子臥病在床，病得很厲害。弟子樂正子春坐在床下，曾元、曾申坐在父親曾子的腳旁。一個小孩手執火炬，坐在角落。小孩看到曾子身下的竹席，便說：「多麼漂亮光滑呀！是大夫用的竹席吧？」子春說：「別作聲！」曾子聽後，突然驚醒，弱弱地歎了口氣。小孩又說：「多麼漂亮光滑呀！是大夫用的竹席吧？」曾子說：「是的。這是季孫送的，我因重病在身還未能將它換掉。元啊，幫我將竹席換了吧！」曾元說：「您的病很重了，此時不可移動，等天亮時我便將它換掉。」曾子說：「你對我的心意還比不上那個孩子。君子愛人，是思考怎樣才可以成全他的美德；小人愛人，是思考怎樣才可以讓他苟且偷安。如今我還能奢求什麼呢？如果我的死能夠合乎禮法，此生足矣。」於是，他們便將曾子抬起換席，換好後再把曾子放回席上，還未安置妥當曾子就去世了。）

這段記載反映病危時要換床。至於《禮記．喪大記》則記載病甚時要廢床，使死在地面上，然後再遷屍返於床上，最後入殮於棺；雖習俗有異，床都是為了停屍而設，目的不在隔絕潮濕，有利病人的康復，而是基於某種特定的信仰。《易經．剝卦》：「初六，剝床以足，蔑貞凶。」（剝蝕了床足，沒看清，占問有凶險。）大概是借撤床腳而為停屍之板，病危將死的措施，以表示凶險之大。

生病並不一定會導致死亡，為什麼商代的文字會反映一生了病，就要考慮喪事而讓病人睡在床上呢？我想它與古代的醫療水平有關。雖然舊石器時代的人們已有對外傷用草藥的知識，但對於致病原因不明的內科病疾，到了商代還是沒有多大有效的辦法，主要對策是向神祈禱或祭祀以求解救，病死的機會很大。因此一旦得病，就得作最壞的打算，把病人放到可以移動的板床，搬到適當的地點，以備萬一不幸時刻的來臨，可以死得其所。但是西周以後，藥物已發展到可延長病期，甚至有痊癒的時候，病人習慣於長期睡病床；本為寢屍而設的用具，漸被接受而為日常的寢具。

為什麼床被用為停屍的器具呢？筆者不禁聯想到中國古代的葬儀。古人認為人死後，靈魂會回到老家，由之投胎再回到人間世；靈魂要隨血才能逸出體外，流血而死才會心安理得，故發展有棒殺老人的習俗。後來不忍親自棒殺年邁的親人，改把老弱者送到山野，讓野獸執行放血逸靈的任務。把老弱送到山野，需要搬運的工具，漢代有原穀幫父親用擔架把祖父抬上山，又說動父親把祖父抬回家奉養而成孝孫的故事。擔架是打算丟棄於山野的，它可能也兼作老弱者的寢具，一旦病危就以之搬運上山，終於演變成有短腳的床的形式。

人們一旦習慣於床上長

● 左圖　湖南長沙戰國楚墓出土的承屍彩漆透雕木板，可能與床的發展有關。

● 右圖　山東嘉祥東漢墓畫像石上的圖案。最底下的一幅表現周初周公誅武庚、管叔而輔政成王的故事，兩個被誅者置於板床上。

期睡臥，不嫌其為喪具，採用為日常用具，很快就成為室內的主要家具。床到漢代已發展成可坐臥、進食、書寫、會客的多種用途家具，很多家具擺設都圍繞著床而設。到了隋、唐時代，床的一部分功能為新引進的桌椅所取代，又逐漸恢復為專供寢息的家具。

現代楷書	隸書	篆書	金文	甲骨文
宿	宿			
疾（疒）	疾			（受外傷的人）（因內傷而休息）

何時開始習慣伏枕睡覺？

人類在有了相當的物質文明後，就會開始注意如何使生活過得舒服。人有三分之一的時間用在睡臥，因此能否舒服地睡覺應是很早就為人們講求的事情。「身不安枕，口不甘厚味」是有錢人頗為懊惱的事，枕頭是關係到能否安眠的重要器物，人在睡眠中會翻來覆去幾次，很難保持不動的姿勢。仰臥時，後腦與脊椎在同一平面，還不覺得有什麼不舒服，如果一側臥，面頰就不與身子同一高度，不用東西墊高面頰，頸部就會疲勞而妨害睡眠的深度，甚至引起痠痛，因此很自然會發展枕頭的製作。現代醫學更有從事研究，旅行與家居的枕頭應如何分別造形，才能睡得舒服而長久，同時又有利於脊椎骨的健康。

人類一旦了解枕頭的重要，就是一時找不到東西以薦首，也會「曲肱而枕之」（彎曲手臂來枕在頭下），利用自己的肢體幫助。不用說，當人們覺得睡眠時需要有個東西枕頭時，只要是有平面的固態的東西都可以加以利用，不勞專用的器具。後來發展到使用專用的枕具時，其材料也不外是竹木、乾草一類而罩以布帛，都難以在地下保存千年之久，故沒有辦法從地下發掘確定何時使用專用的枕具。

「枕」（）字從木冘聲，木表示製作的材料，冘（）則是可能表現一人側臥，頭枕於枕上之狀。另一字「央」（）的甲骨文很像是仰臥而頭休息於枕上之狀。商代的甲骨卜辭有一條作「弗疾朕天」，問王的頭頂會不會生病，「天」（）即頭頂的意思，字形很像是頸下有橫枕的樣子。不過，確實提到枕頭的文獻應是《詩經》〈葛生〉：「角枕粲兮，錦衾爛兮。」（他頭下的角枕是如此光鮮，身上的錦被多麼光華燦爛！）〈澤陂〉：「寤寐無為，輾轉伏枕。」（日思夜想，睡不著也做不了事，只是伏在枕上翻轉難眠。）可知至西周時代已普遍伏枕睡覺。

角枕是木質的枕頭裝飾有角質的紋飾，應是比較高級的製品，不但日常可使用，《周禮．天官冢宰》玉府掌王之金玉玩好：「大喪，共含玉、復衣裳、角枕、角柶。」（王的喪事，供給口含的玉、覆蓋的衣服、用角裝飾的枕頭、用獸角製成的禮器。）薦屍也要以枕。角是不易腐爛的物質，那就該是先秦墓葬常見到的東西了，但是先秦的墓葬很少有角枕或任何材料枕頭的報告。目前所知，可確定為枕頭的較早實物，是河南信陽長臺關的戰國初期墓葬的竹、木合製枕頭，至西漢墓葬就漸多各類枕頭的報告。

枕頭太軟就失去墊首的功能，太硬又會使頭不舒服，因此於布帛材料普及之後，最常用的應是以布囊充填輕軟的屑、殼一類的東西為枕頭。由於布帛木竹都是易於腐爛的物質，如西元前一二二年南越王墓中的絲囊珍珠枕，就只見於頭下殘留珍珠。故傳世的古代枕頭以不朽壞的陶枕為最多。

「寢苫枕塊」（睡在草墊上，以土塊為枕。）多次見於《儀禮》、《荀子》、《左傳》、《墨子》等先秦文獻，是守喪期間最簡陋的寢具，表示哀悼而無心講求舒適的心情。苫是茅草編的蓆子，塊是土塊，有些註釋說：「夏枕塊，冬枕草，哀親之在土也。」（夏天以土塊為枕，冬天以草束為枕，因為哀傷死去的親人身埋土中。）它可能反映基於實用上的選

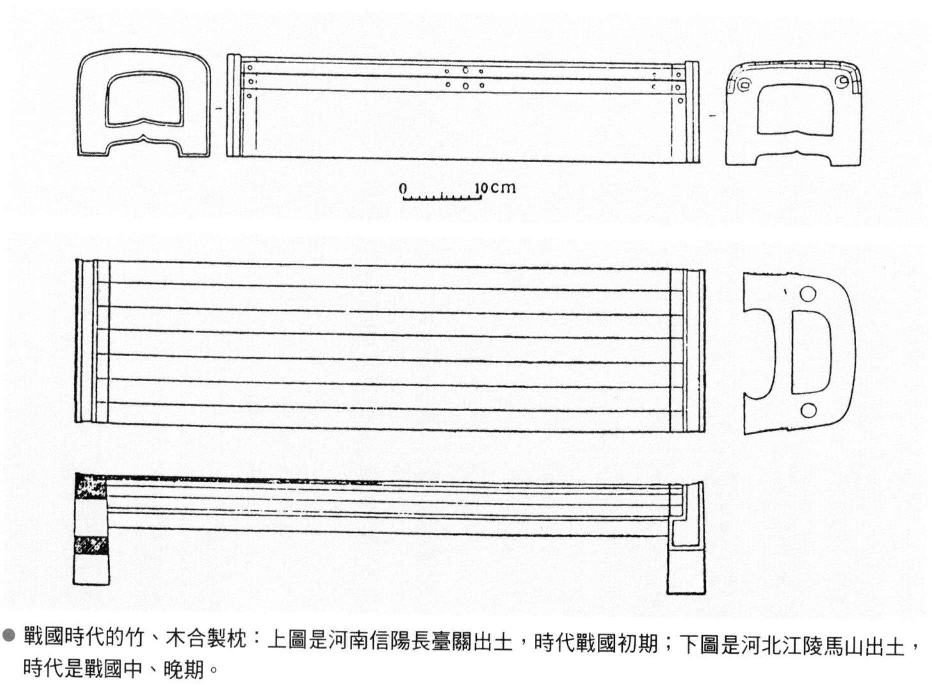

● 戰國時代的竹、木合製枕：上圖是河南信陽長臺關出土，時代戰國初期；下圖是河北江陵馬山出土，時代是戰國中、晚期。

擇，不必是哀悼親人埋於土的觀念，要凝結的土塊才能受力以枕頭，很可能當時已有素燒的陶枕以供喪家使用，土性涼，宜於夏天使用，不宜冬天使用，故冬天要用乾燥的草。

早期的陶枕或是為守喪者所用，不以之隨葬，故不見出土於墓葬。漢以後燒陶的技術大進，隋唐以來高質量的釉枕多見於墓葬，因此有人以為陶質堅硬，不是理想的薦首之物，不能做日常用具，而是隨葬品。一如西漢初中山王劉勝夫婦的鎏金鑲玉銅枕，鑄成兩端突出，不切實用，但是北宋晚期張耒的〈謝黃師是

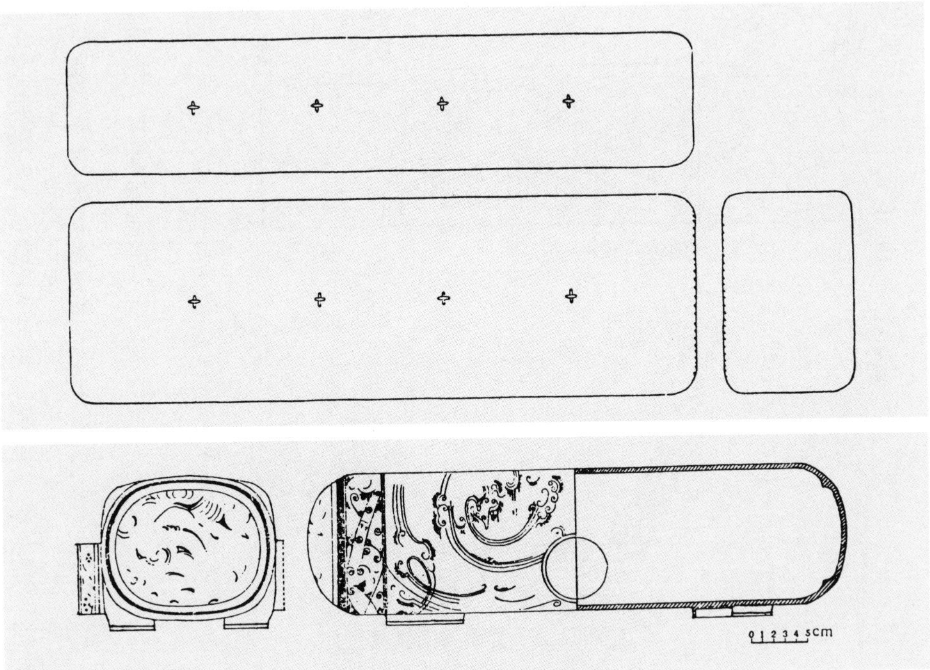

● 西漢馬王堆墓葬出土的枕頭：上圖是西漢初期的繡枕，下圖是西漢中期的中空漆枕。

惠碧瓷枕〉詩：「鞏人作枕堅且青，故人贈我消炎蒸，持之入室涼風生，腦寒髮冷泥丸驚。」（河南鞏人製作的枕頭堅硬而翠綠，故人贈我一枕消暑氣。將它帶入房間，涼風生起，頭腦的寒意消退，泥丸驚訝。）明白說它是實用物，且宜相贈送。

有釉的瓷枕有清涼的觸感，是消暑的良物，故多見裝飾夏季的圖案，如蓮池、荷葉、樹蔭下讀書等，堅硬的缺點比之暑熱還可暫時忍耐。為了行旅攜帶的方便，還燒造可置於行囊、懷中，不到十公分長的小型陶枕。

枕頭除墊首外，還可利用以按脈、墊足，以及驅邪的其他用途。《新唐書．五行志》有：「韋后

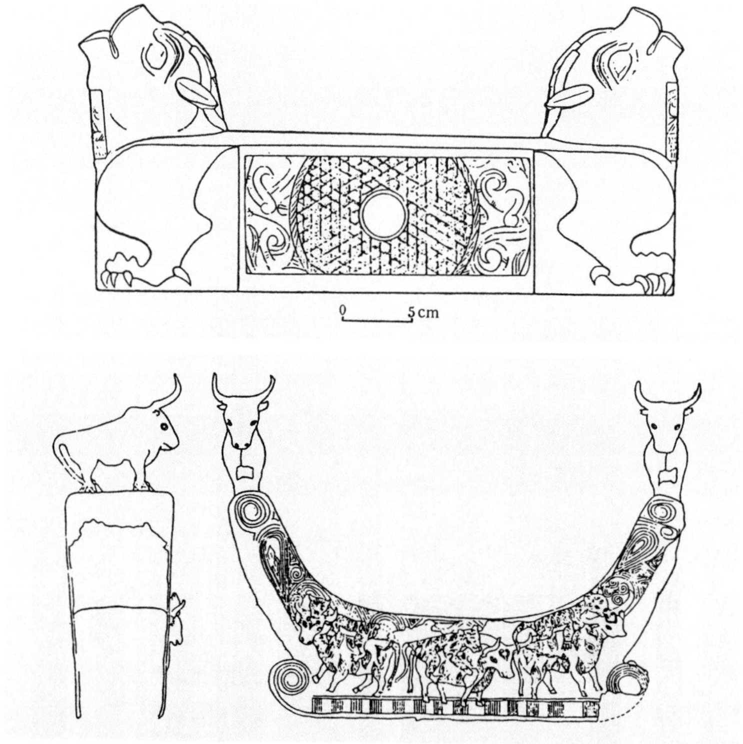

● 隨葬銅枕：上圖是西漢初期中山王劉勝墓的鎏金鑲玉銅枕，下圖是雲南江川戰國末期至漢武帝時代墓葬的銅枕。

妹嘗為豹頭枕以避邪，白澤枕以避魅，伏熊枕以宜男，亦服妖也。」（韋后的妹妹曾經用刻有豹子頭的枕頭來避邪，用神獸白澤的形象做的枕頭來除鬼氣，趴臥的大熊形象的枕頭對男子有益，也可以除妖。）上文所舉劉勝夫婦的銅枕兩邊也鑄有某種神獸之頭，當亦有類似的用意。漢代的陰陽五行學說迷信思想充塞各個生活的領域，墓壁刻劃或彩繪日、月、星辰、龍虎、神仙的圖案，或於陶器墨繪道家靈符禁咒以為驅邪之用。也許以

● 元代影青雕塑戲臺瓷枕。

陶土模造虎豹的形象，較之刻劃或彩繪方便，故隋唐漸多以陶枕隨葬，至兩宋而最盛，元以後流傳的作品就大為減少了。

枕頭的形狀本是實體的，後來曉得應用黏接合攏的方法製成中空的形體，以減輕重量。到了發展以陶土燒造時，其堅實而又可塑造的特性，更宜燒製有平面可墊首而中空的枕頭。中空的陶枕都要有通風孔，一來使枕箱裡的熱空氣從開孔排出，保持枕面的清涼，一可防止熱空氣的膨脹而導致爆裂。

陶枕的塑造，除必要的平面外，有兩個基本的形狀：一是塑成匣型，一是設計成特定的人物造形。匣形的變化很多，有方、圓、多角、花瓣、銀錠、扇面等各種規整對稱的或不規整的。人物的賦形常以虎、豹、熊、兔、象、牛等動物，臥嬰、婦女、餵乳或懷抱孩童的母親，以及認為可避邪的各種神獸，甚至是桌子、樓閣、戲棚，不一而足。真是五花八門，競呈巧思。裝飾的圖案以動物、植物、嬉戲孩童、文字等含有吉祥意義的為多，如以一個男孩拿著一柄蓮葉在一隻鴨之旁，以取「子孫連甲」的仕進好彩頭。裝飾的方法則有用不同色土絞結成形，或印花、刻花、劃花、剔花、繪畫、塑雕等，再與各種彩釉、色料、花土等手法相配合，作品花式繁多，不能備舉。

現代楷書	隸書	篆書	金文	甲骨文
枕	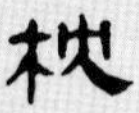			
冘				
央				
天				 

夜間活動增加，研發照明燈

室內的照明措施是文明的標誌之一，它的使用表示人們有相當多的夜間活動。在野蠻時代，人們最重要的活動是尋找食物，所以天一黑就去睡覺，以便次日早起去尋找食物。對他們來說，夜的照明是可有可無的，就算有時需要出去走動，也可借重朦朧的月光。雖然只有在月圓前後的期間，月的光度才能提供些作用，但因它是不假外求、不費勞力的自然光源，所以到相當文明的時候，人們仍舊借重它微弱的光明。譬如甲骨文的「明」（）字即以方或圓形窗子及月亮表意，充分說明這種引月光入窗的免費照明在當時的利用情形。

人類一旦能控制火，就可利用火為光源。或說一百七十萬年前的雲南元謀人已知道火食，但是有人認為人骨附近的炭屑和燒骨的痕跡，並不是火堆原處的灰燼，其遺址是否為遠古人類的住地也待確定，或是認為元謀人的時代只不過距今六、七十萬年而已。不過，五十多萬年前的北京猿人，普遍被認為已能控制火的使用。

火最重要的貢獻是使人類的飲食起了大變化，煮熟的食物易於咀嚼，且味道好。因烹飪上的作用，導致人們把火引進洞穴，保持火種不滅，附帶也提供照明的功能。夜間的照明對於古猿人來說，並不具有什麼意義，但隨著文明程度的提高，夜間的活動相應增加，以火照明的作用就重要了。

戶外的照明沒有比火把更便利的了，但是古代的房子低矮，商代及以前的房屋又以茅草為蓋，不適宜火把的使用。甲骨文的「叟」（）字即後來的「搜」字，作手持火把於屋內搜尋之意，這只是一時的權宜，不是經常的措施。火把可以照得遠而光亮，但在低矮的茅草屋裡使用就容易引起火災，並不是理想的室內照明用具。但到了漢代，房屋已加高，且改良為瓦蓋，比較不易著火，所以才比較常在室內使用火把。《儀禮》一書中提到的燭，大都是指已加工改良了的火把，不是後世常用的蠟燭或燈火的炷。

人們最初建築的住屋只是夜間的休息所，沒有足夠的空間燒煮食物。隨著構築技術的進步，六千年前半坡的半地下穴式房子已普遍有空間在屋裡燒食，火膛也自然起著照明的作用。但是火膛的照明範圍有限，對於屋子裡大部分的地方都沒法照顧到。一旦文明更進步，人們就不再滿意以火膛來照明了，他們另想辦法，終於有燈燭的使用。

甲骨文雖不見燈燭的字樣，但從甲骨文的「光」（）字作一跪坐的人頭頂上有火焰之狀，可以證明其時的人們已知使用燈燭；因為火焰不能用頭頂著，頂著的必是燃油的燈座。

商代的燈光微弱且有黑煙，因為甲骨文的「幽」（　）字作一火與兩線小絲之狀，以表現火燒燈芯，光線幽暗之意；推測當時所用的燃料大半是植物油。古時沒有什麼家具，為了避免受煙燻烤，就得與光源保持適當的距離，而以頭頂燈，人體就像燈座，不但較手捧的穩定，也照得廣遠。所以對於有跪坐之習的中國人來說，以頭頂燈是頗為實用的方法，故漢代有陶燈架作奴僕頭頂燈臺之形，朝鮮的高句麗時代，墓室也有女侍以頭頂燈前導的壁畫，這些都反映古時有以奴僕頂燈的習慣。《韓非子》郢書燕說的故事，就說明「燭」要舉得高才明亮的事實。

但是地下的考古發掘，並不見商代有專用燈具的出土，這種矛盾應該怎麼解說

● 長沙出土戰國漆奩上的坐駕圖繪。圈起處是一個人以頭頂著燃油的燈座作為前導。

呢？大概可以從兩方面來看：一是商代夜間的活動只限少數的貴族與有限的節日，所以商紂作長夜之飲，才會被視為荒淫無道。而且商代一天只吃兩餐飯，大約早上七時至九時吃豐盛的早餐，叫大食，下午三至五時吃簡單的午餐，叫小食，反映典型農家的生活習慣。太陽下山不久就去睡覺，以便次日一清早就去田地工作，既然沒有經常的室內夜間活動，就用不著專用的燈具。當時的社會使用燈火的機會不多，燈具不普及，甚至沒有專用的燈具，故被發掘的機會也就相對地減少了。

另一方面，我們可以從燈具的形狀去解釋。初期的燈形與盛飯肴的豆同為有高腳的淺盤，而陶製的豆也叫著登，很可能商代的燈是臨時借用陶登，故後來才取名為鐙或燈的專稱；一為表明其鑄造的材料，一示其燃火的作用。燈在商代大概因為使用機會不多，不必成為一特定的專用器具，於點火照明後又恢復其盛飯肴的功能，因此難以覺察它曾一度用以照明。

從考古的證據看來，專用的燈具始自戰國初期，春秋晚期以來由於鐵器大量使用，生產效率大為提高，整個社會面貌起了極大的變化，使得很多人可以從事非生產性的工作；我們可以想像此時較為富裕的家庭，夜間的活動大增，已經有必要使用專用的照明器具了。

商代燈的燃料是植物油，到了戰國時代，不但有些燈盤有盛油脂的泥狀殘跡。《史記．秦始皇本紀》也有「以人魚膏為燭，度不滅者久之」（用人魚膏做蠟燭，可長久不滅）

的記載，應也已發展出以蜂蠟或蠟蟲製成的蠟燭。《史記．甘茂列傳》：「臣聞貧人女與富人女會績，貧人女曰：『我無以買燭，而子之燭光幸有餘，子可分我餘光，無損子明而得一斯便焉』。」（我聽說窮人的女兒跟富人的女兒一同紡線，窮人的女兒說：「我沒錢買蠟燭，而您的燭光幸好有盈餘，您可以分給我一些多餘的光亮，在不損失您照明的情況下，讓我得到一絲便利。」）如果當時點燃的是油燈，應說買油或脂而非燭。《楚辭．招魂》為招徠亡魂回家而描寫的舒服家居有「蘭膏明燭」，可知當時的燈油和蠟燭還摻有香味呢！

戰國的燈座大都很樸素，至多把底座鑄成人物鳥獸形、或金銀嵌鑲以增飾，或增多燈盞以增光明而已。到了漢代，許多

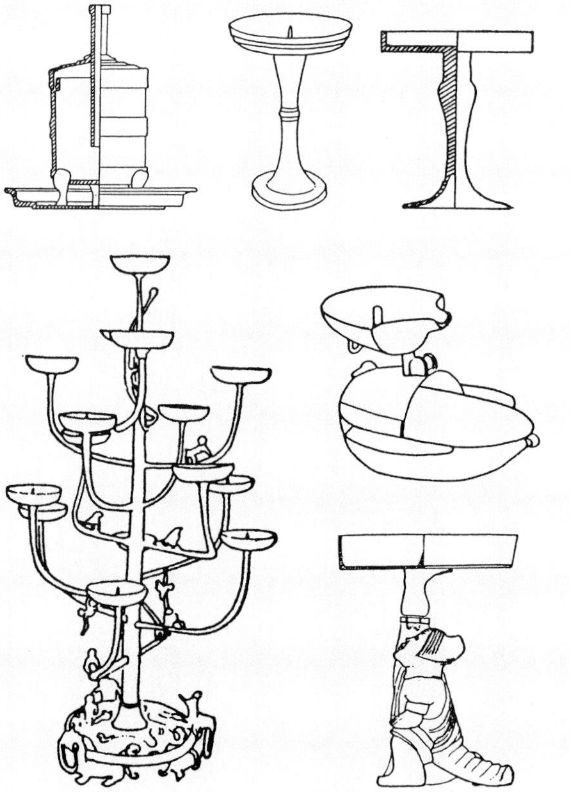

簡單的燈具造形示意圖。

燈盤已具有供插蠟燭的尖釘，可見這個時期蠟燭的使用更為普遍了；這與戰國晚期於晚上十時增設一晚餐，顯然有密切的關係。器用越多，設計就越精良，為了解決煙燻的缺點，設計時便加上管道，讓煙隨著管道沉入有水的底座以化解汙染，並且燈盤也裝有可開闔旋轉的門，便利旅行時控制光的方向，以及防止火被風吹滅。

● 漢代的繁複燈具造形示意圖。

現代楷書	隸書	篆書	金文	甲骨文
明	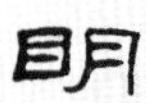			
叟				
光		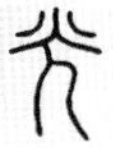		
幽				

在先秦，你需要知道的婚喪習俗

鹿皮，在婚嫁中的象徵／有流血，才代表真正死亡／
文身，最初與死亡儀式有關

鹿皮，在婚嫁中的象徵

古代的婚嫁要行納采、問名、納吉、納徵、請期、親迎六禮。根據二千多年前的古籍《儀禮》的記載，男家要送一雙鹿皮為納徵（即現今的下聘）的禮物，豪奢的王公貴族，更要選擇珍貴的虎、豹等獸皮以誇示豪闊。但中國在商、周以來已是高度發展的農業社會，一般人衣絲帛，鹿皮並不實用，而且也不易獲得。因此有人猜測，這種習俗可能源自上古以獸皮裁衣的時代，贈送鹿皮可以表現男子捕獵的能力及英勇，但鹿性溫順，在野生動物中最易捕獲，實在不值得這樣大事宣揚。那麼，比較可信的推測是什麼呢，恐怕很少人會想到，這是起源於兄妹交配時，以鹿皮隔離兩人身子的遠古事件。

婚姻是種很重要的社會制度，它規定某些特定的人或人群之間共同生活的合法性，並確定養育子女的義務，以及子女繼承的權利，使兩個家庭或家族，緊密地結合起來追求共同的榮譽與利益。再者，上古的人不明白懷孕的真正原因，婦女要在性事後一段期間，才會意識到自己懷有身孕，由於表面上，懷孕看不出與男人有直接的關係，古人往往會歸因於意識到懷孕時周圍發生或存在的特別事物，因此傳說中的古代英雄人物，都是母親與各式各樣的現象結合而誕生的。如《史記》〈殷本紀〉記載商朝的始祖契是母吞食玄鳥的蛋所生，而〈周本紀〉則說周的始祖棄是母親履大人之跡有感而生。如此經過了一段很長的時期，人們才發現男子要為懷孕一事負全責，因此才設立婚姻制度，規定男女結為夫婦，便是永久性的伴侶。

傳說中國婚姻制的創立者是神話人物伏羲與女媧，《古史考》有「伏羲制嫁娶，以儷皮為禮」（伏羲制定嫁娶的禮儀，以鹿皮為聘禮）的記載，儷皮即一雙鹿皮。《風俗通義》則說：「女媧禱祠神，祈而為女媒，因置婚姻。」（女媧在寺廟向神禱告，祈求上蒼命她為媒人，於是女

● 漢代畫像石上的伏羲和女媧圖：左圖是四川郫縣出土，時代為東漢。右圖是山東沂南縣出土。

媧就為男女安排婚配。）伏羲與女媧的形象常見於漢代墓葬的磚瓦或畫像石上的浮雕，其形象作尾巴交纏的一對蛇身人首，或手中各持規與矩，還常伴有日與月。漢代的人大概以為他們有保護死者安寧，不受邪氣侵擾的魔力，他們雖是兄妹，卻結為夫婦，是古時家喻戶曉的人物，責任婚姻制便是他們共同創造的。

繁殖雖不是結婚的唯一目的，卻是很重要的功能，讓我們看看傳說伏羲與女媧如何繁殖人類。《風俗通義》記載：

> 俗說天地開闢，未有人民。女媧摶黃土作人，劇務力不暇供。乃引繩於泥中，舉以為人。故富貴者黃土人，貧賤凡庸者絙人也。

（傳說開天闢地時還沒有人類，女媧用黃土捏成人，可是這件事太過繁重，她全力趕工也趕不上供應。所以她就把繩子投入泥漿中，舉起繩子一甩，泥漿灑落在地上，就變成了一個個的人。後人說，富貴的人是女媧親手揉捏黃土造的，而貧賤的人只是用繩沾泥漿灑落的。）

這個故事或者可以理解為，女媧沒有耐性塑造人類，故創立婚姻，讓人們自己去繁殖自己的後代，但要了解整個故事發展的意義和背景，恐怕非得通過民俗學的分析不可。

臺灣南勢阿美族有一則創生傳說，與本文討論的主題關係極為密切。故事敘說有一對兄妹是日和月神的第十五代子孫，他們共乘一個木臼逃避洪水的災難而漂流到臺灣來。發覺他們是僅存的人類，為了不讓人類滅絕，只好結為夫婦，但是他們有兄妹不許相互接觸腹部與胸部的禁忌，一直不敢發生夫婦的行為。有一天哥哥打到一隻鹿，想到把皮剝下曬乾，在上頭挖個洞，就可以達到隔開身體不破壞禁忌而交配以繁殖後代的目的。就這樣，他們所生的很多子女，分別成為許多部族的祖先。此母題後來衍生許多故事，鹿皮變形成為獸皮、羊皮、草蓆，甚至扇子，但其作用都一致，用以隔開身體，破除禁忌。

以上兩個傳說有許多共同點，都與日和月的信仰有關，都發生在大水災之後，女媧另有以蘆灰止住共工怒觸不周山而造成的洪水傳說。主角都是兄妹兼夫婦，皆以鹿皮為繁殖後代的重要媒介，也都與蛇的圖騰有關，蛇是臺灣高山族最常見的圖騰裝飾。

兩組傳說的共通點，顯然同出一源。阿美族故事中兄妹的名字雖因是以方言發音，又因時代變遷，與伏羲、女媧的漢族發音有差別，但語言學家分析的結果，卻認為它們都來自同一語源。這些不同傳說都指出來自一源，兄妹遭遇洪水，通過各種巧合而繁殖人類的故事，屢見於中國各民族的傳說。而這其中又以阿美族的傳說最接近事實，也合理地解釋了鹿皮在婚禮中的作用，以鹿皮隔身體而不破壞禁忌，也很符合草昧時代人們的心態。

我們知道血親之間的結合是早期閉塞社會所難避免的現象，一旦社會比較開化，為了避免混亂血緣關係，或造成畸形兒等原因，就開始禁止血親之間的通婚，認為那是極不道德的行為。因此後人就想盡辦法，把祖先血親通婚的事實加以掩蓋，以致把人類早期繁殖的階段，歸功於神的創造，如女媧之土造人，或把過錯推托給神，說是遵奉神的旨意行事。如唐代《獨異志》：

昔宇宙初開之時，只有女媧兄妹二人在昆侖山上，而天下未有人民。議以為夫婦，又自羞恥。兄即與其妹上昆侖山，咒曰：「天若遺我兄妹為夫婦，而煙悉合。若不，使煙散。」則煙即合，其妹即來就。兄乃結草為扇，以障其面。今時人取婦執扇，象其事也。

（當天地初開時，只有女媧兄妹在崑崙山上，但整個世界還沒有人類，所以打算結為夫婦，但又覺得羞愧、不妥。於是兄妹倆一起登上崑崙山，燃起兩堆火，向上天禱告說：「如果上天要我兄妹結為夫婦，請讓煙聚合；如果不可，就讓煙散了。」祝禱剛結束，兩道煙就合在一起了，女媧就與哥哥結合。哥哥用草製扇子，讓妹妹拿著遮臉。今天人們結婚時新娘拿扇子出嫁，也就象徵女媧的婚姻。）

其他還有兄妹分別把石磨的上半與下半推下山，兩片磨滾到山下後竟套合在一起，或是兄妹分別把針和線丟到山下，線竟然穿過針眼等奇蹟。這些奇妙的巧合只有神才做得到，不是天意怎能如此。

文明人對古代社會發生過的事，雖有意加以隱瞞，但並不能去除一切與之有關的習俗。所以鹿皮與婚姻禮儀的關係，也一直保存到後代，只有在未完全開化的社會，較不曉得文飾，因此以鹿皮隔離身體的真相才被保存下來。

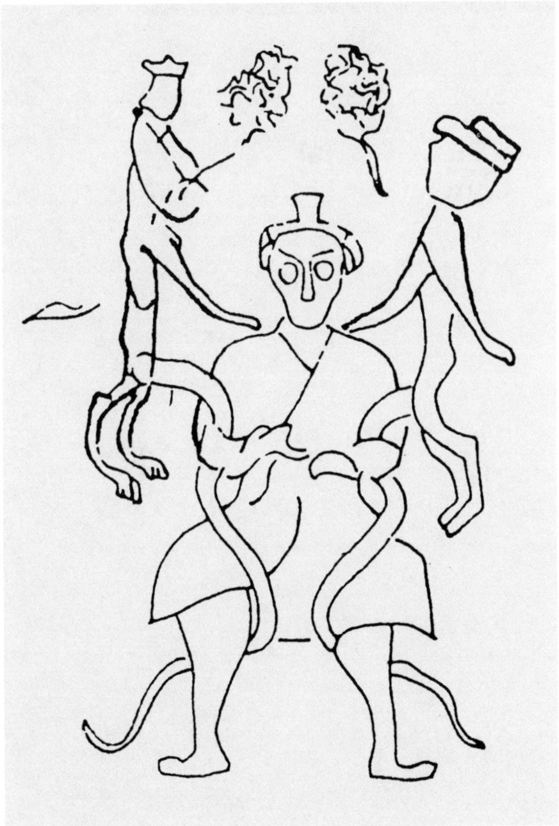

● 河南唐河縣出土，伏羲與女媧身旁的兩股煙即將湊合一起。

現代楷書	隸書	篆書	金文	甲骨文
鹿	鹿			
麗（儷）	麗			

有流血，才代表眞正死亡

在廣東和臺灣，仍有些地方還保存著「蓋水被」與「點主」的喪葬儀式，現在恐怕很少人會知道它們源自何種習俗、有多長的歷史。所謂「水被」是一塊五尺來長、二尺來寬的白布，在中央縫上一幅同長而尺來寬的紅布。在入殮之前，要先由孝子給屍體蓋上水被，然後再輪由其他親人執行。至於「點主」的風俗，則流行甚廣，很多地方都還施行著：那是請一位有名望的人，在預先寫有王字的神主牌上，用朱筆點上一點成主字，完成埋土前的儀式。這些特殊的葬俗，到底有什麼意義呢？

遠古時代的人們不了解死與生之間的生理現象，也不明白懷孕的真正原因。見到人有生有死，就以為死後靈魂會回到老家的圖騰，由之再投胎出生到人間來。

大概古人看到皮膚破裂會流血，流血過多會死亡。可能因此想到，要獲得新生命就得讓血破體而出，靈魂才會隨著血水逸出體外。因此很多民族，古時都有不流血的自然死亡是不吉利的想法，因為靈魂得不到解放，就會導致真正的死滅，故很多人不怕死，只怕不得其法而死。

要達到使人流血而死的最簡易方法應該是使用暴力，所以中國古時候也有把老人打死以便其超生的習俗。在文明人看起來，那是很不人道的野蠻行為，為法律、人情所不許。但價值取決於觀念，在有那種思想的時代，打死親人卻是為人子者所應盡的孝道，否則死者靈魂會因不能再生而前來騷擾親人。所以有老弱、病弱意義的「微」（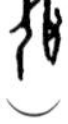）字，甲骨文就作手持利器棒殺長髮老人之狀。對古人來說，以一老弱病殘之身軀，更換一新生健康的身體，還有什麼可遺憾的呢？

不只中國，其他民族也有棒殺老弱的習俗，因為上古的生產水平低，經常糧食匱乏。尤其是當疾病流行或遷徙頻繁時，老弱的人犧牲自己的身軀餵食親友。對那些老人來說，那是一種對族人有貢獻的解脫，他們相信自己不久就可以得到新生命，所以沒有什麼可哀傷的。

棒殺老人的現象可追溯到五、六十萬年前的北京周口店猿人，古猿人的頭蓋骨往往被擊破，以致考古學家認為那是人吃人的現象，或以為那不為了饑餓，而是為了增強個人的精神威力。但是，這些解釋頗值得商榷。

在廣西桂林甑皮岩一個七千年以上的遺址，發現有十四具頭骨，其中四具屬於五十歲以上的老人，都有明顯的人為以利器殺害的致命傷痕。其他年輕人的頭骨則沒有這種現象，顯然是老弱者無法照顧自己的生活，由子孫執行再生的儀式，執行的人一點也不覺得有罪惡感。《楚辭．天問》：「何勤子屠母，而死分竟地。」（為何賢子竟傷母命，使她支解滿地屍骨？）大概是楚國宗廟有夏啟殺母的壁畫，屈原不了解上古的習俗，故對天提出質問，為什麼這種大逆不道的人還被視為賢君。後世的好事者更造出神話，說啟的母親變成石頭，石頭裂開而生出啟，啟等於殺了自己的母親。

當文明程度提高時，覺得親手殺死親人未免殘酷，就改把老弱者送到山野，讓野獸去執行流血放魂的手續，等野獸把血肉吃完了，才撿回骨頭加以埋葬。漢代的一則故事正是此種習俗的反映：原穀幫父親把祖父抬到山上去丟棄，到山上後原穀要把擔架帶回家。父親問他有何用處？原穀說要留待將來抬父親之用。父親不願將來自己被送上山被野獸咬死，就又把祖父抬回家奉養，因此原穀才得到孝孫的聲名。北美的愛斯基摩人到晚近的時候還保

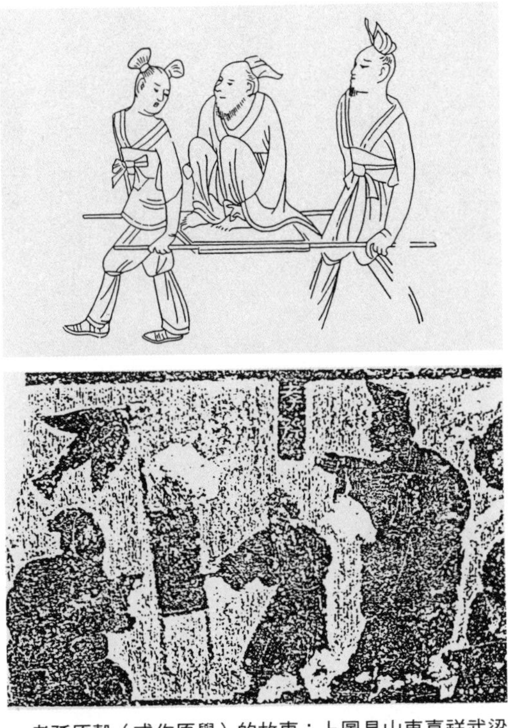

● 孝孫原穀（或作原覺）的故事：上圖是山東嘉祥武梁祠東漢畫像石。下圖是北朝寧萬壽孝子棺石刻。

存這種丟棄老人的習俗，相信很多人都在銀幕上看過。

後來人們漸漸覺得把活生生的老人送去等死是種不仁慈的行為，於是改變為死後才丟棄屍體，等野獸吃完肉後，才撿拾殘骨加以埋葬。那時候還覺得，如果骨頭沒有被啃得乾淨，有殘肉留著，就表示生前有罪，家人會大感不安。譬如，東北地區把屍體高掛樹上，西藏的富裕家庭則延請僧人割下屍肉以餵食鳥獸。《孟子．滕文公上》：

蓋上古嘗有不葬其親者，其親死，則舉而委之于壑。他日過之，狐狸食之，蠅蚋姑嘬之，其顙有，睨而不視，……蓋歸反，虆梩而掩之。

（大概上古曾經有不埋葬父母的人，父母死了，就抬著扔到山溝裡。過了一段時間再經過那裡，就發現狐狸在撕咬著屍體、蒼蠅蚊子在咀吮著屍體。那個人額頭上不禁冒出了汗，視線偏斜到一旁，不敢正視。……後來他回家取了籮筐、鏟子把屍體埋了，埋葬屍體是對的。）

這段記載反映的正是這種葬俗，以及葬俗改變的動機——不忍。雖然已發展到要把屍體殮藏於棺木，不受鳥獸的侵擾，然而要把屍體破壞，使其流血的觀念是一時捨棄不了的。有些地區就採用變通的方法，把身體某部分切割下來，與軀體同穴埋藏，替代暴力的放血儀式。後來又不忍切割身體，就在胸前刻花，並撒上紅色的粉末以代表血。此種習俗反映於甲骨文的「文」（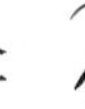）字作一人的胸部畫有種種的花紋形，文本是對屍體的美化儀式，只有贊美已死的人才用「文」，如銅器銘文中的前文人、文考、文母、文祖、文妣等。有些地區於屍體下鋪一塊透雕的紅漆木板，就可能是它進一步的發展。

由於惻隱之心，葬俗才有了以上的演變。由於有必須流血才是正當的死法的觀念，所以喪葬中以紅色的東西代表血，就成理所當然的措施，也是世界各地普遍的現象。一萬八千多年前的山頂洞人遺址，屍骨周圍就發現撒有赤鐵礦的紅色粉末，而自六千多年前仰韶文化以來的墓葬，朱硃更是常見之物。後來演進到以棺木埋葬，內部也塗上朱漆。

本文開頭所說的水被和點主，反映的就是親自殺死親人的上古遺俗。有些地方的點主要用孝子中指的血去點紅，把要將血自身上流出體外，以放縱靈魂的遠古觀念表現無遺，血是液態的，故叫著水被。死的本來意義是經由死的終止，到達再生以重新加入社會，但是由於文明的概念，不但不殺老人，到漢代甚至演變成以玉匣殮屍，或以白泥膏、木炭等東西密封棺木，希望屍體長久不腐的葬俗，就大背古人原意了。

現代楷書	隸書	篆書	金文	甲骨文
文	文			
微	微		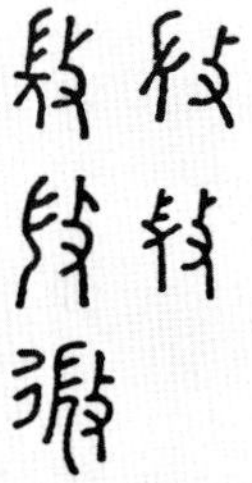	

文身，最初與死亡儀式有關

如果沒有相當的理由，人們是不願肉體忍受傷痛的。但是為了某些原因，尤其是愛美，很多人不但能忍受一時的痛苦，還能忍受永久性的傷殘。譬如過去的某些民族，有些女性用金屬圈逐漸把頸項拉長，以為脖子越長越漂亮，以致頸部肌肉萎縮，承受不住頭部的重量，甚至引起窒息而死的危險。又有些人用東西把嘴巴撐大，以致嘴唇肌肉萎縮，不能合攏起來，喝水要把水倒進嘴裡。至於中國則有纏足之風，用布帛把雙足緊緊裹住，壓縮肌骨的成長，使行動遲緩不便，但卻被認為婀娜多姿。在種種傷殘身體以達美觀的方法中，文身雖是現代少數人採取的措施，但卻普遍存於各民族。

文身是指刺破皮膚，然後在創口敷用顏料，使身上帶有永久性花紋的措施。皮膚顏色較黑的民族，大概由於顏料的色調難於在皮膚上顯現，就用針縫或燒炙的方式，在皮膚造成隆起成圖案的瘢痕。刺紋的原因，現在最普遍的是為了美觀，古時則還有以為可防病祛災，或作為標明成年的身分、團員的資格等等。

證明一件事物的存在，要比了解一件事情發生的始末容易得多。在西洋，文身的習俗起碼可追溯到四千年前埃及的木乃伊乾屍；中國沒有製作乾屍的習慣，皮肉無法保存數千年，故不能看出起於何時。但從文獻記載的刑法制度，可知三千多年前的商代已用刺墨之刑，則刺紋之起源當更早些。有以為六千多年前半坡陶盆上的人面魚紋即為文身的表現。

歷來解釋文身的起源，或說源自水災之後，大地只剩兄妹兩人。為了不讓人類滅絕，其中一人以黑炭塗臉，讓對方在認不出其身分的情況下交配，終於能夠繁殖子孫。有些地方則說為了工作的需要，入海捕魚的人刺上魚鱗花紋，可矇蔽魚鮫而不受到襲擊，但在有些地方就可能與死亡的儀式有關。

商周時代於臉上刺墨是對人體構成傷害的最輕微處罰，其他較嚴厲的，依次為割鼻、斷腳、去勢、處死。刺墨的用意是對犯罪者的一種警戒和寬恕，刑罰原是對異端的一種處分。在生產效率低的時代，戰鬥的主要目的是掠奪財物、占領土地，對於敵人只有殺死或驅之遠逃兩途。一旦生產的方式改進，一個人的生產除自用外，有剩餘可提供他人使用時，就逐漸有保留俘虜以從事生產的念頭。很可能在中國就以死亡儀式的刺紋，象徵處死的刑罰，讓罪犯從事生產。下面便是一件與文身有關的歷史事件：

周朝的祖先古公亶父，有意讓第三子季歷繼承其權位，因為季歷的兒子昌很賢能。但是礙於有傳位給長子的傳統，心中鬱鬱不樂，此心事為長子太伯和次子仲雍得知，為了成全父親的願望，《史記．吳太伯世家》記載：「於是太伯、仲雍二人乃荊蠻，文身斷髮，示不可用，以避季歷。」（於是太伯、仲雍二人便去了荊蠻之地，在身上刺上花紋、剪短頭髮，表示自己已不能繼承王位，以此來避讓季曆。）

一般的解釋以為，吳和越國本是文身的民族，太伯與仲雍入境隨俗，也斷髮文身成為野蠻人，所以不能回周繼承權位，這種解釋並不很合理。周是穿有衣服的民族，二人只要留上頭髮、穿上衣服，就能恢復周人的服飾，一點異樣也沒有，何至於不能再當文明人？再者，先秦文獻講到中國境內有文身的民族竟只有吳和越，哪有這麼巧的事？兩人不約而同，分別投奔域內兩個僅有的文身之俗的地區。我猜想太伯與仲雍之所以文身，是要以周人死亡儀式來象徵自己已不在人間，要周人不必再等待而立即擁立季歷。因為二人分別對吳、越有教化之功，吳、越人民為了表示尊崇，也仿效他們在胸上刺紋，以致最終成為吳、越兩地的特殊風俗。後人不知此歷史事件反映周人於屍體刺紋的習俗，而周人大概後來也放棄此種習俗，人們才誤會吳、越本為文身的民族。吳、越居處多湖泊，很多人以捕魚為業，所以才附會起源於以文身避免魚鮫的攻擊。

文身的「文」字在甲骨文作一人的胸部畫有花紋的形狀，「文」原來是種對屍體美化儀式，故才引伸為文學、優雅等需要修飾的事物。此字在甲骨文及周代的青銅器銘文，只用作死者的美稱，不見使用以讚美活著的人，如前文人、文考、文母、文祖、文妣等，這些顯然是經過刺花美化儀式的人。有些地區，如東周時代的楚墓，常見於屍體下鋪一塊幾何形花紋透雕的紅漆木板，很可能就是自屍體刺紋的進一步發展。古代文身的圖案大致與臺灣高山族的類似，都是幾何圖形的。

● 人體上的花紋可能就是文身的表現：上圖是商代玉雕跣足男女裸體拓片，下圖是西周早期人形銅車轄拓片。

屍體刺紋的源頭大概可假設如下，遠古有種信仰，認為要流血而死，靈魂才能隨血出竅而重新投胎出生，因此人老了就得由親人打死以放逸靈魂。以後不忍自己動手，就送去山野，讓鳥獸執行出血的任務，然後又改在死後才丟棄於山谷（叡），最後才演變把全屍用棺木殮藏起來。

習俗雖改，但把屍體破壞的觀念一時消失不去，有些地方就採取象徵的辦法，可如六千年前的仰韶文化遺址，發現有種葬俗是把死者的腳趾或手指割下，與屍體同埋於一穴。專家都同意這種割體儀式與宗教信仰有關，應就是替代暴力的放血出魂儀式。後來又不忍分解屍體，就在死者的胸上刻花，並撒上紅色的粉末以代表血。可惜古屍難有保存的，不能核證有無刻花，幸好還可以從文字得到一些了解。

我想只有通過死亡的儀式，才能合理地解釋為什麼太伯和仲雍以斷髮文身以示不用，以及以刺墨為犯罪的標識。在一件戰國時代的舞戈紋飾，有一腳踏日月、手持道具的巫者，身上滿布鱗片，可能即是文身的表現。巫可能以此死亡儀式表現其有異於常人，能與神靈交通的魔力。

「身體髮膚，受之父母，不敢毀傷，孝之始也。」（人的軀體、四肢、毛髮、皮膚都是由父母給予的，應當謹慎愛護，不可以毀損傷害，這是基本的孝道。）這是《孝經》裡孔子的名言。漢代奉行儒教，漢文帝廢肉刑，才取消刺墨之刑，一般人大概也不會以這種恥辱的象徵施之於身。但是元代施耐庵於《水滸傳》描寫九紋龍史進全身刺紋，也許是從外國傳入的愛美新風俗，而不是墨刑的演變。

● 湖北荊門出土戰國舞戈上的巫者形象，身上滿布鱗紋。

現代楷書	隸書	篆書	金文	甲骨文
叡（壑）				

在先秦，你可能會看到的信仰，以及衍生的樂舞

甲骨，商王室的國師／巫師，是神職人員也是醫生／利用對鬼神的敬畏來控制人心／夢境是真還是假？／追尋長生不死的夢想／舞蹈，從祈雨轉為娛樂／銅鐘的演變／石磬，代表集合的音聲／管樂器，演奏中的主角／弦樂器，士人的身分代表

甲骨，商王室的國師

今天人類已能往返月球，探測千萬里外的星球，對很多現象都能給予科學性的解釋，知識較之古人不知要淵博多少，但是很多心態還是和古人相去不遠。譬如說，現在還有很多人希望借助超自然的力量去迴避災難或獲得幸福。有人觀察茶葉浮沉的情況，或砂上爪以為吉凶預示之機，中國古人也因同樣的心理和目的向甲骨請教。

自然界存在著很多、甚至是今人還不能解釋的現象，自然的威力奇大，難以人力控制。古人想像冥冥之中有神靈在控制著一切，因此興起敬畏的念頭。商代的人認為自然界的風雨雲雷、山川木石動物，以及死去的人都有神靈。這些神靈的威力雖有差別，但都會給人們帶來災難，不過如果得其歡心，也可以幫助我們，降下福佑。

對於一個國家來說，在古時沒有比祭祀和戰爭更重要的事。表面上，軍事是有形的戰鬥，祭祀是無形的戰鬥。戰爭是用有形的武力去屈服敵人，達到保證自己生存的目的；祭祀則是借用無形的威靈，保護自己不受妖邪的侵擾，而達到健康長命的目的。戰爭的行為有一定的時間性，祭祀則是持續性的，透過神靈的力量，可以在無聲息中達到削弱敵人勢力的目的，因此如何獲得神的支持就成為主政者最重要的任務了。神靈既是人們想像出來的東西，自也具有與人相似的性情，祂會被激怒，但也會接受求情。因此探明神明的心思，提供適當的祭品，才會達到祭神的最佳效果，占卜的目的就是為了要獲得這一類正確的解答。

甲骨的占卜是利用火燒灼甲或骨，而從骨上呈現兆紋的角度作為判斷吉凶的方法。根據發掘的材料，中國於五千多年前已有骨卜的習慣，而且分布甚廣，使用的是牛、羊、豬、鹿等大型哺乳動物的骨頭，大致到了商代才使用龜甲，而且動物的骨頭絕大多數是使

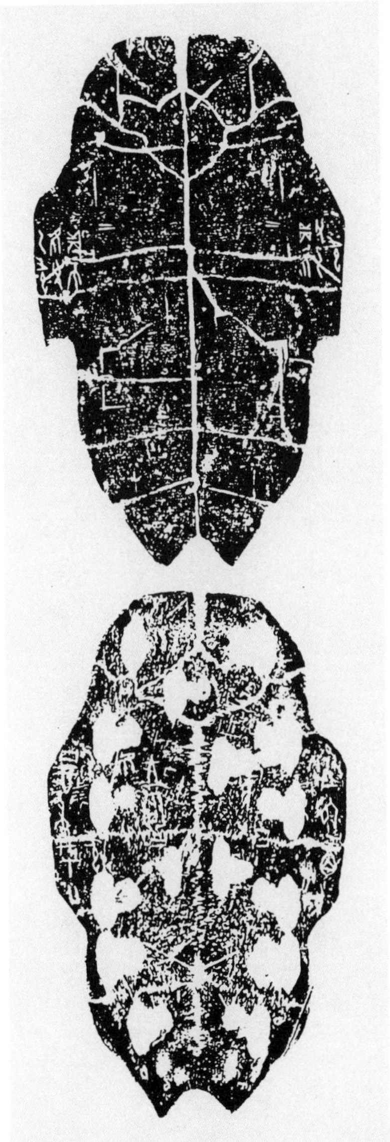

● 商武丁時代，龜甲正面（上圖）的貞卜文字和反面（下圖）的占辭、收藏記錄及鑽鑿燒灼痕跡。

用牛的肩胛骨。

用骨頭占卜不是一件簡單的事。首先是材料的價格，骨頭雖是肉食的廢物利用，但在有史時期，只有在慶會祭祀時才屠宰大型的家畜，不是一般人所能輕易取得的。而且處理骨頭要經過各種鋸、磨、刻等工夫，也需要專業的人才，很多人燒灼不得法，一天也顯不出一個兆。加拿大有位骨料科學專家，發現要把原料浸泡在水中半天以上，才能改變骨的骨質結構，而在一分鐘內燒出一個兆來。因此骨卜不是一般人所能施行的。

現在所謂的甲骨文是指西元前十四到十一世紀的晚商時代，刻在牛肩胛骨及龜甲上的王室貞卜文字，其前時代或其他地區的骨卜絕少刻有占卜的記錄。它們是目前所知、有大量存在的最早中國文字，是研究文字創意及商代社會最重要的資料。

商代的甲骨可能早在隋唐時代就已出土，但不被注意，村農往往於發掘後售給藥店，磨成粉末作為刀創藥。一說金石家王懿榮於一八九九年因病購藥，在草藥中發現雜有刻字的碎骨，辨識出是有價值的古物；一說古董商向王懿榮兜售，才開始高價收購，引起村民競相發掘。三十年之後才有政府有計畫地發掘，終成很多人研究的一門學問。

古人認為骨有神靈，有預知未來的本事，能幫助人們解決困難，但骨頭是不會說話的，只有借助紋路才能把答案顯示出來。根據未開化民族的骨卜習慣和文獻的記載，其諮詢的步驟大致是：首先與骨的神靈作口頭的約定，以什麼樣的兆紋表示什麼樣的意思。譬如說，約定如果兆的橫紋向上走表示肯定的，向下走表示否定的。則骨一經火的燒灼，就可以從呈現的紋路得到是肯定或否定的答案了。

由於兆紋只能以形成的角度做出是與否的回答，問題就只能以是與否回答的形式提出。如今天下午會下雨嗎？應否用燒豬去祭祀某神嗎？複雜的事件就要經過這樣多次的占問，才能得到完全的答案。如以商代的田獵活動為例，就得問可否去打獵？哪一天去好？去哪個地點，甲或乙？何時出發呢？天氣如何？用什麼方法比較會有獵獲？由何人跟隨前去？等等一系列的問題。一次的行動往往要卜二十次以上，有時同一個問題又反覆貞問，每一次占問要經過繁瑣的手續。不用說，這是相當費錢和費時的措施，不是一般人所能從事的。變通的辦法是以一定數目的蓍草，經過或繁或簡的推演步驟，取得單數或雙數的數量，以之作為占斷是與非的依據。這種筮法材料費較省，得出結果快，為一般人所採用（後來改用銅錢，得出結果更快），但也因此被認為不若骨卜靈驗。

商王室貞問的主要內容是祭祀與軍事有關的活動，其他尚有田獵的順利，風雨的有無、天氣的陰晴、農穫的豐歉、出入的吉凶、旬夕的安寧、病疾的痊癒、婦女的生育、官員的任命、做夢的啟示、敵國的入侵、方國的進貢等等項目，觸及商王生活的每一個細節。

雖然占卜的結果並不是商王行事的絕對依據。我們可以理解，占卜贊同的計畫比較容易付之行動。如果有人能夠控制兆紋剝裂的角度，王的行動就會受到約束而達到控制政策的施行，以神權控制政治的目的。從實驗得知，那是可以辨得到的。

我們知道骨頭並沒有預知未來的靈異，占問的結果應該有許多不應驗的。但不知為何商代甲骨文很少有占斷錯誤的例子，很可能所下的占斷相當容易加以附會；如斷書下旬有災祟時，很容易附會任何不順利的事件。但如問風雨的有無，恐怕就不易含糊其辭了。以下舉迄今所知唯一可確定誤斷的記載，貞辭的現代譯文為：「呼師往見有師？王占曰：『唯老唯人，途遘若。』茲卜唯其害，二旬又八日至壬寅，師夕死。」預示老將軍成功達成任務，結果卻是死在旅途。

● 晚商武丁時代（西元前十四至十三世紀）牛肩胛骨上的貞卜文字，此為唯一占斷錯誤的例子。由於事件重要，字中還填上硃砂。骨長二十五公分。

現代楷書	隸書	篆書	金文	甲骨文
骨				

巫師，是神職人員也是醫生

《說文解字》：「巫，祝也，女能事無形，以舞降神者也。」（巫，是向神祝禱的人，巫女可以侍奉無形力量，用舞蹈來請神降臨。）戰國時代以後的人比較不信鬼神，對於用唱歌、念咒、舞蹈以交通鬼神來治病的人，多少帶有一些輕視的味道。但是在古代原始宗教迷信瀰漫的時代，不論中外，能夠與鬼神交通的人是非常受尊敬、享有很高地位的，甚至文明發展的許多項目也得力於他們的努力。

巫並不是遠古蒙昧時代的產物。要到了人們對於威力奇大、而又不能理解的自然界開始有了疑惑與畏懼，出現原始的宗教概念，想像有了神靈後才有的事物。神靈不會直接和我們說話，所以如何把我們的願望上達，如何得到神靈的指示，無疑是很重要的事。如果有人有能力做得到，肯定就會得到大家的信賴和尊敬。但是那時的社會尚無等級，人人的社會地位平等，沒有神靈世界是有組織的觀念。因此被認為有特別能力而與鬼神交通的人，只是業餘的接受別人的請託，沒有特殊的社會地位，不成為一種職業。要等到社會有了等級，產生對別人具有約束力的領袖後，鬼神的世界也才有等級，有了至高的上帝。那時宗教的活動也成了生活的重要內容，才有專業的神職人員，享有高出眾人的社會地位和威望。

黃帝是中國傳說開始具有政府組織的時代，有階級之分，有加強社會規制的人為制度，這時也有了傳說的專業教士。《莊子．應帝王》與《列子．黃帝》都有黃帝時有巫咸的記載：「知人死生、存亡、禍福、壽夭，期以歲月旬日，若神。」（能測知人的生死、存亡、禍福、壽夭，卜算出年月日，準確如神。）還沒有見到巫的時代有更早的傳說。

甲骨文的「巫」（）字，作巫行法術時所用的工具象形；金文的「筮」（）字作雙手以巫形工具演算占卜的動作狀。可知「筮」表示雙手演算蓍草或竹策的占筮方法，「巫」則是以占卜為職業的人，這與《歸藏》「黃帝將戰，筮於巫咸」（黃帝準備上戰場，先請巫咸來卜筮）所說相合。表示以占卜預示未來是巫的最早職責之一。

精靈是人們想像的東西，也有人一般的欲求。要想辦法加以取悅才能降下福祐，或幫助避免災難。但要取得祭祀的最大效果，就要用占卜的方法以確定哪位神靈能給予助力，最好供奉什麼樣的祭品，所以占卜為巫的最早職務也是合理的。中國在五千多年就已發現骨卜，比傳說的黃帝時代稍早，會不會還是業餘巫的時代呢？

巫是有能力幫助他人的人，在古代，巫最具實用的能力是治病。《山海經》〈大荒西經〉和〈海內西經〉等篇都提到：「巫咸、巫即、……，十巫從此升降，百藥爰在。」（巫咸、巫即、……，這十位巫師，從這裡升到天庭或是下到人間，這裡是各種各樣的草藥生長的地方。）「皆操不死之藥。」（手捧著不死藥。）這是因為巫在行巫術時，要使自己精神達到恍惚、狂癲的狀態，才能使自己生幻覺而與鬼神對話。那種境界很難只由唱歌、跳舞得到，還要借助藥力，有時也要讓病人服藥進入恍惚的狀況才能施術。巫對於疾病的反應和治療的經驗遠較他人豐富，很自然由之逐漸發展成為善用藥物治療的醫生。故傳說早期的名醫都具有巫的身分，故《說文解字》說：「古者巫彭初為醫。」（古時候的巫彭，起初是醫生。）以藥物治病的人為醫，以舞蹈、祈禳等心理治療為主的人為巫，這是後代的分法，在商代以前應只由巫來充當。心理治療雖不全屬誑惑，但不像藥物之有必然的藥效。所以到了東周時代，巫與醫的業務就分得很清楚，而《史記．扁鵲列傳》有「信巫而不信醫，則不治」（信任巫術而不信任醫術，則不醫治）的議論。巫也漸漸失去人們的尊敬。

巫的大用應是具有調節風雨的神奇力，故《周禮．司巫》說：「國有大災，則帥巫而造巫恆。」（國有大災，就率領巫官察視先世之巫的舊例。）巫所常從事的是寧風降雨，商代卜辭常問祭巫以寧風，風和雨是相關的，中國以農立國，農業的豐歉與雨量的多寡、和適時與否有莫大關係。華北夏季經常鬧旱災，商代求雨主要用兩種辦法，一是跳舞、一是焚人，所焚的人是巫，不是罪犯或奴隸。卜辭問求雨所焚燒的人都是有名字的要人，而且文獻也記載夏禹和商湯都曾以身求雨救旱。這種方式大概是基於天真的想法，希望上帝不忍心讓他的代理人受火焚的痛苦，從而降雨以解除巫的困厄。但它太殘酷，巫也不想以身試之，所以商代已多用樂舞而少用焚巫的辦法。不過，此習到春秋時代還見提及，《左傳·僖公二十一年》和《禮記·檀弓》都有要焚巫以救旱的記載。看來在古代，巫常有行巫術而喪失生命的危險，包括吃藥而做出危險的動作。

巫在商代不但是個生前有異能、能與神交通、備受尊敬的人，死後也成為神靈而接受祭祀。卜辭提到接受祭祀的巫有東巫、北巫、四巫、九巫等，想見四方都有巫的神靈。到

● 河南信陽戰國初期楚墓木瑟上的彩繪巫師圖紋：上圖是戲蛇。下圖是持法器。

了戰國時代，巫的職務主要仍是舞雩降雨以除乾旱，行法以去病疾，以及在喪事、祭祀時聯絡鬼神，其地位已大為低降。

巫對文化至少還有幾個貢獻，除因主持祭祀的娛神樂舞而發展成後世的戲劇、樂舞等藝術外，文字的使用也經他們的手而加速發展，甲骨文就是他們留下來的占卜記錄。在中國，朝廷的記錄雖由史官負責，其早期應起於巫師的需要。一般人只需記錄一些所擁有的財貨，而巫師還要記載各種神靈的魔力，能與之交通的經文，施行魔術的方法等，這些複雜的記錄一定要有較精密體系的文字才能辦得到，因此促進發展出一套書寫的系統。在西洋，基於同樣的需要，圖書一直由僧侶掌管，成為知識的泉源。

與巫有關的是「祝」（），「祝」在卜辭多作動詞的祝禱講，所祝的對象也以祖先的神靈為主，顯然祝者沒有積極與鬼神溝通的能力，地位也不顯。到了戰國時代，人們迷信的程度減低，祭祀常成為例行的儀式而不具巫術的意味。因此作為王代言人的祝，代王祈禱福祥、順豐年、逆時雨、寧風旱、彌災兵、遠罪疾，一直能服務於王廷，也受人尊敬，不像巫漸淪為不被人尊重，甚至鄙視的職業。

現代楷書	隸書	篆書	金文	甲骨文
巫				
筮				
祝				

利用對鬼神的敬畏來控制人心

對於似乎存在而又不可得見的精靈世界，各個民族都會共同產生一種信仰的行為，既畏懼而又崇敬。中國最早的文字、商代的甲骨貞辭，明顯反映出商代人對於自然界的種種事物，舉凡風雨雷電、山川草木鳥獸、死去的人們都有各自的神靈。其威力雖有大小的差異，但都會給人們帶來災禍或福佑。

對鬼神的信仰至少包含四個要素：不能理解、不能控制、信而有徵、不能妥協。對於不可知的神祕興起疑慮是很普遍的心理。譬如說，有位和尚因對齋房石磬能不敲自鳴而疑懼成病，後來有位朋友發現石磬與附近的鐘聲起共鳴的作用，乃在磬上剉了幾下，以改變其發聲的頻率，從此石磬就不再自鳴，和尚才霍然病癒。古人不了解宇宙運行的規律，見到日月更替，四時的轉移有規律，就容易想像冥冥之中有造化主宰在控制著。當他們看到草木鳥獸的榮枯繁殖，有時也會想像有精靈存寓其中。還有，人們有生有死，也是他們想不通的道理，故而以為萬物皆有神靈。

自然界不但存在著很多不能理解的現象，而且其威力又奇大。颱風來時，拔樹倒屋，人根本沒有能力反抗，怎能不興起畏懼的念頭！不是信而有徵的事物，雖可疑惑人們於一時，但不會長久得到人們深深的信仰。很多自然的現象一經科學原理的解釋，就會失去其神祕感，但是對於不知其道理的人，其現象是有相當的必然性的。譬如海中神仙樓閣的幻境，即起於光學的折射作用，但在沒有科學的解釋前，怎能否認其存在呢？以致秦始皇、漢武帝都要找仙人，求不死藥。又如做夢，已過世的人在夢中宛如生人，醒來時依稀還可回憶，怎會不是精靈的作用？人們對於種種難解現象的附會解釋，有時不但聽起來合理，甚至看起來也確是那樣，因而堅定其信仰。

如果神靈是不能妥協、不能接受好言好語相求的，人們就只好接受其結果，不作任何挽救的嘗試。但是有時於虔誠的祈禱後，希望的事情真的實現，使神道看起來並不是無稽，而是可溝通的。何況有些神靈還是自己的親人，哪裡不會接受好語相求，幫助解決困難呢！

精靈既是人們想像的東西，自也離不開人的欲求和需要。首先它們要有居住的地方，崇拜的人也需要有具體的東西以寄託敬思、訴求需要。於是很多自然的現象與周圍的事物就被聯繫起來，創造很多不同的崇拜物，有的用自然的樹木或石塊，如商代的「社」（土地神）是選取自然的大石塊。有的用這些材料加以賦形，如我們祖先的神主牌，高山族的代表則是祖先的木雕。

既然想像神靈也有人一般的需求，自然要想辦法加以取悅，以期降下福佑，起碼也不降下苦難來，因此產生了祭祀的行為。要想得到祭祀的最高效果，還得確定哪位神靈能給予福佑或解除災難，供奉怎樣的祭品才能取悅它，因此就有占卜的行為產生。從商代的卜辭可以明顯看出，舉凡人們喜好的東西，諸如美酒佳肴、音樂歌舞、車馬貝玉等珍物，甚至人畜，都在供奉之列。

原始宗教既然源於人們對自然界的恐懼、驚異、嚮往與失望等種種心態的混合，需要在心理上獲得安慰與寄託，有心的人就漸漸利用這種形勢導人向善，或加以控制以圖利自己。聰明的人不但想出了神靈寄居的崇拜物，也設計了鬼神的扮相和行為，作為神的代理人，以達到控制別人意志的目的。

鬼既然是人想像的東西，就離不開人的經驗和所見的形象，但為了達到畏嚇的效果，就得與正常人的形象有所差異才會發生作用。因此就根據某種異徵加以誇張，或以異胎取形，而有了與正常形象差別的二頭三腳等各種扮相。表現在商代的文字，如「鬼」字（）是戴有巨大的面具；「畏」字（）除戴面具外，手上還拿著武器；「異」（）字是兩手上揮跳舞的戴面具者。未開化民族的面具，形狀大都恐怖驚人，有異於常人，故「異」字有

奇異、驚異等意義。「褮」（）字的意義為鬼衣，作衣服有多處火光之狀。磷是脆而軟的固體物質，它存在於骨骼中，埋葬後會慢慢地滲透到表面來，易於暴露空氣而氧化，在黑暗處發出碧綠閃爍的光。因為野獸常把屍骨扒出暴露於空氣，暗黑的墳場最容易見到這種燐光，墓地燐火閃爍的事實，無疑會增加恐怖的聯想效果。如果把礦物磷塗在衣物，跳起舞

● 戰國楚帛上的鬼神造形。

來，碧綠的光點左右前後飄動，就會有墳場鬼影幢幢的氣氛。新骨發不出燐光，只有多年的朽骨，其所包含的磷才會暴露而發出光來，故意義為老精物的「魅」字（），甲骨文就作戴面具的鬼，其身上又有閃爍的碧綠燐光之狀。

不但扮相要怪，行為也要異常，才會被認為有神附體。故很多巫師是情緒不穩定的人，尤其是會癲瘋性發病、神經不正常的狂人。那些不正常的行為有時是可學習的，有時就得靠藥物的催眠，使自己達到迷幻的失我狀態，全身發抖，發出低沉的吼聲，口吐泡沫，全身麻醉，不知苦痛，接受常人難於忍受的痛楚行為和不敢做的危險動作，使人相信他們是神的代理，有呼風喚雨、驅邪治病的神力。他們的巫術雖是騙人的，但因親身有使用藥物的經驗，而藥物與病徵的關係也有所發現，遞相傳授的結果就建立了原始的醫學，而傳說中早期的名醫也都具有巫的身分，未嘗不是一種貢獻。

● 南美洲馬雅的巫師形象，他戴著面貌奇異的長鼻神面具。

現代楷書	隸書	篆書	金文	甲骨文
鬼	鬼			
畏	畏			
魅				
異	異			
褮				

夢境是眞還是假？

夢是入睡後腦中出現的表象活動，是人人都曾經有過的奇妙經驗。對於夢產生之科學研究，是從上一個世紀才開始的，而比較有深刻了解，還是近幾十年的事。因此在對夢沒有深刻了解前，如果一個民族對夢的起因和後果有好像迷信的看法和應對，是不值得大驚小怪的。有的認為夢是現實的反映，有的認為夢是事情將發生的前兆，應該盡快去做夢到的事。由於各種不可思議的情景都可以入夢，尤其是已過世的人在夢中宛如生人一般，故古人普遍認為夢是精靈的感召，在給人某些啟示，所以普遍有重視夢徵的現象。古代中國人對於夢有些什麼看法，與其他民族有無不同，也是有趣的問題。

中國對於夢的記載，最早可以追溯到商代，甲骨貞辭在早期常因做夢而問卜，其夢中出現的有祖先和自然的神靈、死老虎、白牛、活著的人等不一而足，充分反映其生活的經驗。甚至有一次商王因夢而遺尿，也求問而見於莊嚴的占卜，可見商人對做夢一事的重視。

甲骨文的「夢」（）字作一人睡臥於床上，眼睛卻睜得大大的，好像有所見之狀；另一形的眼睛部分被省略，床上的人只剩下眉毛及身子。在商代或以前，一般人睡在地上所鋪的草薦，床是為臨死的人預備的停屍所，並非日常睡眠或生活起居之用。夢既是人人平日皆可經驗的事，為什麼要以睡在停屍的床上表意而不是薦上呢？它可能是有原因的。

很多人相信，病危的人比較容易做夢，如《論衡．死偽》：「人病，多或夢見先祖死人來立其側。」（人病了，或者多會夢見先祖死人來站在他的身旁。）《晏子春秋．內篇雜下》：「景公病水，臥十數日，夜夢與二日鬥，不勝。」（齊景公罹患腎臟病，臥床十幾天了。有天夜晚，他作了一個惡夢，夢見和兩個太陽爭鬥，最後被打敗了。）在戲劇上，我們也常看到臨死的人會托夢給遠地的親人交代一些未了的事情，或向有關的官員申冤。故古人很可能有意以病床去創造做夢的字。

● 商代甲骨刻辭，問武丁夢到白牛是否有災禍。

而且做夢的人恐怕也不是一般人。《莊子．大宗師》有：「古之真人，其寢不夢，其覺無憂，其食不甘，其息深深。」（古時的真人，睡覺時不做夢，醒來後沒煩惱；飲食也不求美味，因此呼吸格外深沉。）我們都有經驗，心理有壓抑時比較容易做夢，故說日有所思夜有所夢。研究者說我們天天做夢，但很多人都記不得夢的內容，尤其是熟睡的時候。古代社會較單純，少煩憂，因此所記得的夢恐怕要比現代的人少得多，莊子所謂的真人無慮，故也無夢。當古人遇有重大事情需要決定時，如出獵、遷移等，有些民族，如商代的人就會用占卜的方法向甲骨乞靈。但如果該民族有夢境是鬼神向人們有所指示的信仰時，就會乞靈於夢境的指示。對於古人來說，做夢還能記得住夢境，並不是人人經常能發生的，故有些部族以挨餓或服藥，讓身體虛弱或精神恍惚而強制發起有如做夢的幻覺。我們把覺醒時做出帶有視覺性的空想叫做白日夢，也是基於同樣的經驗。作為一個部族領導人的巫師或酋長就擔當求夢的人，也許甲骨文的「夢」字特地把做夢者的眉毛畫出來，就是要表達做夢是巫師經常擔當的事，他們臉部作了化妝，一如「履」字（見一八一頁）作穿鞋子的人、也是有眉毛化妝的巫者。

商代的人認為鬼神的作祟可以引起疾病，他們認為夢和鬼神有關，是種精靈感召的現象，所以也可能導致生病。見到「多鬼夢，唯疾見？」「王夢子，亡疾？」等一類的問病貞辭，與很多半開化的部族一樣，顯然相信夢能引起疾病。從卜辭知可引起做夢的有多鬼、父乙、大甲等或親近或疏遠的神靈，由於他們認為夢是種神靈的啟示，所以要用占卜的方法探明到底是災是福，還是探明用什麼辦法去禳除。商代的「御」是種去除疾病的積極辦法，乞求鬼神去除災禍的根源，徵以原始氏族的作法，禦除的具體作法不外是供奉祭物、祈禱及舞蹈，這種習慣保持到春秋時代。如《左傳》記載晉景公夢大厲被髮及地，破壞大門及寢門而入於室；衛侯夢見人登昆吾之觀，被髮北面而噪。他們都請巫師來問是何神怪作祟。秦漢之際的《日書》也談到夢由鬼神而起及其病徵，惡夢要以咒語、法術去禳除。中國對於疾病的治療，自春秋以後即漸信醫而不信巫，有「信巫而不信醫，則不治」的議論。但因夢引起的病疾就不能不延請巫師，全因為相信夢是鬼神引起的，不能不採用心理的治療。

做夢不一定會引起疾病或導致災禍，有時鬼神的指示會帶來很大的利益。譬如《史記．殷本紀》記載商王武丁夜夢得聖人，以夢所見訪求，得傳說於一建築工地，他舉以為相，商朝因之大治。這是大家很熟悉的故事，是商人相信夢境有徵的好例證，所以很多人還是相信夢是種預兆。約是西元前三世紀的著作《春秋左傳》就記載了很多夢境，巫師對夢境所占的吉凶也往往應驗，雖然可看作是作者特地選擇有應驗的故事而加以敘述的，但也可反映當時人普遍對其深信的態度，以及此傳統的深遠。《禮記．檀弓上》有：「子曰：……『予疇昔之夜，夢坐奠於兩楹之間，……予殆將死也。』蓋寢疾七日而沒。」（子曰：「……昨晚我夢見自己坐在正廳中的兩根柱子間，……我應該是快死了吧。」孔子說過這番話後病了七天就去世了。）連不語怪力亂神的孔夫子都相信夢徵，其他大眾就不必說了。因此我們常見古代的英雄人物，都記載其母親是夢到什麼異徵而懷孕的。雖然我們知道很多是成名後才捏造出來的，如果沒有這種觀念，就不會這麼造假了。江淹大概也因為後來寫不出好詩，就說夢中把五色筆還給郭璞了，以致喪失文才。

不但是古人，就是現代的科學家，並不完全視夢為無稽，有時苦思不得的問題，反而在潛在意識的時候悟得。如德國化學家奧古斯特・凱庫勒（Friedrich August Kekulé von Stradonitz）夢見一條銜著自己尾巴的蛇，悟到苯分子式的環狀結構；諾貝爾得獎者奧圖・勒維（Otto Loewi）也說用蛙的神經做實驗是得自夢的靈感。

現代楷書	隸書	篆書	金文	甲骨文
夢	夢			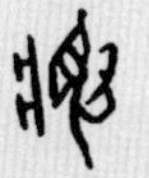

追尋長生不死的夢想

許多事情不可一概而論，從不同的觀點，可以導致不同的是非和價值結論。譬如說，希望長生不死是愚蠢的夢想呢？還是值得讚揚的前進思想呢？表面上看，人壽有限，新陳代謝是自然的規律，若作不切實際的夢想，不是呆子是什麼？但是一深入思考，恐怕就不容易下斷語了。

生老病死是人生不可避免的痛苦，但是經過多年來投入大筆經費、從事解除病痛的技術和藥物的研究，現在已有小成，更換器官以延長壽命，已不是難事，由之再進一步，並非絕不可能的事。因此當我們讀到中國古代有段相當長的期間，人們熱衷於不死的探索時，便不能輕率地以無知視之，還得從正面來看問題，因為人們不會作無根據的幻想，沒有成效的東西是不足以取信人的。古人突然興起不死的念頭，我們應該探索，到底是什麼現象使他們作如是想？

長生不死的念頭是何時開始的，可以從古代青銅器的銘文看出痕跡。大部分的三代青銅容器是貴族們為祭祀的目的，或誇示榮耀而鑄造的，常以銘文記述鑄器的原因及鑄器者的願望。西周時代的銘文以「子子孫孫永寶用」為最常見，只希望其財富、榮耀能代代傳下去，並沒有祈望生者得長壽或永生，因為那時的人曉得那是不可求的事。但是到了春秋時代，像「眉壽無疆」、「用祈壽匄永命」、「萬年無疆」、「用祈壽老毋死」等一類辭句大量出現，轉而希望自己活得長久，它意味著長壽似乎已變成可期的事。

古代的醫學水平與今日相差太遠，他們尚無診斷病因之能。就以商代的水平來說，雖

春秋時代的齊侯鎛鐘，銘文有「用祈壽老毋死」希望長生之句。

已使用草藥治病，但對於致病原因不明的內科疾病，大都向神靈求助，人們受病痛的折磨很繁劇。那時的平均壽命很短，如依墓葬死者年齡的統計，西周時代活到五十六歲者，只占百分之七而已，再加上物質的條件差，生活艱苦，享樂不易，所以人們普遍沒有要活得久的念頭。以致有人到老弱時，甚至要求家人早日將之打死，以便投胎新生，並不留戀人間的生活。

春秋時代突然希望長生的轉機，大半是因某些新事物的出現，那時活到七、八十歲的時有所聞，使人可以預期較長的壽命。春秋是中國醫學進入一個新境界的時代，在其前，治病醫疾是巫者的任務，藥物只是巫術治療的輔助。但是從《左傳》的記載，可以知道春秋時代巫與醫的職務已分得很清楚。如西元前五八一年，晉侯夢見大厲披髮及地，破壞門戶，強行進入室內，受此驚嚇的晉侯就召請桑田巫來解夢；不久病了，卻請秦國的醫生來治病。又如西元前五四一年，另外一位晉侯也生了病，他先請卜人問是何物作祟，於得知何物作祟後，還是請來秦國的醫生來治療。

春秋時的醫學研究已有一定的成就，例如確認藥物有減輕病痛的效果，醫生用藥較之巫祝用祈禳的方法來得有效等，所以有「信巫而不信醫，則不治」的議論，這使得人們開始去探索長生不死之道。到了戰國時代，更進而嘗試煉製不死之藥，如果當時的藥物沒有可期的療效，相信人們不會突然興起借重藥物以達長生的奇想。

史載秦始皇曾數次求取仙藥，最著名的一次是派遣徐福帶領數千童男女入海求仙的事件。大部分的人都把這事當作表現秦始皇個人愚昧無知，妄想延長生命的最佳例子，而忽略了它的時代背景。秦在七國中可能是醫學最進步的，上文曾談到兩次晉國的國君有病，請的都是秦國的醫生，如果秦國沒有好的醫學傳統，怎麼會如此一致取得晉國宗室的信任呢！還有，荊軻受燕太子之託，在秦廷刺殺秦王時，群臣無解救之策，終賴侍醫以醫囊襲擊荊軻而解危。可見秦廷很重視及時醫療的時效，才在朝廷駐有醫生以防急症。在這種情況下，秦始皇數次相信方士的獻策，是因為當時有療效良好的藥物，且人們普遍相信世上還存有令人長生的藥物，了解這些背景後，就不應嘲笑他這樣易於受蠱惑了。

何況秦始皇的求仙也不是偶發的事件，其後的漢武帝被方士欺騙的次數更多，還建造百公尺高的樓臺以接近神仙。到了魏晉，甚至是唐代的知識分子，還不以前代的失敗為戒，積極地煉製長生不老藥。晉代很多名士服食寒食散，那是一種用鐘乳、硃砂等礦物煉製的藥散，食後身體發熱，不但要穿單薄涼快的衣物、吃性寒的食物，還要快步行走以助身體散熱。

有些藥物發生藥效時，身體會有不同的反應，或昏昏欲睡，或精神奮亢、恍惚，後者常讓人生幻覺而有成仙的感覺。事實上，很多半開化部族的巫師已很了解這些藥性，他們不僅讓病人服用，自己也時時服食，以達精神恍惚的境界，從事很多平時作不了或有所恐懼的動作。從魏晉人士服食寒食散，說它「不惟可以治病，亦覺神情開朗」這一現象來看，我們可以了解古人所想像的升仙虛脫感，就是來自迷幻藥一類藥物的效果。它可能讓服者覺得身輕，飄飄然欲飛，有如置身於另一個世界，而有再進一步仙道可及的感覺。但是往往增多藥量以突破障礙而希望得道成仙時，毒發身亡，釀成悲劇。

實驗是一切科學的根本。古人發現許多東西有療效，希望獲得長生之道。雖然其最終目的沒有達到，但在探索的過程中，卻一定會連帶地發現很多東西的物理性和化學變化，而奠定中國醫學的重要基礎。《神農本草經》和《黃帝內經》的編纂成書，就是這個過程的結果，因此對於長生不死的探索，也並不是沒有科學的、有益的一面。

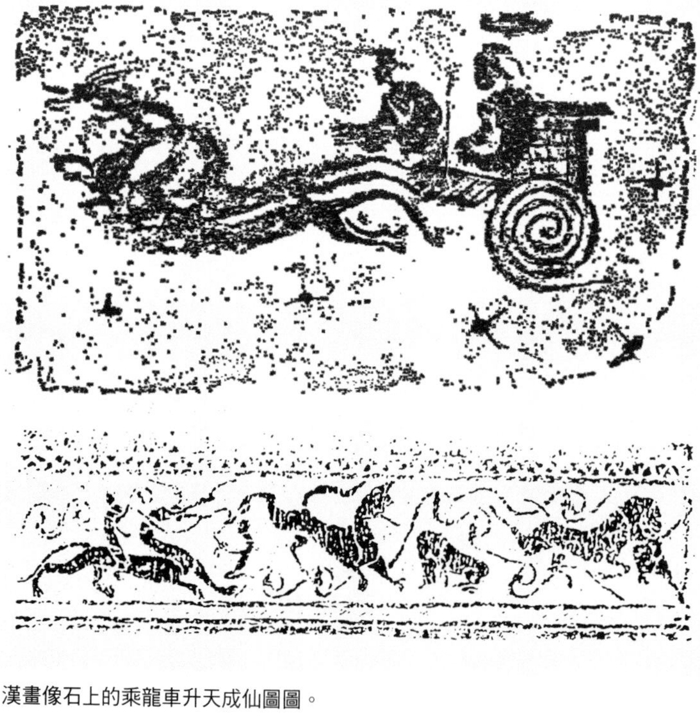

● 漢畫像石上的乘龍車升天成仙圖圖。

現代楷書	隸書	篆書	金文	甲骨文
老	老			
死	死			（正常死亡）（非正常死亡）

舞蹈，從祈雨轉為娛樂

娛樂是現代生活所不可缺少的，也是人們於勞動之後，順應生理及心理的需要，為幫助恢復體力疲勞，以舒展心情、交歡結好而產生的活動。它的形式有清歌、吹奏器物、投手踏腳，或玩球運動。但古人甚少有歡愉自己的心思，所以很多活動今人看起來極富娛樂性，原本卻是另有目的，後來才慢慢演變成娛樂的項目。

「國之大事，在祀與戎。」（國家的大事，在於祭祀和戰爭。）古人為達成祭祀與戰爭的任務，常不遺餘力、全力以赴。漢代把娛樂的節目大致分為兩類：一是有教養作用的雅樂，一是以娛人為目的的百戲。前者源自祭祀，後者來自軍事。現在談樂舞的發展。

樂舞包括音樂、歌唱和舞蹈，三者的關係密切，手舞足蹈是情緒的自然反應，音樂節其拍而歌唱則述其內容。《禮記．祭統》說：

夫祭有三重焉，獻之屬莫重於祼，聲莫重於升歌，舞莫重於《武宿夜》，此周道也。

（祭祀有三個最重要的節目：在奉獻祭品活動中，沒有比祼禮更重要的；在歌唱演奏活動中，沒有比登堂歌唱更重要的；在舞蹈活動中，沒有比《武宿夜》之舞更重要的。這是周代的規矩。）

禮儀如無歌舞，氣氛就太沉悶。巫是祭祀的施行者，也是樂舞的創作者。故王國維曾說：「歌舞之興，其始於古之巫乎？」（歌舞的興盛，起源是否來自古時的巫？）

「舞」（）字在甲骨文作一人拿著牛尾一類下垂，如圖的持舞具在跳舞之狀。在商代以前，跳舞的目的因無文字記載，難於考察。甲骨刻辭提到舞時，十有九次都提到雨，其祭祀的對象也都是商朝的人相信可以幫助降雨的神，因此舞字經常在舞者的頭上加雨點，表明其特別的功能。

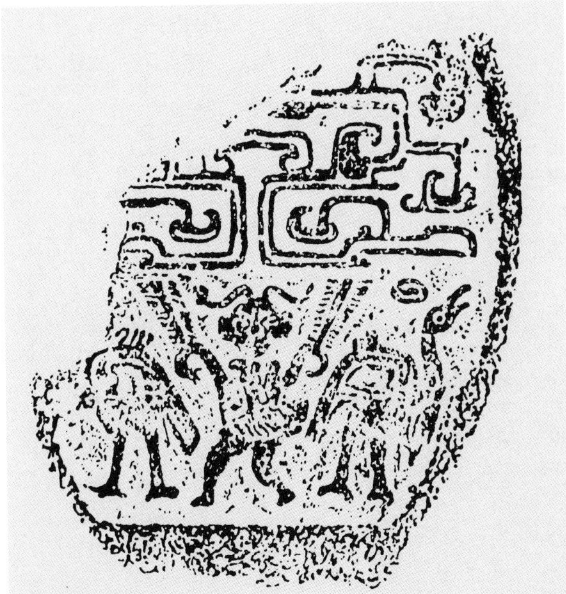

● 河南輝縣出土戰國時代殘銅壺上的持舞具的舞者圖紋。

雨是灌溉水利未大興前最重要的農業用水來源。降雨是主政者最關心的事，祈雨之舞是最富有實用意義的。祈雨舞本是乾旱季節時舉行的嚴肅的宗教儀式，參與者憂心忡忡，唯恐他們的虔誠感動不了神靈，下不了雨，但後來卻演變成季節性的例行娛樂活動。就是在雨量充沛，不怕乾旱時也要舉行，而且參加者還充滿歡愉的心情。如《論語．先進》記孔子問弟子們的志趣，曾點答：「暮春者，春服既成，冠者五、六人，童子六、七人，浴乎沂，風乎舞雩，咏而歸。」（在暮春三月的時候，穿上春裝，成年的有五、六人，未成年的有六、七人，一起去沂水游水，然後到舞雩臺上吹風，最後唱著歌回家。）語氣明顯表示那時的祈雨舞雩，已是娛樂的成分多於祈雨的宗教意味的盛典了。

甲骨貞辭經常與舞同現的是「奏」（）字，作雙手捧舞蹈道具一類的東西有所表演之狀。可能「舞」指祈雨舞蹈的專名，「奏」則是娛樂神靈的他種舞蹈或音樂。商代的「奏」往往加有形容詞，如盤奏、美奏、商奏、新奏、嘉奏、各奏等繁多的名目。商代尚不見謳歌一類的字，不管奏是種樂舞或樂曲，必是與音樂成分有關的活動，從奏的名目這麼多，可以想見其時創作的豐富。《史記．殷本紀》對帝紂愛好歌舞新聲的描寫：

> 使師涓作新淫聲，北里之舞，靡靡之樂，……大聚樂，戲於沙丘，以酒為池，縣肉為林，使男女倮，相逐其間，為長夜之飲。

（讓樂師涓創作放蕩的樂曲，北里的舞蹈，淫靡的音樂，……他在沙丘聚集很多歌舞藝人，蓄酒為池塘，懸肉為樹林，讓男女裸體相互追逐，通宵達旦地飲酒取樂。）

看來是有些真實成分，不完全是後人的想像。商代的舞容到底如何？我們可以間接從下列幾個字得到印證。甲骨文的「鬼」（見二九九頁）字作一人戴有巨大的面具狀，「畏」（見二九九頁）字則戴面具者尚手持一把武器，「魅」（見二九九頁）字則作戴面具者身上塗有黑夜發出閃爍燐光的磷之狀。知道巫跳的舞有化裝、有舞具、有音樂，大致也有故事的內容，比較具體的可以從周代的樂舞去比照。

《禮記．明堂位》：「開歌清廟下管象，朱干玉戚，冕而舞大武。」（從《清廟》展開演奏，舞者舞出管象，紅色的盾牌、玉飾的大斧，舞者手持著舞出《大武》。）大武的具體描寫見於《禮記．樂記》：

> 總干而山立，武王之事也。發揚蹈厲，大公之志也。武亂皆坐，周召之志也。且夫武，始而北出，再成而滅商，三成而南。四成而南國是疆。五成而分周公左、召公右。六成復綴以崇。

（從《武》的細節上說，舞者手持盾牌，穩立如山，這象徵武王的威重之容。舞者舉手頓足，威武雄壯，這象徵太公的必勝決心。《武》舞表演到最後，演員都跪了下來，這象徵周公、召公的以文治替代武功。再從《武》樂的表演過程來說，第一節象徵武王北出孟津等待諸侯會合，第二節象徵武王滅商，第三節象徵回師向南，第四節象徵南國歸入版圖，第五節時舞者分為兩列，這象徵周公和召公一左一右輔佐天子，第六節時舞者回到表演開始的位置。）

很明顯大武是種具有故事內容的歷史劇，它有道具、化裝、音樂、歌唱。

甲骨文的「武」（）字作一把戈及一個腳印，可能就是表現這種持戈盾的舞蹈，以炫耀武功的成就。西周燕國墓地發現一銅勾戟，上有銘文「郾（燕）侯舞戈」之銘；湖北荊門出土一把有「大武開兵」銘的銅戈，戈上還有手持如蜥蜴之舞具的化裝

● 圖110　戰國銅鑒上的宴樂紋，右上部為持武器舞蹈的大武一類之樂舞。

舞者花紋，都可佐證「武」是種持舞戈的舞。商代有倒夏拓疆的赫赫歷史，與洪水奮鬥的艱辛歷程，商末的帝乙、帝辛也都有克夷的武功，肯定會編成樂舞以享祭祖先。不用說，這種含有誇耀及鎮懾說教意味的樂舞，才是舞蹈的最初面目，是種政治的手段。故周代把樂舞納入教育的項目，想以音樂的直、寬、剛、簡四種德性去教育學子。

說教意味的東西大都沉悶，不活潑，不易為一般人所接受，故漸漸為具有情趣並可舒展心情的東西所取代。故有魏文侯「端冕而聽古樂，則唯恐臥；聽鄭衛之新聲，則不知倦」（我身服兗冕，恭恭敬敬地聽古樂，卻唯恐睡著，聽鄭衛之音，就不知道疲倦）的記載。音樂本是嚴肅的敬神的方式，大概帝紂移以娛樂自己及賓客，所以得到荒淫無道的種種惡名，其實從甲骨刻辭及早期文獻，都可以看出他也建立了不少的武功，商之被滅，因素多端，不能歸罪他的愛好新聲，因為那是人情之常，且不止他一人而已。

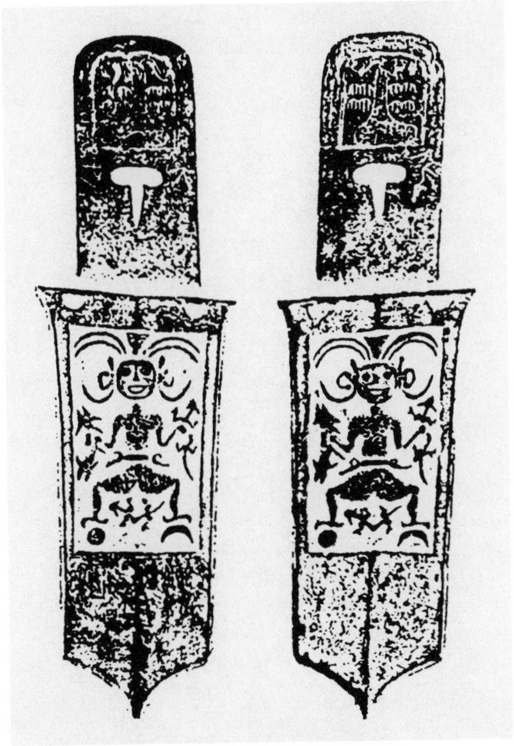

● 湖北荊門出土有「大武開兵」銘的戰國時代巴蜀舞戈，戈上有盛裝舞者持蜥蜴跳舞之紋飾。

所以春秋時代以來，以樂舞娛樂賓客或王侯的事就普遍流行於諸侯貴卿之間。一九七八年在湖北隨縣發掘一座戰國初期曾侯的墓葬，出土很多的樂器，只舉其中一座三層L形木鐘架，其上懸掛了分成五組的四十六件甬鐘和三組十九件鈕鐘，就可以印證《左傳》所描寫飲宴伴以樂舞的盛況了。如此越來越普遍，連士階級的鄉飲酒、鄉射等禮儀也都要以音樂助興。到了漢代，娛樂的節目增多，流行普及，宴樂就成了墓像石的一個重要描畫題材，以樂舞娛樂他人的職業組團也散見於漢代的文學著作了。

現代楷書	隸書	篆書	金文	甲骨文
舞				
奏				
武				

銅鐘的演變

廣義的鐘是種利用中空而質地堅實、共鳴好的物體，使振動而發聲的器物，它可以是用角、木、玻璃、陶等材料製作，但最常見的是金屬。它可以由外敲擊，也可以於內懸舌撞擊；它可以拿在手中，植於架上或懸空使用。橫斷面的造形可以有圓、方、矩、橢圓、多邊，邊緣有齊平、曲弧、花邊，體有平直、內掩、外張等多種形式，若加上鐘體上所加的裝飾花樣，則變化更多，因此有鈴、鉦、鐃、鐸、鐘、鎛、鑼等各種名稱。張繼的詩：「姑蘇城外寒山寺，夜半鐘聲到客船。」（姑蘇城外的寒山寺，在夜半時敲響了鐘，鐘聲傳進了我停泊在岸邊的小船裡。）作為寺廟、城樓報時之用的鐘聲是後世人們最常聽到的。但在古代，它曾一度為很重要的演奏樂器，且是種地位的表徵。

竹節和牛角是自然中空的器物，人們肯定很早加以利用，但其聲音單調而不悅耳，難作伴歌演奏之用，開始時大半用以告警或宣告。後來用泥燒、銅鑄，音調才悅耳，音響效果也好，就不再用竹節、牛角。銅鐘既是繼竹節、牛角之後的發展，其最先的用途應也是宣示而不是奏樂。「金鼓」一詞常被用以表示軍事的行動，金即青銅鑄成的鐘，鼓聲短促有力，激勵士兵前進。鐘聲則宏亮而及遠，是通知部伍撤退的信號，故《左傳．莊公二十九年》有：「凡師有鐘鼓曰伐，無曰侵，輕曰襲。」（凡是出兵，擊鼓撞鐘稱「伐」，不擊鐘鼓稱「侵」，輕裝突進稱「襲」。）可以了解銅鐘之興是有大規模組織之後的事。在外國，鐘的主要用途也是發出信號，譬如召集人們祈禱、宣告事件、慶祝、哀悼或報時等。鐘聲的聲響結構複雜，現代才弄清楚，鐘聲包含一系列的泛音，定音較困難，不利於大型的合樂。因此它之被利用於樂奏不但晚，恐怕初時也只有類似的用途，譬如預示舞蹈即將開始、結束，或轉換舞節等，故有「凡樂舞必振鐸為之節，舞者視以為容也」之說。

中國發現最早的鐘形器是四千七百年前的有舌陶鈴，高九公分，和商代遺址常見的小銅鈴一樣，只是增儀容的懸掛物裝飾或小童玩具，不具宣告大眾之用。鐘體內容受空氣多，聲音才會大而及遠，具有對大眾宣示的效果而可應用於軍事或樂奏，才

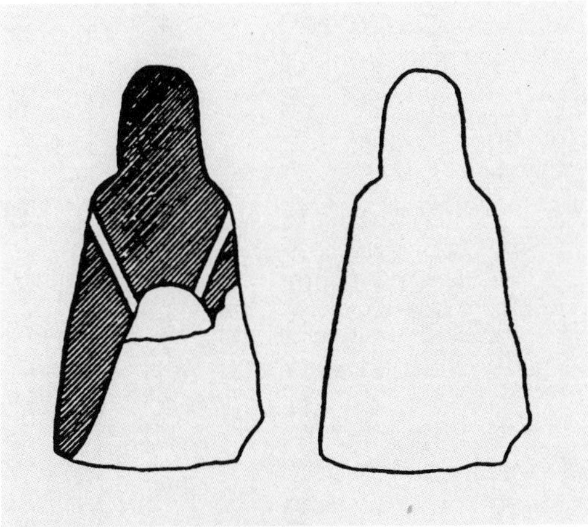

● 四千七百年前廟底溝期的陶鈴。

會被貴族重視而多加鑄造。具有這種效用的中型或大型鐘，首見於商代手持的或豎立於架上無舌的鉦與鐃。大的鐃重達二百多公斤，難移動，固定於架上或植於土中，用粗木棍敲擊。持在手上的大致高十幾公分，重約半至一公斤；有輕至一百多克的，恐怕是明器，不具實用。

鐘的音調因形制和厚薄而異，古人雖然沒有辦法定其音調，一定覺察有音程的差異。一旦到了注重音響效果的時代，自然會選擇不同音程的鐘給予演奏。商代漸注重樂奏的效果，發現不少三件成組的，但最多是五件，因保存條件不理想，大多不經測音。但從尺寸看，恐怕難組合成套的音階。其中有一墓出土三件編鐃，有三名十一、二歲的小孩殉葬，暗示三人各持一鐃而不是三鐃，插於架上由一人演奏。它不但浪費人力，也難取得協調。故後來改良成鐘口朝下，橫列懸吊式的，一人敲擊多件，省人省事。

商代尚不見大型懸掛的鐘，甲骨文的南（）字作一個用繩索懸吊著的鈴形。南被使用於方向的意義，或以為懸掛式的鐘流行於南方，或以為在大型的演奏中，鐘樂習慣陳置於南面。如《儀禮．大射》有：「其南笙鐘，其南鎛，皆南陳。」（南邊是笙鐘，笙鐘的南邊是鎛，都靠近南邊陳設。）鐘樂在商代，因為音程少，只可能是節奏性的配樂，不是樂章的主調。到了西周，一來是改用懸掛的方式，二來大概是較了解鐘體與音調之間的關係，可以鑄造符合一系列音調的鐘。《考工記》說明鑄鐘的要點，太厚則聲不發，太薄則聲散，口太張大則聲迫，內弇則不舒揚，甬長則聲震不正，體大而短則聲疾而短聞，小而長則聲舒而遠聞。之外，鐘與鎛大都有小長形穿孔、挖刻或焊補等校音的痕跡。至西周晚期逐漸發展成十幾件音調各異的編鐘，足以演奏主旋律，合眾音，故被名之為和鐘或歌鐘。甚至也為行旅出征的目的，也鑄有量輕、音程較少但成套的行鐘。

有舌的鈴鐘因舌會擺動，還要控制它不作多餘的撞擊。若作為主旋律，恐怕時間上難控制合宜，而且能控制的數量也不多，所以演奏用的絕大多數無舌。雖然出土有大小有差的多件鈴鐘，數量有高達八十五個，但尺寸都很小，也不是大小相次有序，恐怕各鈴間沒有一定的音階，只能當伴奏的地位，與編鐘主奏的作用有別。

中國古時演樂的鐘，筒體幾乎一開始就鑄成扁橢圓的形狀，與其他民族鑄成渾圓的很不同。鐘聲由

● 戰國銅杯宴樂圖紋上演奏編鐘、編磬的情況。

協合泛音和比較高的不協合泛音組成，圓形的不管敲擊點何處，振動的模式都一樣，只能發一個協合泛音；但扁圓形的，擊在隧部與鼓部的振動模式就不一樣而可發不同的泛音。一九七八年在湖北隨縣發掘一座戰國初期曾侯墓葬，出土很多的樂器，其中一座三層L型木鐘架，上頭懸掛了分成五組的四十六件甬鐘和十九件的三組鈕鐘。每一鐘在敲打部位的隧部和鼓部，都分別刻上定音的銘文，它齊備可供旋宮轉調的十二個半音。證實中國人把鐘鑄成扁圓，是為了使每一個鐘都可以敲出不同的兩個音階。根據測量，一枚鐘的兩音音差大多數是小三度與大三度，二度的次多，四度以上就很少了。一鐘兩音可以減少演出場地的需要，演奏者也可悠閒地敲打，不用有太多的移動。

鐘是東周時代樂隊的重要成員，因鑄造費用高，笨重不易移動，是屬於貴族階級的音樂。隨著階級表徵的禮樂制度崩潰，鐘樂也沒落而被輕便的管弦樂所取代。鐘又恢復其原先的宣告作用，被鑄成更大、上千公斤的巨物，巍巍然懸於寺廟或城樓。

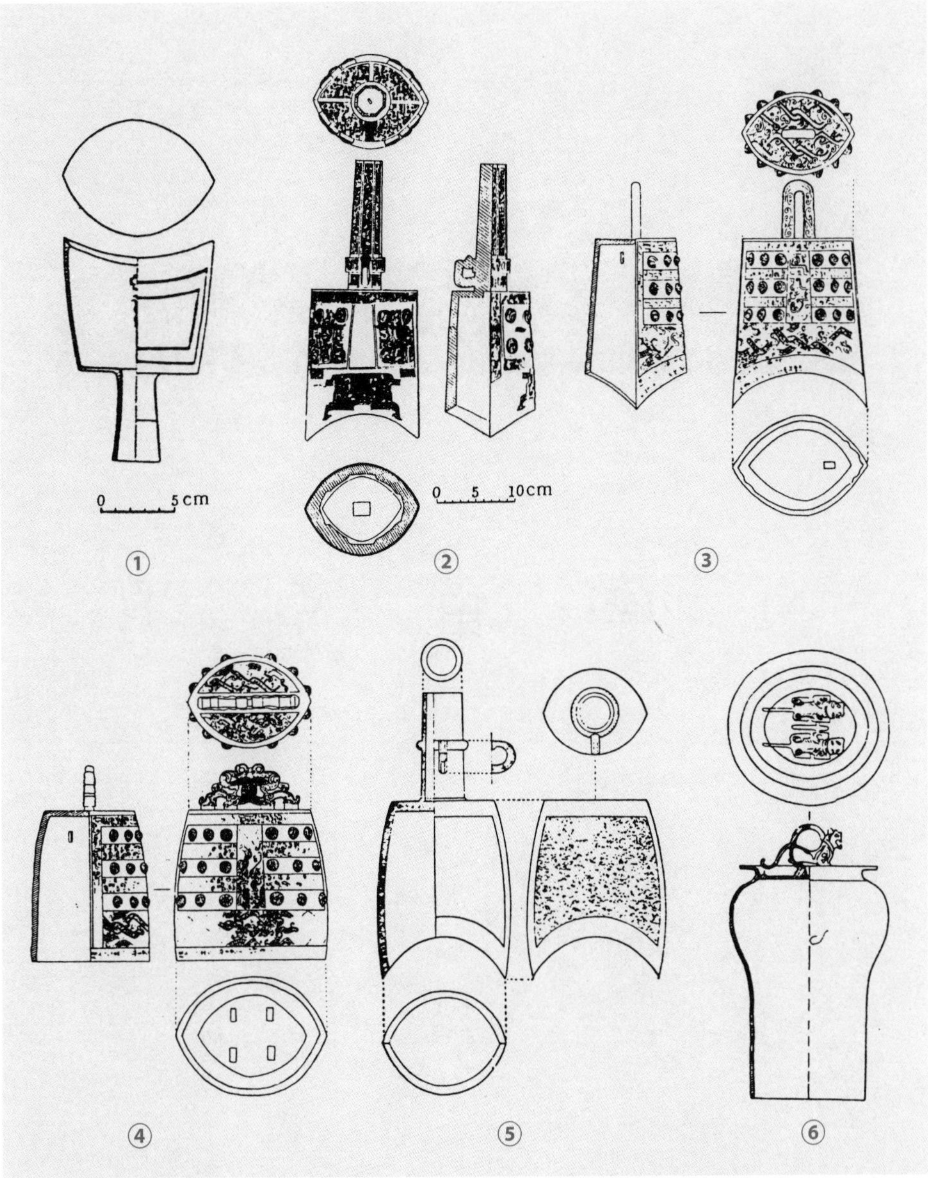

● 舉一些中國古銅鐘的形狀：①晚商手持的鐃。②戰國時代的演奏用甬鐘。③戰國時代的演奏用鈕鐘。④戰國時代的演奏用鎛鐘。⑤秦俑坑出土的軍用鉦。⑥戰國時代軍事用途的錞于。

現代楷書	隸書	篆書	金文	甲骨文
南				

石磬，代表集合的音聲

磬是種扁平石板的敲打樂器，它是後世常見的裝飾八寶圖案之一。沒有人沒有不喜歡吉利的兆象，中國語文是單音的，方便尋找同音的事物以切合人們喜好的事物。譬如以蝙蝠切福字、鴨切高中甲第、磬切慶字，故年畫常以戟和磬切吉慶，魚和磬切餘慶兩字。這種習俗起碼可以追溯到三千多年前商代以魚形製作磬板，除美觀因素外，大概還有取得慶有餘的吉兆。

樂器的分類，主要根據所用的材料，有所謂八音，即金、石、絲、竹、匏、土、革、木等八種材料。石即指磬，古代經常以絲竹，或金石概括音樂。絲竹是管弦樂器，多偏重娛樂性情演奏的俗樂；金石的鐘與磬為敲打樂，偏重嚴肅氣氛的廟堂雅樂，不是一般宴會場所演奏的樂器。

甲骨文的「磬」（）字作手拿著木槌敲擊懸掛著的石磬狀，石是後加以明其製作的

材料。石磬的聲調舒揚，頗悅耳聽，故甲骨文的「聲」（ ）字作耳朵聆聽磬樂之狀。石頭是不易腐敗，人類最早利用的素材之一。打擊樂是最先發展的樂器，磬的造形簡單，製作容易，其聲調又悅耳，出現的時間似應該甚早。但是目前所知的考古資料，最早的實物見於約是西元前二千年的遺址，較之發現於八千多年前遺址的骨笛，六千多年前河姆渡骨哨和半坡陶塤，都晚了幾千年。

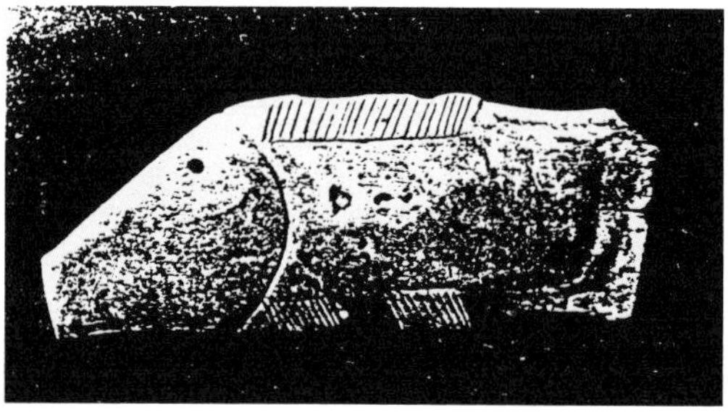

● 上圖　西元前十六至十一世紀，商代雙面魚形灰石磬，相傳安陽出土，長二十五點四公分。
● 下圖　安陽發掘商代磬架的復原圖。

初期的樂器都是為了勞動、祭祀、禮儀等需要而製作，後來人文興盛才轉化為娛情之用。早期的石磬製作簡單，只是塊鑽孔可懸吊的普通石塊，沒有磨平，不具一定形狀，定音效果不好，比較不會起於作樂的目的。磬聲能及遠而不煩躁，後世廟寺常備之以為召集人員作課業，或告知時刻之用，因此磬的製作可能來自警告入侵的敲打器，是基於軍事的需要。爭端因經濟掠奪行為而加劇，是國家組織建立前普遍發生的現象，磬的出現與中國進入國家階段的時代相當，恐怕有點關係。江淹〈別賦〉：「金石震而色變，骨肉悲而心死。」（磬的震響嚇得人們臉色陡變，親人悲慟得心碎而死。）即反映它在後代還與軍事有關。

中國隨葬物重禮儀及生活用具，不重視舞器。磬大都是石製，製作費不高，應是人人都有能力隨葬的。但春秋時代發現有石編磬隨葬的都是大墓，且地位往往高於有造價高的銅鑄編鐘，可知磬地位之高，不在其造價，而是其社會功能，暗示它是某種權威者才用得著或能使用的東西。《淮南子．氾論》說禹以五音聽政，懸掛五種樂器以待四方之士，如要告以憂就擊磬。除說明樂器本來有奏樂之外的政教實用意義，還暗示磬是作告知憂患的用途。大概它警告有憂患之事，如敵人來侵、水災、火災等，召集人員以應變亂。

磬的初形近於各種農具，有像犁的一頭尖小一頭寬圓，有像鋤的梯形，像鐮的扁長。春秋以後則已發展成有股並有鼓的L形，絕不類農具。但晉代人知其取名與犁壁之形有關，故學者建議其創作的靈感來自以鋤頭挖土時，敲到石塊而發出悅耳的聲響。或人們歌唱手舞足蹈時，偶而敲擊到放置牆邊的石鋤，發出悅耳的聲響，故經常於喜慶借之助興，後來人們才依其形製作有孔可以懸吊的專用敲打器。

磬聲調的質量受石頭質地的影響，粗糙鬆軟的石頭敲不出清脆的聲響，要質地縝密的才能發出清越、傳送長遠的樂音，故硬度高的玉是製作磬的好材料。玉在商周時代是貴重的材料，主要以製作小件的裝飾物或禮儀用器。磬的形體大，如以玉製作，費用就太高，故一般用石灰石或青石製作。《尚書．禹貢》說徐州所貢有泗濱浮磬，商代婦好墓的石磬有「妊竹入石」的銘文，也表現對磬製作石材的重視。但商磬有滿布雕刻的花紋，對音響多少會有不良效果，也可見為了其他目的，可以犧牲音響效果。

早期的磬都是單獨的特磬，到了晚商，大概為配樂的目的，偶有三件或五件成組的。演奏樂曲要求有一定的音程，故有幾件還刻上音律或音階的銘以便辨識。調整音調的高低主要在於磬體的厚薄與寬窄，磬體越大、越薄，音就越低；磬體越小、越厚，音越高。因此要把音調降低，就要把磬面磨薄，要升調高就把磬的兩端磨去一些。湖北隨縣戰國

● 湖北隨縣戰國初期曾侯乙墓出土，三十二件編磬懸掛於兩層青銅架的復原情況。

初期曾侯乙墓出編磬一套三十二件，最大一件的股上邊為二十二點三公分、股下邊二十一公分、厚二點七公分；而最小的一件為股上邊六點六公分、股下邊五公分、厚一點四公分。

如果磬的形狀規整，校正音調就會比較容易些，故形狀也趨向規律發展。西周以後就從無稜的三角形漸規化為大致一定的倒L形，懸掛時股在上、鼓在下，敲打鼓的部分。人鞠躬之狀有如立磬，故名磬折。《考工記》有記載磬的製作要求：「其博為一，股為二，鼓為三。參分其股博，去一以為鼓博，參分其鼓博，以其一為之厚。」（以股的寬度作為一，股的長度就是二，鼓的長度則為三。把股的寬度分成三等分，去掉一等分就是鼓的寬度；把鼓的寬度分成三等分，用一等分作為磬的厚度。）大致符合出土的實物。

西周時候磬出土尚少。到了春秋時代，墓葬常見有十件以上的編磬，各具不同的音調，可以自行演奏樂曲，也可以為主調而合眾聲，表示此時貴族才普遍用之於演奏。磬量重，筆者見過股達六十四公分長的，不便拿在手中演奏，要懸吊在架上。尤其是編磬，更非要堅實的架子不可。有些磬還有右八、左十、右六之銘，根據曾侯乙墓的三十二件磬，分上下兩層懸掛在銅架，每層兩組，一組六件，一組十件，依大小次第排列的情況看。銘文所說的左與右，應分屬一列中的左右組，而不是左右異架。戰國時代以來維持上下名分的禮制崩潰，磬既不足以表現階級，它又笨重不易搬動，其音樂上的用途也跟著衰退。但是原始通知、告訊的用途，仍然普遍見於廟寺，或改形銅製而被稱為鑼。

現代楷書	隸書	篆書	金文	甲骨文
磬				
聲				

管樂器，演奏中的主角

人類的文明是經驗累積的結果，一般說來，技術是越晚越精良。但是有些事物在古代某段期間曾經出現過，且頗為精巧優美，因某些原因而失傳，在很久之後才又被人們重新提起或製造。譬如常常聽到的漢代張衡的指南車和候風地動儀，雖構思精妙，卻沒有多少構造的文字遺留。又如河南舞陽賈湖一個八千年前的遺址，已發現十六枝音階結構頗完整的七孔骨笛，但馬融〈長笛賦〉說笛本四孔，京房加一孔而成五，使五音程完整；《風俗通》則說漢武帝時人創作七孔笛，七孔笛的使用竟湮沒六千年，不能不說是件怪事。

管樂是利用人造的氣流通過空管內部，因振動而發聲的樂器。只要有中空長管狀堅硬的東西都可以作成，所以骨、竹、金屬、玉石、陶等材料

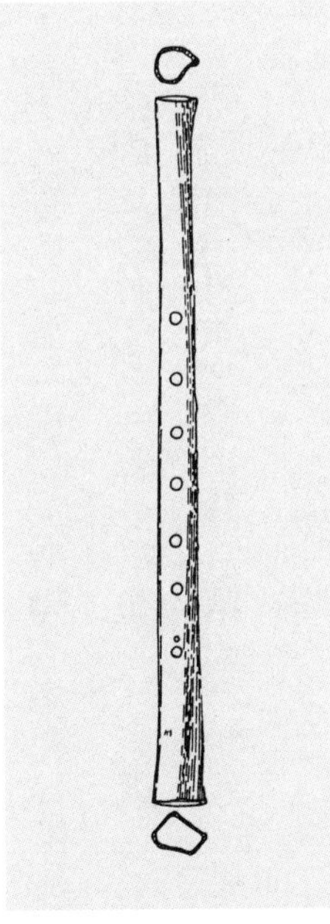

● 河南舞陽賈湖八千年前遺址出土的七孔骨笛。

都可以製造。在發展的歷史上，應以天然中空的骨管、竹節為最早。舞陽的多孔骨笛是截去猛禽的腿骨管兩端關節再鑽圓孔而成的，其形狀固定，有先刻好等分符號，然後鑽孔，鑽孔多為七個，完整的一隻全長二十二點二公分。筆者有幸目驗，磨製非常精細。測音結果，可知至少有六聲音階，也有可能七聲齊備，屬古老的下徵調音階。孔與孔間的音程為小三度略小，或大二度略大。雖然我們不能肯定它已被用以吹奏娛人的樂曲，或只是作為實行巫教活動的道具。人們已無疑有能力創作複雜樂曲以舒情娛性，達到有意從事休閒活動的階段，文化程度應已相當高了。

從理論的觀點，打擊樂最容易實行，應是最早製作的有意識的發聲器，但打擊樂多半是單音調，對野蠻時代的人已足使他們隨拍舞動手腳。最容易製成多音程的卻是吹奏樂，人們容易發現多挖孔洞就可以吹奏不同的音調，因此應是最早發展的主要演奏樂器。但是除了舞陽一地，其他古遺址竟未見多孔的管樂器，實在是不可解的現象。依目前的考古證據，比較大量使用發出一定音高的管樂，還有六千多年前浙江餘姚河姆渡的粗陋骨哨，它們也是由動物的骨管挖孔而成，其殘存的部分有吹孔及出音孔各一個，是橫吹的，起碼可發出兩個音，骨哨可能是打獵時誘發野獸的擬聲工具或勞動時節制節拍的工具。

管樂的發音與管的長度、直徑同時有直接的關係。對於古人來說，要明白其間的關係，得出規律而以之制定一定間隔的音階是較難的。而且動物的骨管也不是筆直而粗細一致的，很不容易製作各音孔都合於一定的音高要求。對舞陽骨管的測音，不同的吹奏者，不同的次數，測出的音序都不同。也許因此古人們不發展多孔骨笛，或者改以竹管製作，不能長久保存於地下而讓我們發現。

發音原理與管樂相同的是陶塤，它只是氣室為球形而非管狀而已。六千年前半坡遺址的二孔陶塤測音頗近鋼琴的小三度F3到A3音程，時代稍遲的二音孔陶塤構成五音階，三音孔陶塤構成七音階。到了商代的五孔陶塤，可以吹出十一個不同音程的音，與之同時的辛店期更發現七音孔的陶塤。從文字記載，得知商代是喜音樂的民族，但發掘的商代樂器卻少，只能以腐化於地下去解釋。

對於樂器的名稱，古今已有相當的變異。現在一般稱豎吹的為簫，橫吹的為笛。漢代常稱單管為笛，多管為簫。《爾雅》大簫謂之言；郭璞註：「大者編二十三管，長尺四寸。小者十六管，長尺二寸。」（大

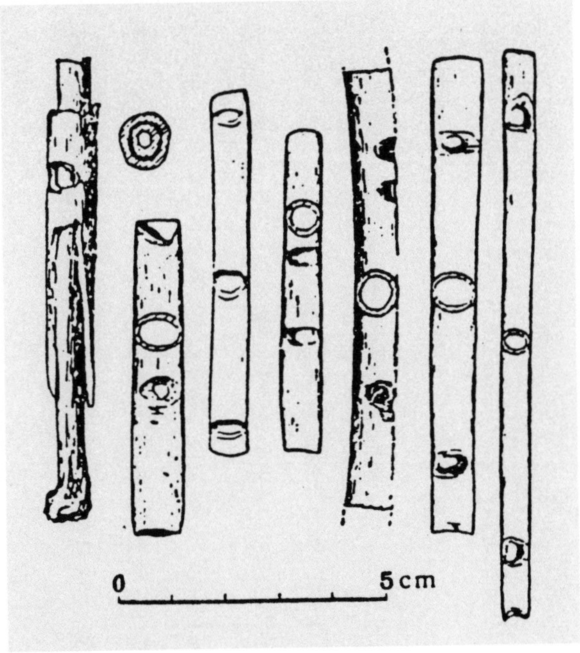

● 浙江餘姚河姆渡六千多年前遺址的骨哨。

尺寸的簫有二十三管，長一尺四寸。小尺寸的有十六管，長一尺二寸。）其他還有十一、十二管等數目。商代甲骨文「音」（）與「言」（）用同一字形表達，作一把長管的樂器形，此管樂的端部是有喇叭狀的擴音筒，表示商人已注意到音樂的擴聲效果。意義為八尺的「尋」字（見六六頁），甲骨文作伸張兩手以丈量某物長度之狀。它所丈量的諸物中，有一形是長管樂器，知道這種管樂的長度約是八尺（約等於一百八十五公分）。如此長的樂器較可能是單管而多孔，管越長則其音低濁而傳播遠，短則清高而不及遠。今日山區的居民有以長管的樂器作通訊的信號，古人初住山上，後來才慢慢移居平地。可能古代的中國人也以長管樂器作彼此聯絡的信號，因而用以表達言語的意義。

管樂雖可挖許多音孔以吹奏一序列的音調，但是音孔多，不但難使各個音調都正確，也比較難以手指控制裕如。一管如只發一個音，音調就比較容易控制得當，聯合數管就可以吹奏一序列固定音高的音調了。甲骨文的「龠」（）字作兩單管捆合在一起的管樂器形，兩管象徵多管，當時還應有一個總吹口的形式。「龠」字有一形作多一倒三角形的東西，即是溝通各管的總吹口，其制如笙或竽，口氣經由各管分別奏出，用手指控制音管而不必移口以就各音管。最常被利用以作氣室的是乾瓠瓜，後才以木雕成。音管束成一把插在氣室上，捧在手中吹奏。

管樂最輕便，易於攜帶，能演奏多音程的樂調，故在商代，管樂是演奏的主要樂器，其他樂器就居於次要的伴奏地位，所以意義為調和眾聲的「和」（咊）字，是以一管樂之龠或言為義符，加聲符禾組成，後來才簡寫成從口禾聲的「和」字。商代祭祀時所奏的樂，被提及的樂器以鼓、龠為最多，鼓為節拍，龠為主調；西周初期亦如是。到了春秋時代普遍鑄造懸掛的編鐘後，編鐘也可以演奏一序列的音階，而且音調穩定，聲響宏亮，宜於祭祀、慶會等大眾聚會之用，就取代管樂成為和眾聲的樂奏主調，故這類編鐘有了和鐘的名稱。簫笛則成為不便懸鐘磬的享宴才協奏諸絃。之後人文日盛，音樂漸變為個人娛樂

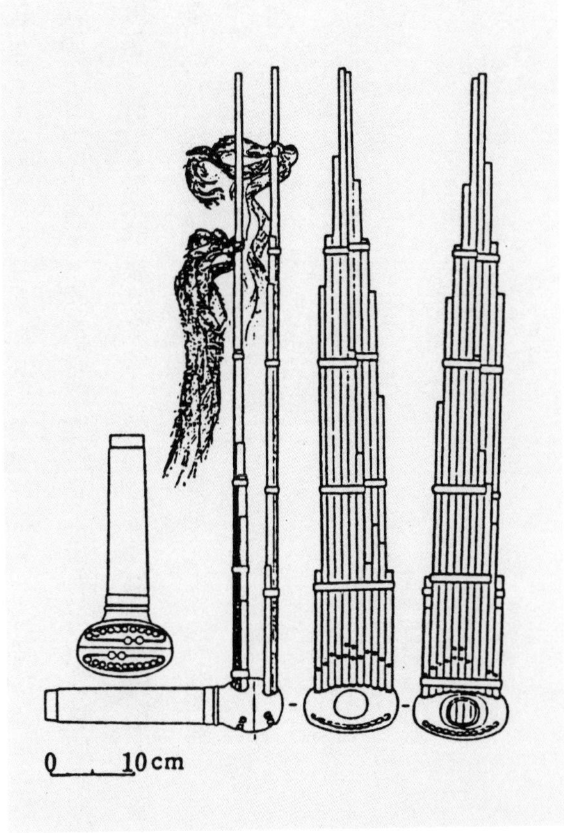

● 上圖　長沙馬王堆西漢墓的竽管樂器。
● 下圖　西漢帛畫上的竽、瑟合奏。

的節目。鐘磬不易搬動，可隨身攜帶而音程完備的管與弦樂，就漸為慶會演奏的主調。但管樂不易製作完善，吹奏時難度較高，也有可能其聲調低則幽咽，高則悲切，使人易傷感憂鬱，破壞歡樂的享宴氣氛。弦樂琴瑟則音程易校正，易學，體弱者也能演奏，其聲較歡愉，終占優勢，成為最大眾化，尤其是文士必習的樂器。

現代楷書	隸書	篆書	金文	甲骨文
音				
言				
龠				
和（龢）				

弦樂器，士人的身分代表

諸種樂器中現今最多人學習和演奏的恐怕要算弦樂，弦樂是利用絃線震動而發出聲響的樂器。在古代最可能使絃線震動而發出聲響的時機應是用弓打獵，早在三、四萬年前的舊石器晚期，人們就可能知道用弓而熟悉其震動的聲音。弓絃的音調因材料、張弛、粗細的差別而有異，古人有機會感覺到不同的絃聲音調而加以利用，故認為絃樂起源甚早。有庖羲氏作五十絃瑟，黃帝使素女鼓瑟，哀不自勝，乃破五十而為二十五絃的傳說，但一方面又說虞舜時益為五絃，周武王時復增以變宮變徵而成七絃。

音樂兩字，「音」取自管樂的形狀從無異議，「樂」字則因商代甲骨刻辭尚不用於和音樂有關的事，故有爭議，一般以為此字形象一木之上安裝兩絃之狀（）；金文在兩絃之間又加一白形（）。「白」有以為是大拇指，或琴撥形，以表示用手彈奏的方式，如果弓是弦樂的前身，用手撥彈應是最自然的，但是以手指或琴撥彈奏弦樂似是較遲才發展

的技法。甲骨文有一字作樂字之旁有手持木棒敲打之狀，如果「樂」字確為弦樂的寫意，它就清楚地表現弦樂於商或前代是用打擊而不是用手指彈撥的。

但是迄今出土絃樂器的遺址時代都很晚，幾乎沒有早過春秋時代的，而文獻確實提到絃樂的也不早於西周，比出土的吹奏多音程骨笛要晚上五千多年。其主因不外絃樂的材料易腐化，不能長存地下。故西周雖有絃樂，但先秦出土的琴瑟都在潮濕的楚地，而時代也都在西周以後。同時也因絃樂聲響不宏亮，不適宜在著重肅穆效果的廟堂之上、大眾之前演奏，故發展遲、使用少。

絃樂器的名稱，春秋以來大致以敲打的叫筑，撥彈的叫箏、琴、瑟。因打擊是絃樂傳統的演奏法，不但西周文獻用鼓字描寫，如《詩經．常棣》有：「妻子好合，如鼓琴瑟。」（夫妻親密無間志同道合，就好比宛轉悠揚琴瑟協奏。）後來雖大都改為撫彈的

● 西漢漆奩上的彩繪以竹尺擊筑圖。琴的形狀與筑近似，操作方法不同。

形式，行文還用鼓字。如戰國著作《荀子．勸學》：「瓠巴鼓瑟而沉魚出聽。伯牙鼓琴而六馬仰秣。」（瓠巴彈瑟，水中魚兒會浮出水面傾聽；伯牙彈琴，拉車的馬會停止進食仰頭而聽。）只少數用彈字，如〈富國〉：「故必將撞大鐘，擊鳴鼓，吹笙竽，彈琴瑟，以塞其耳。」（所以一定要敲撞大鐘，敲擊大鼓，吹笙和竽，彈琴和瑟，用來填塞人的耳朵。）所以金文樂字兩絃之間的白形，大半表示像筑一樣，表現以拇指按絃，聲響由另一手用竹尺敲打出來。漢代畫像石上絃樂的演奏已少見敲打的棒槌。

《呂氏春秋．侈樂》說商紂：「大鼓鐘磬管簫之音，以鉅為美，以眾為觀。」（大鼓、鐘、磬、管、簫等樂器的聲音，把聲音震耳欲聾當作美好，把樂器琳瑯滿目當作壯觀。）《史記．殷本紀》也說：「大聚樂，戲於沙丘。」（在沙丘聚集很多歌舞藝人。）眾樂合奏就會要求絕對音高的一致，才能合協，不致混亂噪耳。那時能演奏多音程的只有管樂與絃樂，管樂的發音與管的長度、直徑同時有直接的關係，要經複雜管徑校正的計算，才能得出一定間隔而有規律的音階。對不能用儀器測量頻率長度的古人來說，若只通過長度去制定音調，就難達到其目的。如以八千年前的七孔骨笛為例，也許因為笛管不正圓，測音時，連吹奏人不同音調也有差異，更不用說吹出一序列合於一定音階的音調。

至於絃樂，雖也受空氣濕度及絃線粗細等的影響，但一絃線的間距與音高有明顯的直接關係，比較容易被人們觀察到。以絃的長短依一定的比例以規定其音階是比較容易辨得到，也容易把握得住，因而產生三分損益律。它是以一常數為基音，通過增減三分之一長度以求得各合協的音階，如以宮調基數為八一，則增宮為徵調而長一〇八，損徵調為商則成七二，羽增商調而長九六，角損羽調則成六四。其他音調的常數都可依此法增減而得。

管樂的發音規律太複雜，利用絃的音調以校定其他樂器的音高才比較易行。《風俗通義．聲音》：「雅琴者，樂之統也，與八音並行。」（琴是樂團中的領導者，要讓所有的樂音和諧相奏。）琴在樂團中具有領導的地位，大概來自這種校正樂器音高的功能，實在難看出有其他特別的理由。但是絃樂在商代演奏中不居重要地位，大概西周晚期絃樂才見重視。那麼，商代是以絃樂定音而不是主要的樂奏嗎？

● 西漢木棺上的彩繪彈瑟圖。

「琴」、「瑟」字出現很晚，從小篆的字形可看此兩字是基於象形方式創造的。「琴」（□）字是琴端部按線處的形狀，「瑟」（□）則是有很多絃的樂器形，後來被改為形聲字。琴、瑟的形狀雖有異，琴窄而瑟寬，繫絃法也不同，主要分別是絃數，琴少而瑟多。琴一般是十絃以下，瑟則以二十五絃為最常見，也有二十三、四絃的。瑟的安絃依西漢初馬王堆一號墓的例子，中央七絃，上下各九絃。上下絃同調，總共為十六調。絃由數股絞成，有粗細，外絃由外向內由一點二遞減至零點六毫米；中與下絃則由一點九遞減至零點五毫米。由於絃粗細有差，故柱位距離不能依三分損益律安排，但也由長度遞減，井然有序。有可移動的絃柱，大概由另一樂器定音，戰國的瑟一絃彈出一個聲調。後來更

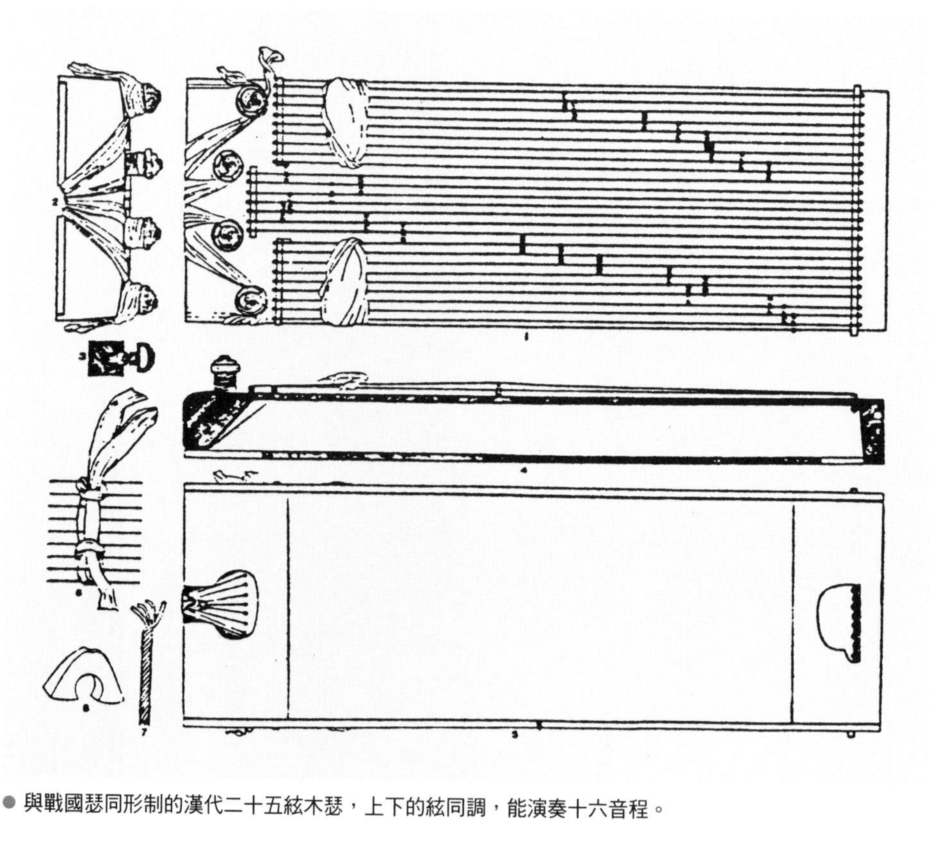

● 與戰國瑟同形制的漢代二十五絃木瑟，上下的絃同調，能演奏十六音程。

利用絃發聲規律，以按絃方法使一絃彈出多音調而減少所需絃數。

合奏的音樂要有多音程的樂器為主旋律，商代提及管樂的龠最多，西周初期也一樣。到了懸掛的鐘磬普遍製造後，鐘磬就成為樂奏中的主調。後來人文日盛，音樂漸變為娛樂節目，相會、宴饗都以音樂助慶。演奏場所不再限於廟堂，也成私人娛情交歡之用。鐘磬因樂器本身造形笨重，不便移來移去。又隨著階級界線的模糊，作為階級表徵的禮樂重器亦隨之崩潰。琴瑟則易於製作和攜帶，雖深山幽谷，窮鄉陋巷，都可以即興演奏，而演奏也不費力，體弱者亦能為之，故被視為文人修養心性的重要技藝。《禮記．曲禮下》有：「君無故，玉不去身，大夫無故不徹懸，士無故不徹琴瑟。」（國君不遇災變，佩玉不離身；大夫不遇災變，不撤掉鐘磬等樂器；士不遇災變，不撤去琴瑟等樂器。）琴瑟成為士人必修的技藝、最高尚的樂器，而且絃樂也較悅耳，故《孟子》有梁惠王喜世俗之樂，《禮記》有魏文侯喜鄭衛之聲而不好古樂的記載。鄭衛之聲即是竽笙之管與琴瑟之絃合奏的樂曲，個人述志演奏的絃樂大為興盛，終成八音之領導。

現代楷書	隸書	篆書	金文	甲骨文
樂				
琴				
瑟		 （說文小篆）  （說文古文）		

在先秦，你可飼養或切記別碰的動物們

野獸轉為家畜的變革史／牛，軍事與農業的大動力／商代已懂得使用牛耕／豬，最普遍的肉源／狗，人類忠誠的夥伴／馬，專屬貴族的寵物／老虎，凶猛但受崇敬的野獸／犀牛，被濫補與寒冷而滅絕／龜，由被崇敬到被取笑的神獸／龍到底是什麼動物？／象，被工藝品耽誤的陸上最大動物

野獸轉爲家畜的變革史

凡是為了食用、賞玩、勞役等等目的而普遍被人們飼養的禽獸，都可以稱之為「畜」。後來大概人們難得見到野生的動物，就推廣以「畜」為名的所有動物。曾經被人們飼養過的動物有許多種，但一談及家畜，一般就限定常見的牛、馬、羊、犬、豬等。「畜」（）字在甲骨文作動物的胃連有腸子的形狀，古時未有陶器之前，人們常以動物的胃為天然容器以儲裝水酒及食物，於行旅時使用。家畜是人們豢養以待他日之需，因此借用畜字，或有可能人們平日所吃的腸、胃都取自家畜，故以之表意。

人們從幾百萬年前就開始捕捉小動物而有了雜食的習慣，後來曉得製造工具而漸漸獵取大型的野獸，以增加肉食的分量，但是打獵並不是可靠的肉食供應法。野獸的生息繁殖有一定的地域和季節，不可能整年都適時地滿足人們的需求，何況捕捉野獸須費相當的力氣，有時還不免有受傷甚至死亡的危險。所以人們便設想：如果動物能圈養在家的附近，隨時可取來宰殺，那該多麼的理想！所以人們一旦學得馴養家畜的方法，親身體受其方便，自然會大量飼養和培育自己需要的良種家畜了。

馴養動物既然是人們有了狩獵經驗百萬年之後的事，則必非偶發。那到底是什麼事使人們興起飼養動物以待不時之需的動機呢？中國傳說伏羲氏「結網罟教民佃漁，養犧牲以充庖廚」（用蜘蛛的方式來結網，教百姓用網捕魚；養牛羊等祭祀的肉類，來充實可上桌的食物）。這是起於活捉野獸是畜牧之始的聯想，一般的理論是，古人捕到過多的野獸，其中有受傷未死或尚未成長的幼獸，並不立即食用而暫時加以圈養，以待他日打不到獵物時屠殺。有時圈養的時間極長，幼獸與人相處久了，習慣人們的飼養和保護，甚至偶有生產小獸的情形發生，慢慢地促成人們飼養的興趣。又從經驗得知，某些獸類的習性較馴良，易於豢養，且不費事，因此便漸漸擴大飼養的種類和規模，並作有選擇性的培育。後來還學得通過閹割以減輕動物不羈的野性，並以之馴化難於馴服的動物，使牠快速成長。

一談到家畜，大家總想知道人類飼養家畜的歷史有多久？何種動物最先被馴養，而各地發展的情況又如何？要解答這些問題，首先就要判定何種情況才是有家畜的現象。當然可以用科學的方法檢驗骨骼的骨質及體態，以判斷其家養的程度。但是要經過千年以上家養的過程，動物的骨骼才會起明顯的變化。如以豬為例，亞洲的野豬其前軀占有全身七成的比例，而原始的家豬就只占一半，現代的家豬則已演變到前軀只占三成。不過，其變化歷程達幾萬年，很難用以判斷家養初期的時間，故一般以遺址所遺留幼獸骨骼所占的比例為依據。因為打獵時通常不會擒獲大量的幼獸，只有在家畜業已相當發達的社會，才基於經濟利益，大量屠殺幼獸而保留壯獸繁殖的習慣。如果一個遺址遺留的動物骨骸，某段年齡占有不相稱的高比例，就可以看作已是家養的階段。譬如廣西桂林甑皮岩一個至少八千年的遺址，即發現有六十三個豬的軀體，年齡都在一歲半左右，就可斷定是家養。

人們狩獵的最初動機大致是其肉食或皮毛，其次才是勞役、練習軍陣、舒展身心等文明高度發展後才有的目的。可以想像飼養的種類是從人們狩獵所熟悉的、有供肉價值，且易於飼養的動物開始。依據遺址的現象，中亞在一萬一千年前已馴養綿羊，大概是因為綿羊沒有反擊能力，易為人們所生擒，其性情又溫良，可以任其游食，不必特別準備飼料及費力加以看顧。但是理論上，狗被馴養的時間也甚早，可能不晚於羊，至少也有萬年的歷史，因為犬的行動敏捷，嗅覺敏銳，奔跑快速，是協助捕獵的

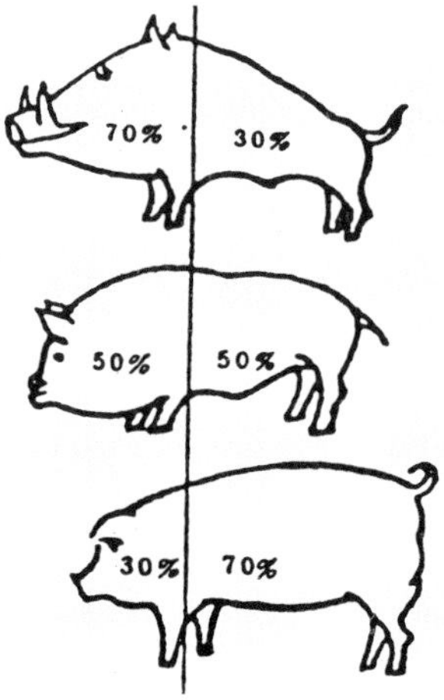

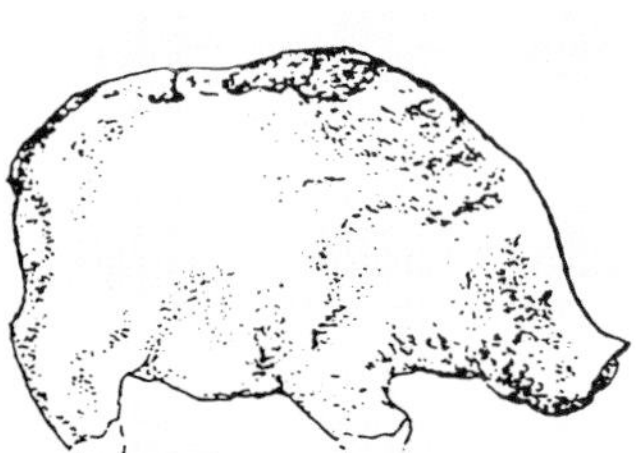

● 上圖　豬的進化與體態的變化。由上而下為亞洲野豬、原始家豬、現代家豬。

● 下圖　六千多年前的浙江河姆渡遺址出土的陶豬，身子已占全體之半。

好手，對於過漁獵生活的人們有莫大的好處，故很早就被馴養。

家畜飼養的種類和發展的遲速也要視地區而定。中亞屬半乾旱的氣候，適於羊的生存，所以羊首先被馴養。但中國在一萬年至八千年前這一段期間，比較有人居住的是華南地區，但其地溫濕，不適綿羊的繁殖，比較適宜發展農業，而豬體肥腳短，不能遠行，不適宜游牧的民族，它又是雜食的動物，可餵飼人們吃剩的食物或不吃的蔬菜，頗適合農民的需要，故繼犬而後成為中國人普遍飼養的動物。當農業推廣到華北地區時，也把飼養豬犬的知識帶去；故早於西元前四千年的遺址，出土的骨骼以豬和犬為多，較晚的遺址才漸有牛、羊的骨骼。

農業的發展有可能得力於經營畜牧省下的覓食時間，讓人們有充裕時間觀察野生植物生長的情況而加以實驗，一如實驗飼養各種家畜。畜牧與農業的發展可能相輔相

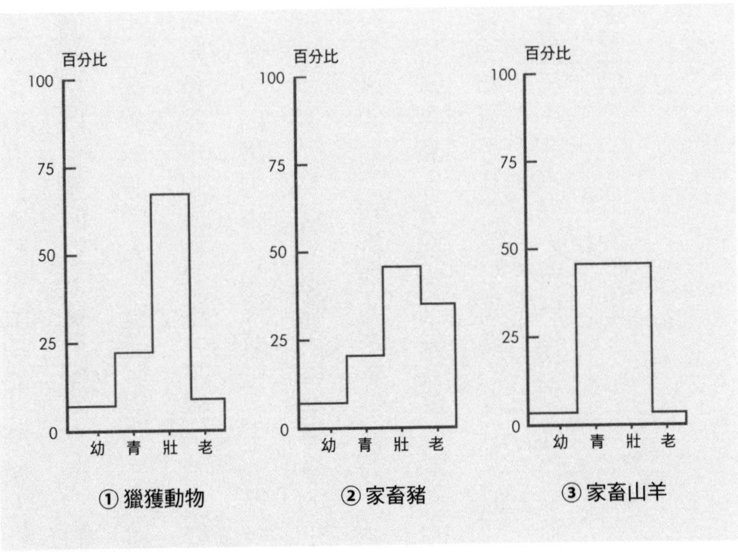

● 獵獲動物與理想家畜年齡的百分比。

成，家畜的發生雖早於農業，但大部分的家畜卻是農業發展後才馴養成功的。帶領大批的家畜逐水草的生活總不如固定圈養方便，而且發展農業以生產飼料，還可以餵飼更多的家畜，家畜也可以提供勞力來增加農產。如中國的牛，馴養的時間大致有五、六千年，雖不能肯定說它的馴養主要是為了勞役，但可確定以牛拉車載重起源相當早。不過，同面積的土地，生產糧食比飼養家畜可以養活更多的人口，在人口壓力下，如果氣候、土地等條件許可，需要牧地的畜牧業就會被農業所取代。譬如說，牛與羊因其軀體大、供肉多，在春秋時代以前為重要的肉食供應，但到了春秋時代，牛就成為拉犁耕地的主要勞動力，不再是一般人的食品；在漢代，牛成為皇帝賞賜臣下的特殊食品，羊根本就失去重要家畜的地位，只利用不能生產農作物的地點加以飼養。雜食的豬雖不被認為是高貴的食品，但因其不妨害農作，最終還是成為最重要的肉食來源。至於馬，在中國大概只有四、五千年飼養的歷史，純以取代牛為國家生存所繫的工具而被家養的。

現代楷書	隸書	篆書	金文	甲骨文
畜		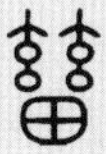		

牛，軍事與農業的大動力

在農業機械未大量使用前，體型高大，壯碩魁偉，屬於哺乳綱偶蹄目的牛，是中國最常見的重要家畜。中國以農立國，牛隻關係到社會民生甚鉅，故商家每年都印有農業行事曆的春牛圖，以供張貼參考。現在來談古時對於牛的利用。

人類馴養家畜已有萬年以上的歷史，但對於牛的馴養卻相當遲。在西方，牛被家庭豢養的最早遺址可能早到七千八百年前，中國七千多年前的遺址雖曾出現牛骨，都不能肯定是否已是家養。要到五千多年前才普遍見於遺址，肯定是家養的品種，骨骼的形態已有明顯的變化。牛的性情溫順，甚至孩童都可以牽引其穿鼻而加以指揮，不過那是牛被長期馴養以後的現象。相信在未被馴養前也相當凶猛不羈，起碼古人見其體型高大，且有尖角，一定不敢想像它是溫馴的動物，因而遲疑將其馴養的動機。

牛在後世有軍事及農業上的大用。不用說，剛開始時也與其他野獸一樣，只當肉食的供應。不知是因牛肉味美或是體型高大，在家畜中，牛是商周以來最隆重的祭祀犧牲，是高級貴族特許的祭品。為表示對於神的禮敬，祭祀用的牛、羊要加以特別的圈養，不得放任到外頭遊蕩。《春秋》記載，常因牛角受鼠咬嚙等事而卜問改換別的牛隻，甚至有時還要卜問祭祀所供的牛要何種性別和年齡，因此存在幾個牛齡的專字，他種供祭的動物就沒有得到人們這種對年齡上的特別注意。春秋以後，牛成為耕地的主要勞動力，有極大的經濟效益，不再是一般人的肉食供應，限制其屠殺，故《禮記．王制》：「諸侯無故不殺牛，大夫無故不殺羊，士無故不殺犬豕，庶人無故不食珍。」（諸侯和大夫在沒有特殊的情況下是不可以殺牛羊的，士在沒有特殊的情況下是不可以殺狗豬的，平民在沒有特殊的情況下不能吃時鮮食物。）而且所用的牛也分等級，同篇：「祭天地之牛，角繭栗。宗廟之牛，角握。賓客之牛，角尺。」（祭祀天地所用的牛，牛角不過像蠶繭、栗子那般；祭祀宗廟用的牛，牛角長約四個手指；款待客人所用的牛，牛角長約一尺。）祭天地和宗廟要用剛長角或角尚短，肉

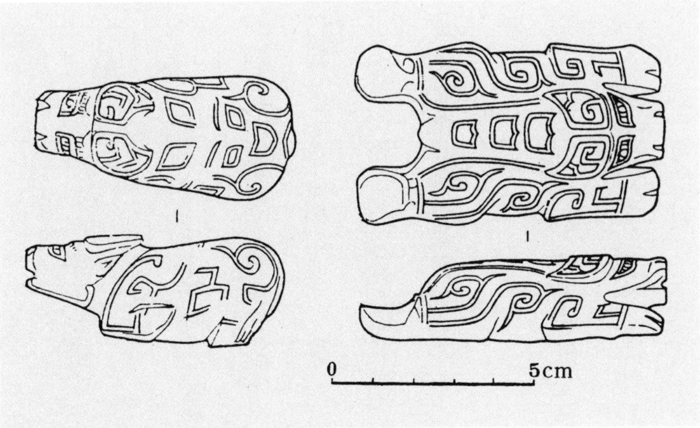

● 商婦好五號墓的玉牛立雕。

嫩味美但價昂的幼牛。幼牛剛長角，質軟而可能被鼠咬嚙，故有卜問改牛之事。宴賓客就取最具飼養的經濟價值，日常驅使或食用的多肉的壯牛了。東漢以後受佛教教義的影響，人們更少吃牛肉，幾乎不是供食的動物而為君王賞賜大臣的珍食了。

「食肉寢皮」是古代常見的詛咒用語。牛皮沒有柔軟的毛，不是寢具的好材料，但是經過曝曬，柔化的牛皮具有堅硬、強韌、耐磨等特性，是製造控馬的皮銜、曳車的皮帶、車輿的坐墊、鼓風的橐、納兵器的鮑、函、鼓面、甲冑的好材料；牛骨可製作笄、梳、錐、針、銜、哨、鏃等小型用具；肩胛骨在商代則是王室用為占卜的材料，向神明請示治國的大事；角則是製造有強勁反彈力角弓的材料。西洋在五千年前已懂得擠乳飲用。牛全身沒有不可用之材料，但最大的用途卻是牠的力氣。

牛由於力氣大，行路平穩且有耐力，能載重致遠，不但是老弱婦孺適用的交通工具，更是軍事上、經濟上依恃的負重運輸工具。故《風俗通義》佚文有：「建武之初，軍役亟動，牛亦損耗，農業頗廢，米石萬錢。」（國家剛剛建立時，軍事變動劇烈，牛也有所損耗，農業處於荒廢的狀態，一石米的價格已到萬錢。）而《史記》說周武王於克殷後，「放牛於桃山之虛，偃干戈，振兵釋旅，示天下不復用也。」（武王讓人將戰馬放養在華山以南，把作戰時拉車的牛放養在桃林一帶，將武器放下，整頓軍隊，解除武裝，向天下人表示不再用兵。）如果沒有牛的負重致遠能力，就沒有辦法遠征，建立霸業。

牛對於經濟的最大效益不是拉車而是拉犁深耕，深耕可以縮短休耕期間，提高農地利用率；牛耕也可以連續翻土，加速土地翻整的速度，無疑是對農業生產有鉅大影響的技術。晚商時候的安陽是人口比較集中的城市，應當有相當高的土地利用率，才足以應付眾多人口的食物需求。商代是否有牛耕的事實，就成為學術界爭論很久的論題。

《山海經．海內經》傳說：「稷之孫曰叔均，是始牛耕。」（后稷的孫子叫作叔均，是從他開始用牛耕作。）時代在夏朝之前。根據研究，發展較早的古文明，靠牲畜力量拉車和拉犁出現的時間是相近的，因為它們利用的原理是一樣的。埃及和蘇美爾在五千五百到四千八百年前之間，已有構造複雜的牛耕拉犁。商代的牛、馬車已經長期間的發展，在理論上有以牛拉犁應是不成問題的事，但卻需要加以證明。

甲骨文有「襄」（）字作雙手扶住插入土中的犁，犁前有動物拉曳著並激起土塵之狀。又有「疇」（）字作一土塊被刺起後的翻卷狀，那是拉犁連續前進，犁壁把刺起的土塊推到兩旁才有的形狀。故「旁」（）字就以犁刀上裝有塊橫板的犁壁形以表達兩旁的意義。

商代既有拉曳的犁制，又知以牛、馬拉車，很難辯解商代的人只以人力、不以畜力拉犁，但我們又見不到春秋以前有大量使用牛耕的現象，也許商代有足夠人力，沒有強烈必要使用節省人力的技術。而且古代沒有比「祀與戎」更重要的事，牛在商代是祭祀最隆重的犧牲，又是作戰運送輜重的家畜，生產糧食並不是首要的任務。上引《風俗通義》，到了東漢時代，牛在農業上的用途還得讓位於軍事上的需要，更不用說其前千年神道設教的商代了。故只有在墾荒時才需牛在生地上犁土，沒有積極發展牛耕的效用。

到了春秋時代，諸國交鋒多，作戰人員需要多，需要能增產的方式。正好當時鐵器應用日廣，鐵犁加上牛耕才有數倍人力的效果，各地才普遍利用這種節省人力但增加產量的技術。雖是如此，晉國的貴族還有不欣賞這種經濟上的利益，惋惜牛被普遍用以耕田，「宗廟之犧，為畎畝之勤」（原來在宗廟中用於祭祀的牲口，現在已經成為田裡工作的主要力量。），牛的身價低降。

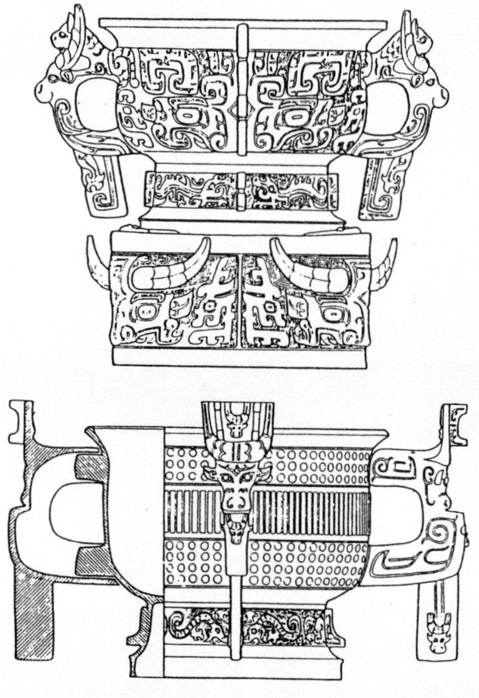

西周初期銅簋上的牛頭裝飾。

現代楷書	隸書	篆書	金文	甲骨文
襄	襄			
疇	疇			
旁	旁			

商代已懂得使用牛耕

牛耕是在現代用機械拖犁整土以前，各國農村常見的景象，許多人尚記憶猶新。中國以農立國，實施農耕可能已有萬年的歷史，但是什麼時候開始以牛拉犁耕作？其發展的過程和其他文明有無不同？因何才被積極發展？相信很多人都不太了解。

畜耕的最起碼條件是已馴養牛、馬等大型家畜，以及知道利用畜力拉曳重物。中國馴養牛的確實時間雖還難肯定，五千年前的遺址已普遍見其遺骸，無疑是家養的品種。至於以畜力拉曳重物的最具體證明，應是車子的使用。中國境內發現最早的是三千八百年前的有輻輪牛車，則使用實體輪的年代當更早。

拉犁與拉車的物理一致，車子還得有轉輪的應用，似乎更難些。根據研究，世界上發展較早的古文化區，畜力拉車及畜力拉犁出現的時間，有些是相差不久，如古希臘和古羅馬。有些則是畜力拉犁早於畜力拉車，如古代的埃及和蘇美爾，在西元前三千五百至二千八百年之間已有很複雜的牛耕拉犁。馬性情不羈，較難馴服，馬車的發展一般比牛車遲。商代的馬車結構已很進步而製造精美，利用牛來拉車應累積長久的經驗，以之應用於拉犁應該是不成問題的事。

農耕的成就取決於很多自然及人為的因素，除灌溉、施肥、除蟲、除草及效率高的工具外，土質的好壞是古人容易看得到的因素。以灌木休耕的方式種田時，依土地肥沃程度而異，每耕作二至八年就要休耕六至八年，以待地力恢復。這種低水平的生產方式，很難滿足密集村落或城市生活的要求。如使用牛耕，由於牛的力氣大，可刺犁深入土中，翻起養分高的土層而縮短休耕的期間，提高土地利用率。根據後世的經驗，鐵犁牛耕可抵五倍人力，提高單位面積產量的效果。晚商的安陽是人口比較集中的城市，應有相當高的土地利用率，才能應付眾多人口的需求。牛耕的利益既然如此明顯，似應為關心生產的人君所大力提倡的。但從有限的西周文獻，尚看不出有大量或明顯採用牛耕的現象。故不少人認為中國牛耕起源相當遲，甚至東周文獻提及牛犁現象的事，也有人辯解、否定其存在的事實，更不用提商代已有牛耕的可

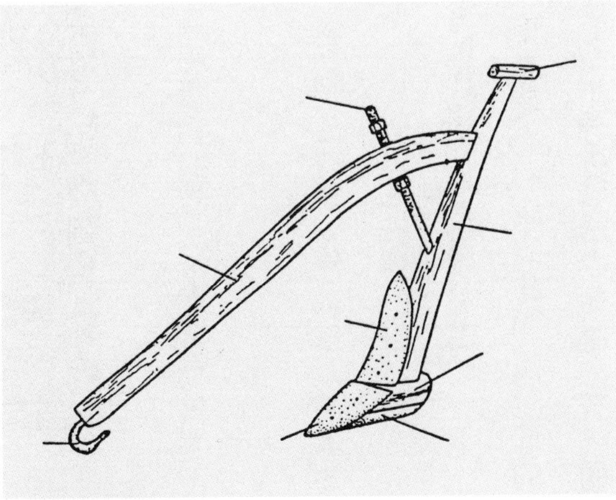

● 耕犁的結構圖。

能，故激發很多的辯論。

甲骨文有一田獵地名和《說文解字》「解衣而耕」的「襄」（）字古文非常相似，其字形雖有訛變，基本上還保留甲骨文的字形。襄的引伸義如闢地、反覆、舉駕、攘除，也都與牛耕的動作和作業有關，字形作雙手扶犁，犁下有一或兩頭動物，並有土塵激起之狀。漢字因受書寫於竹簡的影響，而採取重疊的結構，如果此字採用橫列的方式書寫，動物頭不向著犁而尾隨著犁，則拉曳的形象就明顯了。

● 東漢畫像石上的牛耕圖。請與甲骨文「襄」字對照比較其創意。

從文字表現的犁制也可以看出商代使用拉犁的形式。拉犁是連續不停地推犁前進的較進步犁制，比起一腳一腳地鑱土的踏犁方式節省很多時間。甲骨文的「旁」字（見三五九頁）作有歧齒的犁刀上裝有一塊橫板的犁壁狀。由於犁壁的作用在於持續前進時，把土塊打散並推到兩旁以方便耕作，故有近旁、兩旁等意義。甲骨文有一字表達開闢荒地的作業，作雙手持一已刺入土中之有壁的尖圓犁頭狀。鋤地是開荒墾田的基本作業，有壁的犁是拉犁的特有裝置，生地堅硬，為人力所難，用牛才容易拉得動。

甲骨文的「疇」字（見三五九頁）間接表現拉犁的耕作方式，作一土塊被拉犁刺起後的翻捲狀。踏犁的方式，土塊一塊塊被鏟起，不會因犁壁之阻擋而翻捲扭曲。商代既然以所翻捲的土塊表達田疇的意義，就可知道拉曳的犁制在當時是普遍見到的。商代既然知道以牛、馬拉車，實在很難辯說他們只會以人力，而不知以畜力拉犁。

從上述畜力拉犁與拉車發展的進度及字形的表現等觀點看，商代有以牛拉犁耕田應是不成問題的事實。那麼為何早期文獻不見記載呢？文獻記載早期本就少，而且也不一定能及時反映時代的實況。不過，商周時候不大量使用牛耕，似有其時代的背景。

西周早期文獻，《尚書》的〈酒誥〉、〈無逸〉、〈微子〉，以及《詩經》的〈蕩〉，都反映殷人有群聚飲酒的習慣。表示當時穀物的生產必甚有餘，才捨得大量釀酒。如果當時沒有長期儲存糧食的技術及設備，生產過多的糧食並無大用。再者，商人使用人牲祭祀比畜牲多，表示並不缺乏人力資源。家畜中堪當拉犁的只有牛與馬，馬有軍事及田獵上的大用，是貴族們的寵物，不會以之耕田。牛則是祭祀時最隆重的犧牲，也是作戰時運送輜重所依賴的家畜。古代沒有比「祀」與「戎」更重要的事，甚至到了東漢《風俗通義》還記：「建武之初，軍役亟動，牛亦損耗，農業頗廢，米石萬錢。」（國家剛剛建立時，軍事變動劇烈，牛也有所損耗，農業處於荒廢的狀態，一石米的價格已到萬錢。）牛在農業上的用途讓位予軍事的需要，遑論千年前的商代了。既然當時不虞糧食的供應，牛有比生產糧食更重要的任務，加以商代使用的銅犁或石犁，也不具有後世鐵犁的效果，難怪當時不積極推廣牛耕。甚至到了春秋時代，《國語．晉語》記載晉國貴族還在惋惜牛身價的低降：「宗廟之犧，為畎畝之勤。」（原來在宗廟中用於祭祀的牲口，現在已經成為田裡工作的主要力量。）

既然商人已知牛耕，但牛有其他更重要的用途，就比較可能在人力難以勝任時才使用牛耕。生荒的土地堅硬，沒有足夠的力量難以拉動深刺入土的犁，就不能不使用牛了。故開墾荒地意義的字就以雙手拿著有犁壁的「犁」（）以表意，田地若被開墾成熟田，人力就可勝任而不必用牛，這樣的耕作習慣大致沿用到春秋時代。當諸國交鋒多，作戰人員需要多，正好鐵器應用日廣，牛耕有五倍人力的效果，各國才開始發展這種節省人力、但增加生產效果的牛耕技術。種植農業技術的改良，使個人耕作的面積增大。《孟子．滕文公上》：「夏后氏五十而貢，殷人七十而助，周人百畝而徹。」（夏代每家五十畝地而行「貢」法，商朝每家七十畝地而行「助」法，周朝每家一百畝地而行「徹」法。）西周時代以百步為畝。春秋以後則以二百四十步為畝，耕作面積為周時的兩倍半，無疑與鐵犁牛耕的推廣有絕對的關係。

現代楷書	隸書	篆書	金文	甲骨文
犁				

豬，最普遍的肉源

山珍海味是富貴人家盛宴才能享有的難得的珍食，一般人家只能享受雞鴨魚肉，且只能在節慶的時候。此處所說的肉，雖可廣義地泛指家畜的品類，實際可以說只指豬肉而言。其他一度為人們飼為供肉的畜牲，因種種原因，逐一從餐桌上消失。譬如，牛主要因有拉犁耕田的大用；羊的飼養與農業的發展有衝突；馬是為其軍事及運動上的需要；犬則個體不大，又成為人們看家的寵物良伴。只有豬的飼養不妨害農業的發展，供肉的經濟價值一直保持不變，故秦漢時代以來一直是中國人最重要的肉食來源。略為介紹其飼養的情況。

在商代，豬有家養及野生兩種，反映於甲骨文，家養的是

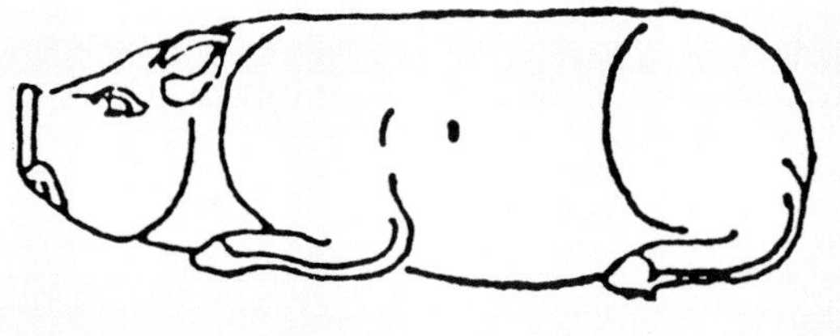

西漢墓葬握於手中的石豬。

「豕」（）字，作體態肥胖，腳短而尾巴下垂的動物形；野生的是「彘」（）字，作動物的身軀有箭穿透之狀，表示是捕獵所得。後來少見野生的品種，故「彘」字也用於指家養的豬。

一看豬肥胖而短腳的體態，就知道它是不能遠行的動物，因此它比較可能是定居農民馴養的家畜，難於在游牧的社會發展，也許這就是穆斯林不吃豬肉的主因。就像戰國時代以後，中國人已少吃牛肉，佛教的教義順水推舟，使此種吃食的習慣穩固。豬是雜食的動物，不需牧草，能餵飼人們吃剩或不食用的菜蔬，非常適合農業經濟的需要，其被馴養的時代很可能是在有定居的農業之後。

中國開始從事農藝的時代甚早，可能早到一萬年前。在廣西桂林甑皮岩的一個八千年以上的遺址，發現有六十三個豬的軀體，年齡都在一歲半左右；顯然已是被家養的現象，才都在最具經濟利益的情況下被宰殺。一萬年前的氣溫大大低於現今的溫度，華北地區太過寒冷乾燥，不易發展農業；華南地區則較溫濕，宜於人們居住及發展農業，也較適合豬的生長。當華南的人們因氣候的趨熱，北移華北經營農耕，也把馴養的豬帶去，所以中亞雖早至一萬一千年前——即農業發展之前——已馴養綿羊。在中國的主要文化區，西元前四千年以前的華北新石器遺址，多見豬、犬，而少見牛、馬、羊的遺骨。至於半乾旱的游牧地區的遺址，則多見牛、馬、羊，而少見豬、犬，顯然是豬不利遠行的習性的直接反映。

動物被馴養後，經過千年以上的長期間，體態和骨質才會起明顯的變化。亞洲的野豬體積分配，其包含前腳的前軀約占全身的七成。浙江餘姚河姆渡一個有六千多年的遺址，出土一件陶塑的豬，其腹部明顯下垂，肥胖的體態和現代家豬已十分相似，前軀幾占全身的一半，顯然已經歷長期的圈養和培育的結果。至於現今的品種，則前軀只占三成，供肉的分量大為增加。

有些動物可用長期圈養的方法加以馴服，不知何時人們又發現閹割後，動物不受羈絆的野性可以大為減少而能馴養。有些家畜為了達到某種效果，閹割還是必須的手段。譬如馬於閹割後可穩定性情，不輕易相互踢嚙或不走動，故現代賽車、賽跑的馬都要經過閹割的手術。中國至遲在三千多年前的商代已知道閹割的方法，且主要是施於豬，以增快成肉的速度，縮短飼養的時間，減低飼養的成本，大大增加飼養的經濟價值。

甲骨文的「豖」（）字作性器已遭閹割而與身軀分離之狀，此字用於表示供祭祀的

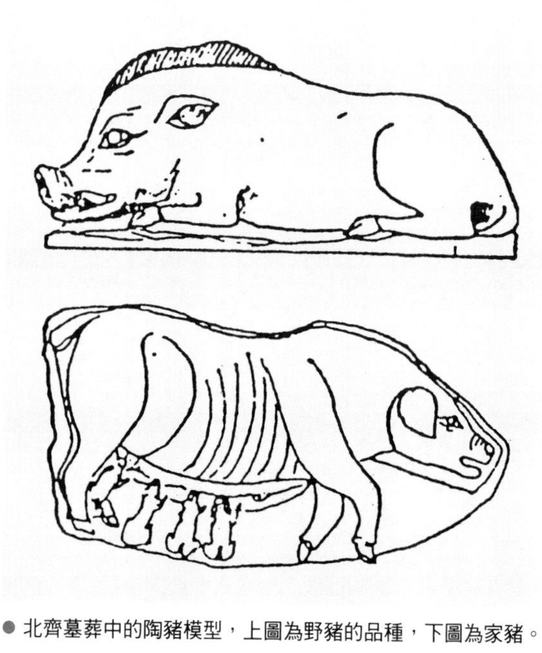

● 北齊墓葬中的陶豬模型，上圖為野豬的品種，下圖為家豬。

是已去勢的雄豬。後來所造從豕聲的字也大都與塹擊的閹割手術的動作有關；商代一定已發展了防止發炎的藥物。

野豬的軀體雖較牛小，但衝勁大，且有粗壯尖銳的獠牙，可以造成傷害，但一旦去了勢，性情就會變得溫和，衝勁大減而不生危險。故《周易．大畜卦》有「豶豕之牙，吉」之語，意謂已遭閹割的野豬，雖有利齒已難再傷害人，故為無險的吉兆。甲骨文的「溷」（）字，其中一形作一中箭的野豬被圈養於豬舍之狀，不但家養的豬用閹割的手段以增成肉率，商代的人也以之馴化野豬，以培育新的品種。現在豬的閹割大致在出生後二至六個星期施行，商代也許也一樣。八千多年前甑皮岩的豬都在一歲半左右被宰殺，那是不經閹割的情形；現今幼豬大致飼養六個月至一年。商代既然已使用閹割的方法以加速豬的成長，則宰殺的年齡一定會早於甑皮岩的，大致是一歲吧。

從遺址的遺留看，六千年前的仰韶文化時，豬尚與牛、馬、羊等同待，有圈養於露天的情形。但豬由於調節體溫的性能不完善，最好避免過冷過熱的環境，飼養於通風良好的乾燥地方。炎夏時要有陰涼的地方避免烈陽的直接照射，以降低體溫。受寒是豬仔病死的大誘因，尤其是閹割後體格跟著衰弱，不便再飼養於露天任雨淋霜凍。故起碼從商代起，豬已習慣飼養於有遮蓋的地方。同時，豬與人均為雜食，糞便是很好的有機肥料，人們就因方便飼養於自己的居所、有屋檐的地方，與廁所為鄰，便利肥料的收集。故甲骨文的「家」（）字作家屋之下有豬之狀，意義為廁所的「溷」（）字，就作一隻或兩隻豬養在有斜屋檐的豬舍之狀。漢代隨葬用的陶豬圈模型，也大多數是有屋檐的，其他牛、羊等家畜的牢圈就很少如此了；說明在造字的時代，豬已習慣性地被飼養於有遮頂的地方，與人們日常的生活非常接近。

在商周時代，祭祀犧牲的品級，豬雖次於牛、羊，但豬肉已無疑是全民最普及的肉食。而且供奉時有豚、豕、彘、豕等不同的名目，想見烹飪取材時已有不同的要求。有些取小豬的肉嫩，有些則取其多肉、多肥，野豬則取其吃起來有勁；其他的家畜就不見有這些分別，因為牠們已不是經常食用或一般人食用的對象。《孟子．梁惠王》：「雞豚狗彘之畜，無失其時，七十者可以食肉矣。」

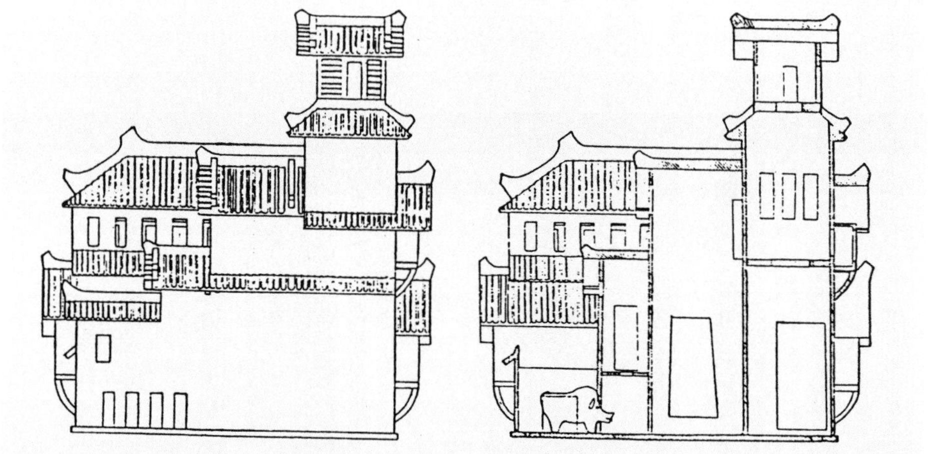

● 湖北雲夢出土東漢陶屋明器，豬飼養於有遮蓋之廁所之旁。

（畜養雞豬狗，不要耽誤牠們的繁殖時間，如此七十歲以上的人就可以經常吃到肉。）《禮記・大學》：「畜馬乘，不察於豚。」（畜馬乘之家，就不必再計較養雞養豬之利。）戰國時代以來，只有豚是小民所畜的對象以謀財利，牛、羊只是貴族祭祀所需的畜牲而已。

現代楷書	隸書	篆書	金文	甲骨文
豕				
彘				
豖				
溷				 （中箭的豬）  （被豢養的豬）
家				

狗，人類忠誠的夥伴

在十二生肖中，狗一直是和人們生活最為接近的家畜。經過長期的培育，人們發展它某方面的賦性和特長，以順應不同的要求和目的，以致狗的品種在家畜中最為複雜，有專門培育為肉食、打獵、看守、偵察、牧羊、表演、賽跑、嚮導、拉橇、實驗及玩賞等等專門種類，不但體型和外觀懸殊，價值也有天壤之別。不過漢代時基本只有兩型，一為肥胖，一為瘦長，都帶有項圈，主要為看守門戶及玩伴。現今由於人們的生活較任何時期都富裕，不但不以狗供肉食，甚至也不看門，且成為家庭的寵物，受到悉心的照顧。專為狗製造的商品在歐美是一筆很大的生意。

考古證據顯示，人類最早馴養的家畜是綿羊，已有一萬一

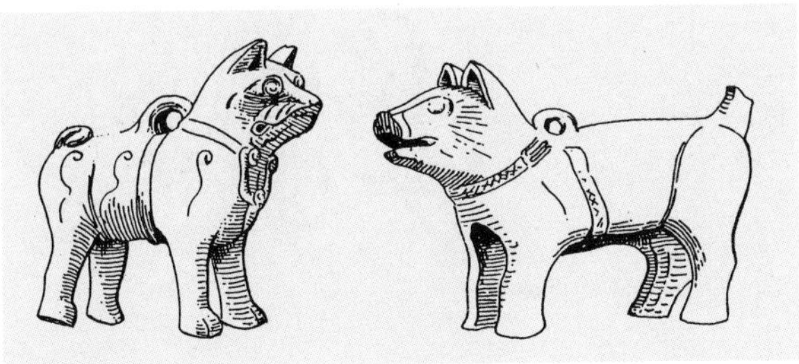

● 東漢灰陶帶項圈的狗俑，屬於肥胖型。

千年的歷史。狗被馴養的時間普遍也認為很早，甚至不晚於羊，或以為早至舊石器的晚期就已被馴養。狗的個體不大，生長緩慢，與其他大型獵物比較，供肉與皮毛的價值少得多；牠所以之早被馴養，一定有供肉以外的特殊條件，否則人們是不會自找麻煩，費心加以飼養和培育，以改變其野生的狀態。狗是很能適應環境的動物，且有強健的下顎、犀利的牙齒、善跑的腿，加上嗅覺和聽覺敏銳，適於追逐、捕獵的生活；對於早期以漁獵採集為生的人們來說非常有用，狗無疑是因有此種協助捕獵用處才被接受的，因此認為牠比農業社會的豬更早被家庭豢養。豬有八千七百年以上的豢養歷史，故狗應在未有農耕以前，至少西元前七、八千年就被豢養了。

遼陽東漢墓室上的看門狗繪畫，屬於瘦長型。

狗的體能遠差於許多大型野獸，難於離群，在野外過獨立的生活，因而養成集群合作的本能，易於被早期的人們所馴養。但牠異於羊，羊是人們為了肉食和皮毛的目的，主動加以馴養的；狗則可能基於牠本身的需要，前來依附於人們。有可能人們被狗依附之後，才有靈感以之應用於他種野獸而發展畜養的技術。

狗可能自狼馴化而成，因為牠們獨自捕獵的能力有限，難於同大型的野獸競爭，常無所獲而挨餓，以致經常徘徊於人類的居處，吃食人們丟棄的皮、骨、肉等。人們既習慣於牠們友善的存在，對生活也不生什麼負擔，因此溫馴者就被留下，通過互相的合作和選擇，狗終失去野性而成家畜，幫助人們捕獵。犬被家養後體能發生變化，與野狼的主要分別在尾巴捲起；所以甲骨文的「犬」（）字主要特徵是尾巴上翹，只有少數作身子細長而尾巴下垂，有別於肥胖的豬的象形字「豕」。

人因能使用工具以彌補體能上的缺陷，使任何大型、凶猛的野獸都逃不出被擒殺的命運。但是野獸可以深藏起來，逃避人們搜索擒殺的厄運，狗正好在這方面有所作用，狗有嗅覺上的天賦異能，能從野獸遺留的血、汗、尿、糞等氣味去分辨動物，並加以追、誘發和驅趕，以方便人們的捕殺，從而分得殘餘，所以甲骨文的「獸」（）字作一把打獵用的田網及一隻犬以會意；兩者都是打獵時需要的工具，故以之表達狩獵的意義，後來才擴充其意義至被捕獵的對象野獸。而「臭」（）字其本義即後來的「嗅」字，以犬及其鼻子表意，反映人們完全了解在所知的動物中，犬的嗅覺最為敏銳，故取以表達辨別味道的嗅覺感官。

犬的敏銳嗅覺不限於探查野獸，對於偵察敵也能起很大的作用，故很快被貴族利用於軍事和追緝逃犯。商代的中央和方國都設有犬官，除報告野獸出沒的情況以供打獵的參考外，並隨行參加軍事的行動；尤其是夜晚可以替代人們偵察意外的侵犯徵兆。

狗有很好的德性，牠勇敢、堅毅，有耐力、忠誠和殷勤，且聰明又機警，能掌握主人許多細微動作和聲音的命令，甚至能判斷主人的喜惡，故以之看守門戶，驅逐可能不受歡迎的人物；以致人們奚落牠勢利眼，依仗權勢而欺負窮苦者。商代的大型建築物有埋狗於大門旁的奠基儀式，就是以狗看門的具體表現。又可能因牠是人們的玩伴寵物，商代大多數的墓葬，埋有一隻狗架於屍體腰部下的坑洞，有些則埋在填土或二層臺上，以便永久陪伴主人於地下，較之殉葬的近臣、武士、奴僕更接近主人。這種習俗在周代慢慢消失，大概西周中葉以後就不見了，這不表示周人不把狗當作寵物看待，應是周人較富人道思想，不再輕易犧牲人命殉葬，把愛寵的狗也比照人類看待。但不知為何？漢之前以家畜為美術的題材，最少見到的卻是狗。

狗因有利於狩獵而被人們接受的。當農業漸漸發展，捕獵

河南密縣打虎亭東漢畫像石上主人身旁的狗及幼犬。

漸漸不成為生活的要事時，其敏銳的嗅覺對農人無太多實質的利益，除統治階級為軍事、遊獵、玩賞的需要而刻意培育外，一般就較少飼養了。狗雖不是為了肉食的原因而馴養，有必要時人們也不會忽略牠在那方面的可能用途。中國從很早開始就受人口太多之苦，農業比畜牧能養活更多的人，以致肉類生產少，難得吃到肉食。《孟子．梁惠王》裡理想的王政：「雞豚狗彘之畜，無失其時，七十者可以食肉矣。」（畜養雞豬狗，不要耽誤牠們的繁殖時間，如此七十歲以上的人就可以經常吃到肉。）肉食如此短缺，當然要盡量利用資源，所以狗到漢初還是一般供肉的家畜。但牠在祭祀上的重要性，可能因體型小的緣故，漢代之前被排在牛、羊、豬之後，只在安寧風勢的祭祀時，用犬而不用牛、羊、豬等；它一定是基於某種已經失傳的信仰。

魏晉以後中國絕大部分地區逐漸棄絕吃狗肉的習慣，其主因頗不易猜測，但不外幾點：一是一般人在節慶有祭祀時才能吃到肉，狗不是祭祀的大牲，故吃牠的機會就較少；二是牠成為人們忠實的陪伴，建立了感情，人們不忍殺害自己飼養的忠誠寵物；再加上古代市場少，狗生長的速度不快，要餵飼有用的食物，飼養狗的成本較放任到處啄食的雞鴨、以及快速成長的豬都高，飼養以販賣的意願也較少。自己既不屠宰寵物，市場也少販賣，自然漸漸不習慣吃牠了。

現代楷書	隸書	篆書	金文	甲骨文
犬	犬	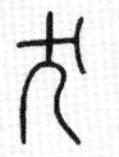		
獸	獸			
臭	臭			

馬，專屬貴族的寵物

豢養家畜是人類累積幾百萬年的狩獵經驗後才學會的革命性事件。據今所知，中亞在一萬一千年前已馴養綿羊，而中國大致也在那時候開始發展家畜的馴養。

馬的體型雖有高矮之別，大體是屬於大型的哺乳動物，牠的感覺器官發達，眼大位高，視野寬闊，記憶力、判斷力強，方向感也極正確，加以力大善跑，是非常有用的畜牲。但是馬的性格不羈，很難馴服控制，故不論中外，在常見的家畜中，馬都是最晚被馴養的。在晚期的新石器遺址中，豬、牛、羊、犬等家畜的遺骨遠比馬多得多，可見其罕見的程度。中國傳說在四千二百年前的夏禹時代，即已用馬拉車；這個年代與發現馬家養的最早遺址，山東章邱城子崖的龍山文化年代相近。馬被馴養年代之遲，主因是人們要利用牠的力氣而非其皮肉。

從文獻得知，自商代以來馬或被作為國與國間盟誓時的犧牲，但不作為一般的祭祀犧牲；即非供食用，而是供軍事及田獵之用。戰國以前的隨葬坑中，可以發現馬常與車子一起埋葬；因為老馬識途，在荊莽中常能引人們脫離迷途，所以當政者極為重視馬的培育。從甲骨刻辭得知商代不但在中央政府有馬官，各方國也有各自的馬官，主管馬的培訓工作。而方國是否來貢馬匹的記載也多次見於貞卜刻辭。

現存的甲骨文已見十四個以馬為意符的形聲字，遠較以其他家畜創義的字多，可見三千多年前人們對於馬的分類已較其他家畜精細，因此可見人們對馬重視的程度。《詩經．駉》中，竟提及十六種不同的馬的名稱，反映出東周時代人們善於相馬，及秦穆公、燕昭王等以各種手段尋求良馬的社會背景。

商代的道路不及後代修建的多及平直，那時的車箱離地甚高，約有七、八十公分高，重心不穩，駕駛太快就容易翻覆，達不到衝鋒陷陣的效果。甲骨刻辭就提到武丁時發生兩次翻車的事故，這種情形到春秋時代似乎還不見改善。《左傳》記鄭國子產以駕馭馬車比喻為政之道：「譬如田獵，射御貫則能獲禽。若未嘗登車射御，則破績厭覆是懼，何暇息獲。」（例如打獵，熟稔射箭和駕車，然後就能擒獲獵物。如果未曾登過車射過箭，懼怕的是車子翻覆、把人壓死，那還有餘暇想擒獲獵物嗎？）是以有些學者以為馬車在商代只是用來旅行、傳遞消息、發號施令，不是用來在高速衝刺時，從車上發動攻擊的。不過，馬車既用於狩獵的時機，隨葬的車上也發現配備有可供遠射的弓箭以及近攻的刀戈，所以很難肯定殷人並未利用馬的快速奔馳以加強戰鬥的效果；問題該是接受這種特殊的訓練有多少人、使用的頻度及規模的大小而已。

拉曳車子作快速的奔跑，並不是任何馬匹都可勝任的，一定要受過長期訓練的精選良種才辦得到。有時甚至還要閹割以穩定馬的性情，消除其相互踢嚙，或使性子不肯跑動的不良習性。譬如魏文帝曹丕的乘馬，就因為不喜歡主人身上的香味，咬嚙曹丕的膝蓋而遭處死。而且，馴養良馬不是一般人的財力所能負擔，所以漢武帝時鼓勵養馬，制定政策，馴養一匹馬可使三人不用服兵役。而一匹牡馬的價錢竟高達二十萬錢，因此自古以來，馬及馬車一直為有權有勢者所珍愛而成為地位的象徵。

而且，不論是在戰場、田獵場或競車場，馬的優劣與主人的榮辱可謂息息相關，所以良馬也成為貴族們賞賜或賄賂的貴重品物。如《易經．晉卦》有：「康侯用錫馬蕃庶，晝日三接。」（康侯受賞的馬匹眾多，一天內被多次接見。）馬與騎士或駕馭者要有相當的默契，才能發揮最大的效用。馬還能感覺出乘騎者的心情，如果騎者猶疑不決，心存畏懼，馬就會受到影響，顯得較不服從。所以，貴族不光只重視馬的訓練與飼養，還得時時垂顧，與馬建立感情。乘馬成為貴族的寵物，養馬的心情完全不同於其他供肉、負重的家畜。《史記．滑稽列傳》記載楚莊王有愛馬的愚痴行為：

衣以文繡，置之華屋之下，席以露床，啖以棗脯。馬病肥死，使群臣喪之，欲以棺槨大夫禮葬之。

（王讓馬穿上有華麗刺繡的衣服，養在華麗的屋子中，給牠睡沒有帷帳的床，用蜜棗乾餵養牠。馬被養得太胖病死了，王要大臣全體服喪，甚至用大夫的禮儀安葬馬。）

其他如訓練馬銜杯跳舞，種種馬戲以為娛樂，只算是小焉者了。一般說來，騎在馬背遠比坐在馬車上行動更為靈活，可算是較遲的應用。不少人以《史記》記趙武靈王於西元前三〇七年，開始胡服騎射以對抗游牧民族，為中國單騎之始。但是從《左傳》的一些描寫，很可能早在西元前六世紀中葉，就有騎於馬背的事實。或以為安陽的一座一人一馬的商代隨葬坑，出土了馬鞭、弓、箭、戈、刀和馬的裝飾物，並不見馬車上常見的青銅裝飾零件，判定就是坐騎而不是拉車的兩馬之一的證據，甚至以為「奇」（）字就是「騎」的字源，於甲骨文作一人騎在馬背上之狀。

根據事理推測，不管是作慢步或進行活動，商代應已存在單騎的事實。但也許貴族們認為跨馬的姿勢不太高雅，並非一般情況所宜採用，因此很可能流行於下層的武士之間。而趙武靈王以一國之尊，親行跨馬騎射，非比尋常，才會被鄭重地記載下來。由於其效果確實，其他貴族也紛紛仿效，導致戰場的主力漸由馬車步兵而轉變為騎兵。到了漢代，兵車的戰略便完全被淘汰了。我們從秦始皇的兵馬坑，已可以看出這種形勢。

識別良馬自是重要，但品種的改良更不容遲緩。因為有的馬太矮，只堪拉重，不能快跑或騎在背上。商代有專人管理馬政，可能就已從事育種的工作。中國從很早開始就向游牧民族索求優良馬種，如西周孝王時西戎來獻馬、夷王時伐太原之戎而獲馬千匹；漢景帝在西北邊境大興馬苑達三十六所，養馬三十萬匹；漢武帝甚至於西元前一〇四年，派遣大軍向大宛索馬，前後費了三年的時間，才完成得到大宛種馬的願望。西漢墓葬常見赭衣灰陶馬，取形可能來自西域血汗馬。漢武帝曾有《天馬歌》歌詠之：「太一貢兮天馬下，霑赤汗兮沫流赭。騁容與兮策萬里，今安匹兮龍為友。」（太一賞賜我們，令天馬降臨人間。身體被赤色的汗

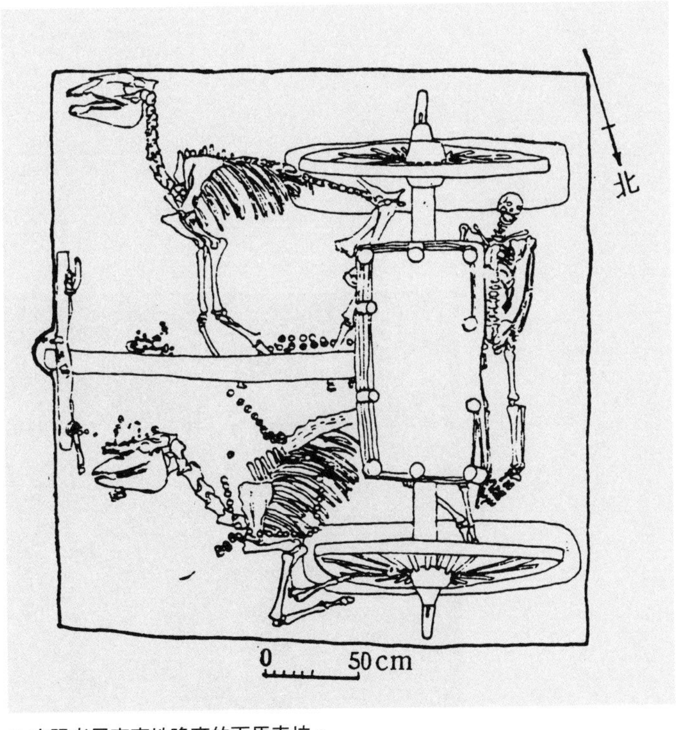

● 安陽孝民屯南地晚商的兩馬車坑。

沾濕，汗液好似赭紅色泛著泡沫的水流。馳騁起來很容易就能踏過萬里。曾在天上與龍為友，如今卻安心在人間為馬。）利用這些西域引進的馬匹與源自蒙古的中國馬交配，培育了不少優異的雜種馬。我們看漢及唐代的馬畫像和塑像，確比前代的雄偉得多，便可得到證明。

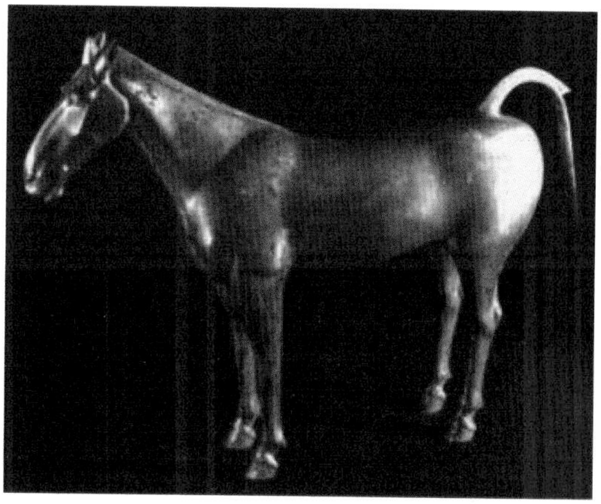

● 陝西茂陵出土的西漢鎏金銅馬，即依中亞的天馬造型。

現代楷書	隸書	篆書	金文	甲骨文
馬	馬		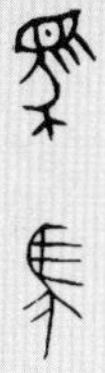	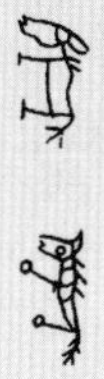
奇	奇			

老虎，凶猛但受崇敬的野獸

虎是貓科最大的動物，不計尾巴，身長可達二公尺、重二百公斤以上。它是一種凶猛的野獸，有強壯的身軀、銳利的爪牙、敏捷的動作，是亞洲野獸之王，故有狐假虎威的寓言。虎是個對氣候很有適應性的動物，故分布的地區很廣，應是古代中國常見的動物。但是因為它的生活環境——雜草叢生、濕而軟的地區和森林——逐漸被人們開發為田地而失去生活的天地。所以現在幾乎也在中國境內絕跡，只能在動物園欣賞了。而且兩頭雄虎很難生活在一起，分布相當疏散，故被人發現的機會也很少。但是在野生的動物中，虎可算是人們非常熟悉、而常見於裝飾的題材。略為介紹一下虎在中國文化中的地位。

在中國境內所有的野獸中，捕獵老虎是最具危險性的。如果不靠設阱、毒藥，古時候想要用武器獵獲它是很不容易。所以對一個古代的獵人來說，它確是可誇示勇力的獵物。從甲骨的記載，可知商代捕到老虎的地域雖有多處，但在大量的獵獲物中，只能見到一、二隻而已。譬如商王武丁在一次大規模的狩獵，捕得鹿四十、狼一百六十四、麋一百五十九等，但才捉到一隻虎。比起皮堅甲厚的犀牛動輒十隻以上，即可見虎難以捕獲的程度了。加拿大的皇家安大略博物館藏有世界唯一的晚商虎骨刻辭，是最後一位商王帝紂的獵虎紀錄，其刻辭作「辛酉，王田於麓，獲大霸虎。在十月，唯王三祀劦日」，正面還雕刻很繁縟的花紋，骨橋上是一隻老虎，其上疊有二層饕餮紋，簡省的龍紋和蟬紋。兩面的花紋和刻辭都用貴重的綠松石嵌鑲，顯然是炫耀其打獵的成果，作為賞玩展示之用，此骨經鑑定是古代一般成年老虎的前髆骨。從而知其他一些同形狀有刻花紋而無銘辭的，也都是獵虎成果的展示品。戰利品的裝飾在古代也有表示地位的作用，個人難能獵到虎，只有擁有徒眾的貴族們才有辦法做到。

由於在上古沒有比跟老虎搏鬥更具刺激

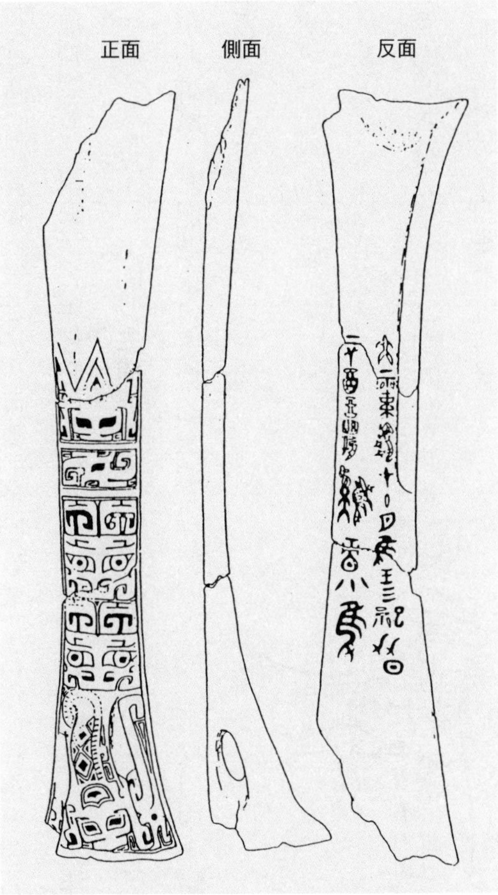

● 西元前十一世紀，晚商帝紂三年獵虎紀念之虎骨刻辭。正反面都嵌鑲綠松石，長二十二公分、寬四公分。

的場面了，故扮演搏鬥老虎的故事劇，甚至與老虎真的搏鬥就成了古代一種很有號召力的娛樂節目。漢代就有這種記載，東海黃公年輕時以表演徒手搏鬥老虎為職業，到了年老的時候不知身體已衰弱，有一次帶了刀上山要去捕捉老虎，反而被虎吃掉了。人們也因之編成有科白、化裝、舞蹈的戲劇。有記載來自占城的表演：「開圈弄虎，手探口中，略無所損。」（打開老虎的牢籠，用手伸入老虎口中試探，一點也不沒被傷害。）金文的「戲」字（見九九頁）由老虎、戈及凳子組成，想是表達一人持戈表演刺殺高踞的老虎的遊戲之意；甲骨文的「虢」字（見九九頁）則作更驚險的雙手扭鬥老虎的樣子。都可證明此種表演來源甚早。

老虎雖然對人們的生命和家畜構成威脅，中國人不但對之沒有惡感，甚至還相當的崇敬。商代銅器上常見的饕餮紋，有大半是取材自凶猛的老虎，它大概被視為有毛的動物中最具神威的，有某種避邪的能力。河南濮陽一個六千多年前的墓葬，屍體兩旁用蚌殼排成龍和虎的圖案。戰國

● 戰國銅鏡上的騎士鬥虎圖紋。

時候就被取以代表二十八宿中的西方七宿，與鱗蟲之龍、羽鳥之鳳、介甲之龜蛇等神靈動物合稱四靈，分別代表四個方向及季節。後來更與五行說配合而有青龍、朱雀、白虎、玄武之稱。虎的膚色最常見的是黃色，有的呈黑的，白的就非常罕見，恐怕是變種。

在五行學說中，把虎的膚色說成白的，不知是偶然的配合還是有意的安排。它被視為靈異的象徵，大概來自「白虎性仁而不害」的觀念。虎的平均壽命才十一歲，白虎太過罕見，故因而附會說虎五百歲毛色變白，要王者不暴虐，恩及行葦時才出現。如不涉神怪的解釋，就說白虎因為年老，不甚搏殺，只揀現成的食物而已。其實虎通常避開健壯的大型獸類，只有在餓壞或被激怒時才不擇對象。《易經．履卦》：「履虎尾，不咥人，亨。」（踩到老虎的尾巴，牠沒有回頭咬人，亨通。）甚至還有被冒犯也不發怒的時候。而且虎喜歡在夜間捕食，對人群構不了大災害，大概在飽肚時也不噬人。一說扶南王蓄生虎，如果有訟事而未能決定曲直，就投人於虎，不被吃的就是直，因而蠻貊之人祀虎為神。

虎會攻擊家畜，顯然會有經濟的損失，但它卻被中國人當作農業的保護神。農業是種長期性的投資，在漫長的生長過程中，破壞大約來自兩方面：一是田苗受野獸的踐踏及嚙食。鹿類性喜結群行動，以草蔬為食，其游食之地常是種植莊稼之處，行動自有妨害農作，此外田鼠也嚙食植物的根，故古時有以孟夏驅獸以保護田苗的積極措施。虎以鹿等弱小野生動物為食，間接幫助農業的生產。另一破壞是供水，在水利不甚發達的古代，農作的收成常取決於適時的降雨與否，水量不足的時候常多於降水過多。旱魃是傳說降下旱災的禍首，而傳說虎喜吃女巫旱魃，這不也是幫了人們一個大忙嗎？有人甚至以為龍虎不相容，龍有造雨的神力，如投虎骨於有龍的地方，可將龍激醒起而降雨。或者老虎代表收穫季節的秋季，農民因之祈拜，期望好收成。

古時的人認為什麼東西都有精靈，威力越大的魔力越高。與某樣東西有了關係，就會感染它的影響力，因此希望食用或服戴它。後世的人對這種原始的信仰雖已淡薄，但多少還有些遺留，故武士喜以虎頭或虎皮來裝飾戎服，希望借其形象或魔力去威嚇敵人或馬匹，起碼也有避邪的功用。《左傳》記載城濮之戰，晉胥臣以虎皮蒙馬，先進攻陳、蔡，而致楚師敗績。人們大概覺得凶猛的老虎有足夠力量保護幼兒，不受妖邪的侵害；或是希望男兒長得勇猛如虎，男孩的帽子就縫製成虎的樣子，而老虎也被視為幼兒的保護神了。甚至成年人也購買虎形的枕頭，希望避邪。

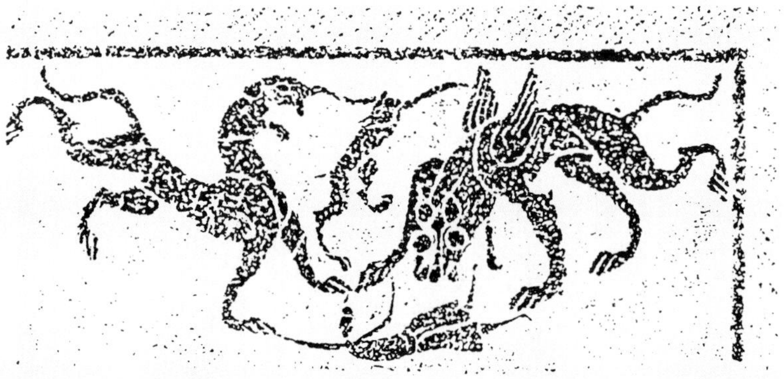

● 漢畫像石上的虎食女魃圖。

現代楷書	隸書	篆書	金文	甲骨文
虎	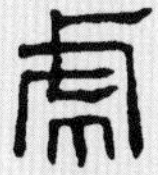	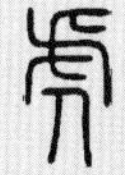		

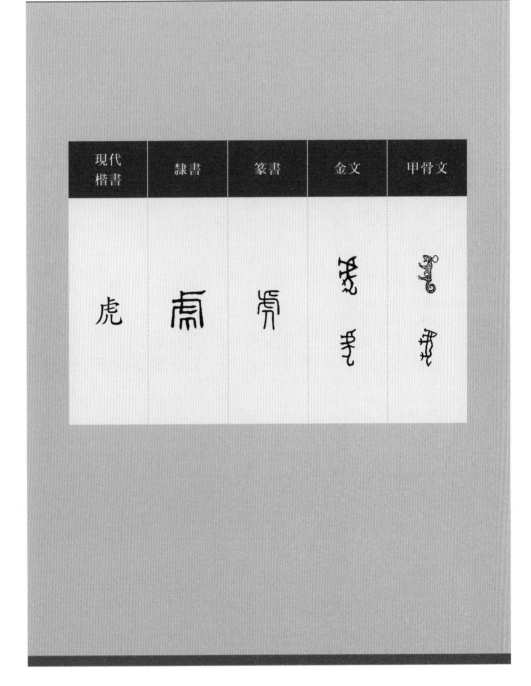

犀牛，在中國絕跡的犄角動物

犀牛形似牛而大，頭大、頸短、軀幹粗壯、皮膚韌厚無毛而有皺皮，因品種而異，體色有微黑帶紫、黃褐、青白幾種。常見的犀牛有兩種：一是印度產的，體格較大而性情溫順，鼻端上長有一隻大獨角；一是非洲產，體格略小而性情凶暴，除鼻端有大獨角外，額前尚有一隻小獨角。此外還有所謂三角的，大概是作一大二小的縱向排列。

現今犀牛的分布主要在非洲中、南部、中南半島、南洋群島、印度大陸等地區，都是屬於較溫熱的地帶。中國境內，可能除了雲南、廣西交界，現今犀牛已絕跡。但在距今七千到三千年的一段期間，氣溫要較今日溫暖，年平均溫約比現今高攝氏二度，而一月份的平均溫可能高達五度之多。犀牛有可能在中國很多地區生息繁殖，浙江餘姚河姆渡、河南淅川下王崗等六千多年前的遺址，都發現犀牛遺骨，說明中國那時有犀牛生息著。

現在用「犀」或「兕」字來指稱犀牛。甲骨文的「兕」（）字作有大獨角的動物

形，它是強調與其他動物成對的角有不同的異徵；「犀」（）是後起的形聲字。兕在商代是常見的捕獵物，說它的膚色是白或戠。擒捕的地點多處，捕捉用設陷阱、箭射、追逐、縱火等方法。一次的捕獲有時達到四十隻，捕到十隻以上的也有數次。比起只捉到一、二隻的老虎，兕在商代顯然是種易於擒獲的野生動物，應有較大量的繁殖。

《國語．越語》有吳國衣犀甲之士十萬三千人的記載，表示到戰國時代中國華南仍有大量的犀牛存在。但是有人以為，犀牛皮堅甲厚，發起怒來狂衝，幾千公斤重的身軀有如卡車，捕獵時很危險，以現知商代的青銅武器似乎很難給予致命的打擊。古代文字的「犀」或「兕」應是指一種已滅絕的野水牛，後代才被用以稱犀牛的種屬，故才有大量擒獲或使用的記錄。中央研究院收藏一件商代帝辛時的動物頭骨刻辭，作「在九月，唯王十祀肜日。王田盂，于〇獲白兕」。雖經斷定是犀牛的頭骨，但有人相信那是誤斷，以為應該是野水牛。其實獵犀並不需要給予一次致命的打擊，設陷阱是半開化民族最常用的方法。而且犀牛胸前腹下的部位並不如其他的部位堅厚，商代的箭已足給予有效的創傷。非洲土著用以獵犀的武器也很簡陋，但已使犀牛瀕於滅絕的境地。

犀牛的嗅覺和聽覺特別敏感，不易接近，但視覺卻很差。如果用木弩張設在地上，即可不接近犀牛而靜待它觸動機括，射殺胸下的部位。商代習見的所謂弓形器，大半就是固定弓體於木弩的零件，其中一件裝飾有像是「兕」字的圖案，該動物身上明顯披有大塊的皺皮厚甲，明示弓形器用以獵犀的用途，所以商代的人肯定有獵犀的能力。「兕」字在商代已指稱犀牛，否則商王不會刻辭於其頭部以為打獵的勝利品，以誇耀其武勇。

戰國時代以前，犀牛還是中國人熟悉的動物，故以犀牛賦形的銅器還相當逼真傳神。但是漢代以後，大概因已難見其形，只能依據書本的描述造形，形象就大有出入。

犀牛之所以在中國廣大的地域滅絕，除商代以來氣溫下降，不再恢復過去的溫暖，以及山林被闢為農田而失去食料來源外，主要的原因大概是人們濫捕以縫製盔甲。戰國晚期撰寫的《考工記．函人》說：

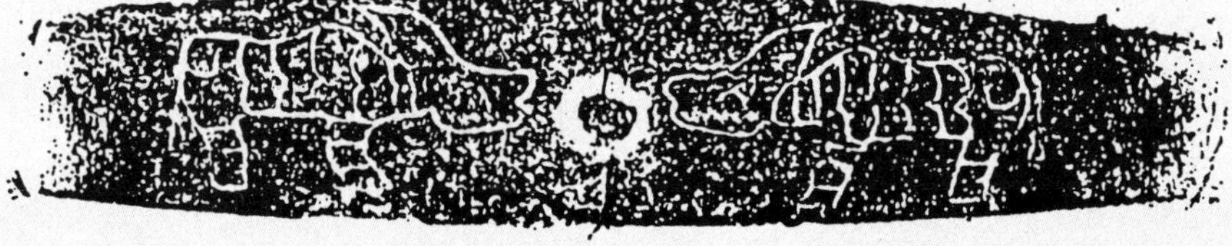

● 上圖　商代晚期弓形器柄背上的犀牛圖紋，與甲骨文「兕」字表現同類的動物。
● 下圖　犀牛形青銅鑄器，右圖為商代，左圖為戰國時代。

「犀甲壽百年，兕甲壽二百年，合甲壽三百年。」（犀甲可用一百年，兕甲可用二百年，合甲可用三百年。）雖不免有誇張之嫌，總不離其經久耐用的特性太遠。在鋼鐵的使用未普及前，兕甲是最有效的護身裝備，故《楚辭．國殤》：「操吳戈兮披犀甲。」（手持吳人所製造的戈，身披犀牛製成的盔甲。）以之為最理想的戰鬥裝備。從吳國衣犀甲之士之多，可想見人們普遍以犀皮縫製甲盔的概況和濫捕的程度。

除犀皮外，犀牛還有一樣最為人們寶貴的東西，即犀角，犀角是一束毛髮硬化而成，所以沒有長成其他動物一樣的對稱。犀角含有碳酸鈣、磷酸鈣、酪氨酸等成分，具有清熱、解毒、止血、定驚的功效，其療效起碼已為漢代人所了解，《神農本草經》列入中品，是種可久服兼治病的藥材。到了四世紀，鍊丹家以之與水銀、丹砂、硫磺、麝香等物合藥以製小還丹，以為有助成仙不老的效果。犀牛在漢代已比象更為罕見，犀角的效用被人神化，甚至以為有避塵、避寒、避水等種種不可思議的妙用，王莽甚至和以他物，煮之以漬種，希望吃其長成的穀粒可以成仙。

● 河北平山戰國中山王墓的銅犀。那時華北已罕見犀牛，故造型不很逼真。

犀牛因品種不同，犀角的色澤、大小、外形都有些不同，有些尖而細，有些粗短，但都具圓錐形而根部有自然的窪陷，可因勢以製作容器。《詩經．卷耳》：「我姑酌彼兕觥，維以不永傷。」（用犀角杯滿滿斟了一杯酒，借酒澆愁。）〈七月〉：「躋彼公堂，稱彼兕觥，萬壽無疆。」（家人全聚廳堂上，舉著犀角杯慶賀：「萬壽無疆！」）〈綠衣〉：「兕觥其觩，旨酒思柔。」（犀角酒杯成彎曲樣，美酒的口感很柔和。）等，已言明以犀角製作飲酒杯。但不知其時已著眼於其療效，或只是取其材料貴重。漢代既知犀角的療效，其後的製作當有此用意，希望飲用溶於酒中的藥性，以達延壽的目的。

由於犀角是毛髮的角質化，與真正的角質不同，難於長久保存。存世的品物雖有早至八世紀的，但絕大多數是明、清的品物。早期的犀角杯大概偏重其療效，大多利用其自然的形狀，稍事雕琢，作為爵形或皿形的杯子，不做多餘的裝飾。明清以來，也許犀角療效的觀念已淡化，人們偏重其裝飾擺設方面的效果，藝人運用匠心，發揮想像力，雕琢成有層次、富變化的藝術品，可能人們就不以之飲酒了，甚至乾脆不製作酒杯，依其上小下大的自然形狀，通過加熱軟化變形，設計為純擺設的欣賞物。其成形以人物及山水占絕大多數，且有不少與神仙思想有關，如浮海仙槎、瀛洲樓閣、群仙海會等。

現代楷書	隸書	篆書	金文	甲骨文
兕				
犀				

龜，由被崇敬到被取笑的神獸

在野生的動物群中，幾千年來人們最熟悉的，恐怕沒有比得上水陸兩棲的龜了。從很早開始，人們就覺察到龜種種天賦的異能，因此加以崇拜，尤其是它的長壽，更是人們所渴望的，因此常以龜取名，如龜年、龜齡一類。但是到了近代，它卻一變而成為人們普遍取笑與揶揄的對象，轉變之大，令人不解。

中國人意識到龜的神奇天賦，起碼可以追溯到七千五百年前。在河南舞陽賈湖一些七千五百年到八千五百年間遺址的豐富隨葬墓中，往往出土一個至八個修整過的龜殼，裡頭還裝有數量不等的各色小石子，可以發出嘎嘎的聲響，其中有幾件還刻有類似文字的符號，專家們認為那是與宗教巫術有關的器具。在東海岸的四、五千年前龍山文化遺址，如山東莒縣、江蘇邳縣等，也發現類似器用的穿孔龜殼。

龜在商代的最大用途應是作為占卜的材料。遠在五千多年前，人們就燒灼大型哺乳類獸骨，由骨上燒裂的紋路去占斷吉凶。大概是到了商代才燒灼龜甲以占問事類，而且還認為它有比獸骨更為靈驗的趨勢，甲骨文就是晚商王室問卜的紀錄，為中國迄今所知最早的大批文獻。商代的龜甲大多來自外地，其中有不少大海龜已證實來自數千里外的南海，可以想見商代的人相當尊崇和信仰它的靈驗，才不惜花費巨資從遠地運來中原。這種信仰到漢代才逐漸淡薄，司馬遷的《史記》還為之立〈龜策列傳〉，可惜其文未傳，由褚少孫補敘。

龜之如此被尊崇，顯然與其生活習性有關。龜很像一個隱居的高士，除了求偶或交配外，從不出聲。它不具有強力的攻擊能力，幸好負有堅硬的甲殼，可以將身軀縮入殼中以逃避攻擊。它的肺可以貯存大量的空氣，由於不必經常從事激烈的行動以覓食或逃命，所以可以緩慢地呼吸，消耗極少量的體能。而且其體內貯有充分的水分和養料，可以長久不飲、不食、不動地生活著。《史記．龜策列傳》說：「南方老人用龜支床足，行二十餘歲，老人死。移床，龜尚生不死。」（南方有位老人用龜支撐床腳，過了二十幾年，老人去世後，將床移開，龜仍然活著沒有死去。）如此長久不食、不動，真是有點不可思議。不但如此，甚至它的身體受到很大的傷害，也可以療養，慢慢地再生復原，所以我們很難找到一塊完整無傷痕的老龜殼，古人也就認為這樣的龜殼特別有靈效。

古人對於龜這種耐饑、耐渴、療傷，以及百年以上的長壽等異常天賦一定有所了解，所以才以神異視之，認為它可以交通神靈，因此便以之為占卜工具向神靈諮詢。至遲到戰國時代，人們已把龜的長壽歸功於其緩慢地呼吸、不動少食的生活習性，因此興起學習的念頭，發展出通過龜息和卻穀以求長生的道術，甚至迷信到以為飼養烏龜也可以導致長生的好處。〈龜策列傳〉有「江傍家人，常畜龜，飲食之，以為能導引致氣，有益於助衰養老。豈不信哉！」（住在長江邊的人經常畜養龜，用食物餵養牠們，認為牠能為人疏通筋絡、增加元氣，有助於人們防衰養老，這話難道不可信嗎！）的議論。

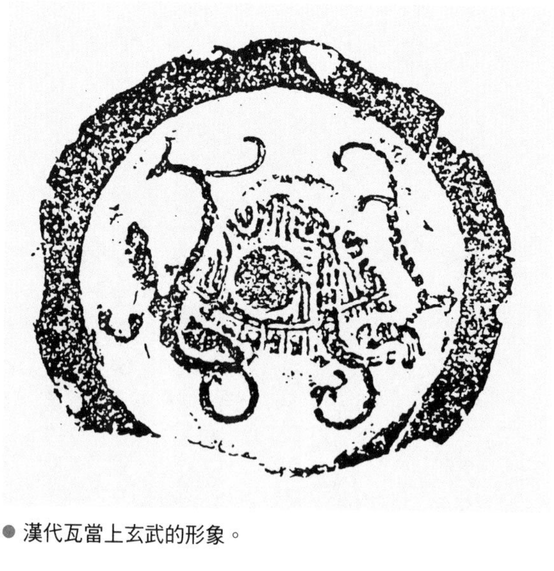

● 漢代瓦當上玄武的形象。

西周初的人們已有自然界是由金、木、水、火、土等五種物質構成的粗淺觀察，後來又有宇宙的變化是陰陽兩股動力相互消長所致的看法。戰國晚期，鄒衍把兩種學說結合起來，以為宇宙很有規律地依陰陽和五種元素的消長而變化，人類的行動要與之配合才能得到最大的益處。漸漸地有人以龍、鳳、虎、龜，分別代表東、南、西、北而稱之為四靈。龜於以上所說的神異外，還以具有介甲及體黑的兩個條件入選，也許龜沒有威武的形象，人們覺得有負四靈之名，因此就以昂首吐信的蛇纏繞著牠的身體而合稱玄武。

清靜無為、長生無爭是中國道家修養、追求的目標。龜的習性以及牠所代表的北方暗冥的哲學意識，又正好與之一致。因此玄武就被選為道教真神的象徵，漢代更被賦以跣足披髮仗劍的人形象，成為道教的一個重要的膜拜對象，後避宋聖祖之諱而改稱真武。

龜還有一天賦，就是能承受大於體重二百倍的重量。古人因之把碑臺刻成龜形以承受石碑的鉅重，唐代還限定五品以上的官員才能用此制。大概因此也形成龍生九子的傳說，其中之一霸下或贔屭為好負重的碑下趺。

臺灣有於上元節日到廟寺乞麵龜的風俗，除了取吉祥長壽的意識外，可能和人們對龜賦性靈異的另一種期望有關。以下引兩則故事以見龜能報恩的觀念：

● 加拿大安大略省博物館所藏的十四世紀元代壁畫《朝元圖》中的真武形象。

毛寶見漁人釣得白龜，贖放之江中。寶後將戰敗，投江如躡著物，漸浮至岸，視之乃所放龜。——《格致敬原》

（毛寶看到漁夫釣到一條白龜，他就買下來放生江中。毛寶遭遇戰敗，他投江，但像墜在某個東西上面，一浮一沉地回到岸上，他一看竟是當時救下的龜。）

孔愉見人籠龜，買而放之溪中，龜中流左顧者數四。及是，鑄侯印，而印龜左顧，三鑄如初。印工以告，愉乃悟，遂佩焉。——《晉書》

（孔愉看到有人提了一籠烏龜叫賣，他看了覺得不忍心，便將烏龜都買下來放生。有隻龜游到溪中央時，將頭往左邊伸得長長的，如此做了三次同樣的動作。後來孔愉入朝為官、受封為侯時，要依制鑄造龜形官印，工匠鑄印時，龜形印紐的頭部一直朝向左側，工匠修改三次都是這樣，只得向孔愉報告這個奇怪的狀況。孔愉這時才領悟原委，便將這個官印當作正式的官印使用了。）

買龜放生較之他種動物常見，有人甚至還在甲殼刻字，希望回報之意圖甚為明顯。龜本是非常被尊敬的動物，故官印以龜為紐，唐代職官所佩之袋亦取龜甲之形。但到了元、明時代以後，牠突然成為取笑與揶揄的對象，其原因或以為唐代樂戶的綠頭巾形狀與龜的頭形相似，故以龜諱稱從事娼妓業者。但龜在唐、宋時代仍很受尊重，甚至明代的親王印還有以龜形為紐，似乎轉用為罵人的意義不是由此而來。

雌龜於一次交配後，可連續幾年產受精卵，產卵後以砂覆蓋，就不再加以照顧。也許人們誤會，以為甲龜產卵於池邊，由經過的鱉下精而成形，故以之罵人之不知父親為誰者。或有人以為元代漢人屈受異族的統治不敢抵抗，有若烏龜把頭及四肢縮入殼中，不理會外界的形勢，太過懦弱。由之再沿用到默許妻子與人通奸而不敢出聲干涉者；這種懦弱行為是作為男子的最大羞恥，故成為罵人的渾話。到底哪一種說法較近事實，現在已難追探究竟了。

● 明初蜀王朱悅𤊟的隨葬龜紐木質謚印。

現代楷書	隸書	篆書	金文	甲骨文
龜				

龍到底是什麼動物？

在十二生肖中，龍是最受人們尊崇的，牠的形象雖然有些凶惡，卻被中國人選為吉祥及高貴的象徵，廣受歡迎。許多人希望在龍年生育子女，取得好兆頭，不像西歐中世紀的文學美術，把吐火焰的龍看成惡勢力的象徵。龍與中國文化圈的關係非常密切，常被用以代表中國，牠盛見於古代的各種傳說中，也是古今美術常見的題材。

龍是十二生肖中唯一不存在的動物，但應是源於人們見過的、存在的動物；因其罕見，形象才慢慢起變化，後又被神化，才脫離實際，成為虛構的動物。河南濮陽幾個六千多年前的墓葬，發現有用蚌殼在屍體旁邊排列龍的圖案，寓有宗教信仰的作用；其形象頗為寫實，有窄長的嘴，長身，短腿，粗長尾巴，但無歧角。發展至甲骨文的「龍」（）字已是個頭有角冠，上頷長、下頷短而下曲，身子捲曲的動物形。中國文字為了適合窄長的竹簡，常將動物的身子轉向，四足懸空，使龍像是種可直立而飛翔的動物，其實牠描寫的是有短足的爬蟲動物形。從流傳的文物，龍早期的形象較寫實，後來為了誇張其神奇，就選擇九種不同動物的特徵加以修飾：角似鹿，頭似駝，眼似鬼，項似蛇，腹似蜃，鱗似魚，爪似鷹，掌似虎，耳似牛。當然就不可能在現實世界找到牠的形象。

龍是古代的圖騰，商代有叫龍的方國，圖騰大多是自然界實有其物的。春秋時代的銅器銘文有獲龍的記載；西周早期的《周易》把龍描寫成能潛藏於深淵，飛躍於天空，相鬥於地面，流出的血是玄黃的顏色；《左傳》記載西元前五二三年鄭國遭受大水時，有龍相鬥於城門外的洧淵。還記載龍有黃河及漢水的不同種類，有人能豢養牠們，夏后氏吃了其肉醬後還想再吃。從這些描寫及遺下的圖形，可知龍原是種兩棲類爬蟲動物的總稱，能生息於陸地及水中，有些還能跳躍甚高，像是能飛翔的樣子。

爬蟲種類多，習性各有不同。人們把不同形狀及種屬的爬蟲化石都當作龍看待，導致龍能變化形狀的傳說產生。

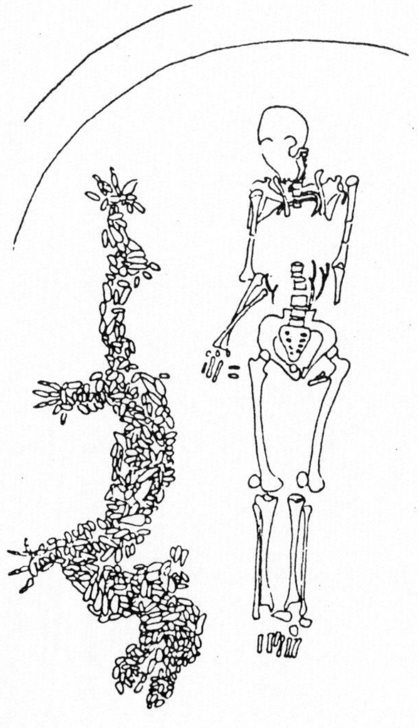

河南濮陽六千多年前墓葬，屍體旁有蚌殼排成的龍圖案，頗為寫實，應是蜥蜴、鱷魚一類的兩棲動物形。

西元二世紀的《說文解字》解釋龍為：「鱗蟲之長，能幽能明，能細能巨，能短能長，春分而登天，秋分而潛淵。」（龍，全身長滿鱗片，體型龐大，居魚類、爬蟲類之首。能潛藏、能明朗，能細小、能巨大，春分就飛上天際、秋分就潛入深淵。）這種見解很可能基於偶然發現的古脊椎動物的化石而得的聯想。唐代《感應經》有如下的描寫：

按山阜崗岫，能興雲雨者皆有龍骨。或深或淺，多在土中。齒角尾足，宛然皆具。大者數十丈，或盈十圍。小者才一二尺，或三四寸，體皆具焉。嘗因採取見之。

（考察那裡的山嶺峰巒，凡是能興雲雨的地方，都有龍骨。有的深，有的淺，大多在土裡。齒、角、尾、足，都很像。大的幾十丈，有的粗滿十圍；小的才一二尺，有的三四寸，體形都具備。曾經藉著採取的機會見過。）

一到博物館參觀，就會了解所稱的或大或小的龍，其實就是各種脊椎動物的化石。古人見化石大小懸殊，故而有能變化的見解，濮陽的龍圖案也是這一類動物的形象。

至於認為龍能飛翔和致雨，可能和棲息於長江兩岸的楊子鱷魚的生活習性有關。龍的特徵，臉部粗糙不平，嘴窄扁而長，且有利齒。在中國地區，除鱷魚以外，是他種動物所無的異徵。楊子鱷除了沒有角外，身軀、面容酷似龍，可能就是龍形象的取材，何況遠古的龍是無角的。楊子鱷每在雷雨之前出現，有秋天隱匿，春天復醒的冬眠習慣。古人每見楊子鱷與雷雨同時出現，雨下自空中，因此想像它能飛翔，但龍致雨的能力也可能來自龍捲風。龍捲風的威力奇大，且經常帶雨，捲曲風的形狀好像細長的龍身，故容易讓人以之與爬蟲的化石起聯想，誤認龍能大能小，能飛翔、致雨，是威力無邊的神物。

人們認為龍有致雨的神力，起碼可以追溯到商代。有甲骨貞辭作「其作龍於凡田，有雨？」是有關卜問建造土龍以祈雨的儀式。西漢的董仲舒於《春秋繁露》中，詳載建造土龍以祈雨時，如何依五行學說的原則，在不同的季節，建造不同數量、不同大小的土龍，面對不同的方向，塗以不同的顏色，並以不同的人數去舞蹈，這種傳統延續到近代，農民還要向海龍王求雨。水的供應與農作的豐歉有密切的關係，中國是農業的社會，故龍會受到特別的尊敬。不過，商代對於龍控制降雨的信念還沒有完全建立，龍神奇化的概念大概剛萌芽，所以商代很少向龍祈雨，那時最常見的方式是向神焚燒人牲及供奉樂舞。

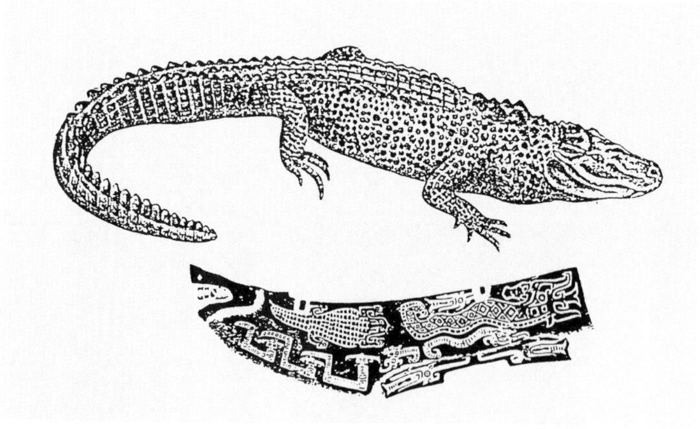

● 楊子鱷的形象與一商代銅觥上的鱷與龍紋。

龍後來還成為皇家的象徵，牠很可能與漢高祖劉邦的出生傳說有關。漢代的《史記．高祖本紀》有兩則劉邦與龍有關的記載：

劉媼嘗息大澤之陂，夢與神遇。是時雷電晦冥，大公往視，則見蛟龍其上，已而有身，遂產高祖。

（劉媼曾經在大湖邊休息，睡夢中與神相交合。這時雷電交作，天昏地暗。太公去看劉媼，見到一條蛟龍在她身上，後來劉媼懷了孕，就生了高祖。）

為泗水亭長，廷中吏無不狎侮，好酒及色。常從王媼、武負貰酒，醉臥，武負、王媼見其上常有龍，怪之。

（劉邦當了泗水亭長，公廷中的官吏沒有一個沒混熟的，受他戲弄。愛好喝酒，喜歡女色。常常向王媼、武負賒酒，喝醉了臥睡，武負、王媼看見他上面常有一條龍，感到很奇怪。）

漢高祖出身普通人家，有必要編造故事說明凡人接受天命而登上帝位的合理性。不清楚的是，到底是因為龍為高貴者的象徵，才據之以編造故事呢？或偶然選擇了龍以編故事，才使龍成為皇族的象徵？可肯定的是，選擇龍以附會漢天子絕不是基於當時風行的五行理論。因為當時有以為漢朝與秦同為水德應世，或繼秦而應土德，或甚至是應火德，從沒有以為漢代得的是與東方龍配合的木德。

龍由於威力大，故成為男性的象徵。鱷魚的生殖能力強，一次產卵二十到七十個。中國人很看重延續家族的事，也許希望能多生些將來顯耀家族的男兒，所以有龍生九子，個個有好本領的傳說，並有懸掛九顆粽子，以祈生產男兒的習俗。

現代楷書	隸書	篆書	金文	甲骨文
龍	龍			

象，被工藝品耽誤的陸上最大動物

在中國，象牙雕一直是名貴的工藝品，因為其材料來源有限，而且象牙質地滑潤細緻、紋理規則，易受刀刻而不崩邊緣，可以雕刻出比玉、骨器更精巧細密的藝術品。《韓非子．喻老》：「宋人有為其君以象為楮葉者，三年而成，豐殺莖苛，毫芒繁澤，亂之楮葉之中而不可別也。」（宋國有個用象牙為君主雕刻楮葉的人，三年才雕成。雕刻而成的葉子的寬狹和上面的筋脈，微毛和細芒色澤豐富，混雜在真的楮葉中間人們難以分別。）從描寫可想像其雕鏤技巧之高，一點也不輸給現存的被嘆為鬼斧神工的明清時代作品。

象生活於茂密叢林或熱帶稀樹的草原。象可以說在中國的絕大地區是已滅絕的動物，但在距今七千到三千年間，氣溫要比現今溫暖些，年平均溫度約高攝氏二度，而一月份的平均溫度可能高三至五度之多；加以森林未盡被闢為農田，象可以在華北很多地區生息繁殖，所以人們不須從遠地進口象牙的素材。但是周代以後氣候轉冷，不再像過去的溫暖，象於是被迫遷移，尋找更適宜的環境；同時因其本身及人為的因素，更加速了它在中國境內的滅絕。

由地下發掘可證實，象曾長期在中國境內生息。浙江餘姚河姆渡的一個六千多年前遺址，出土象骨和有雙鳥朝陽的象牙雕；河南安陽的商代遺址也出土象骨，有製作栩栩如生的象形銅尊和玉珮。這些都說明了象在華北地區棲息過，人們有充分的時間觀察它的生態，作正確的描寫。

甲骨文「為」（）字作一手牽著象的長鼻狀。象本為人們狩獵的對象，後來被馴服教練以搬移重物等勞動，因此以手牽象才會有作

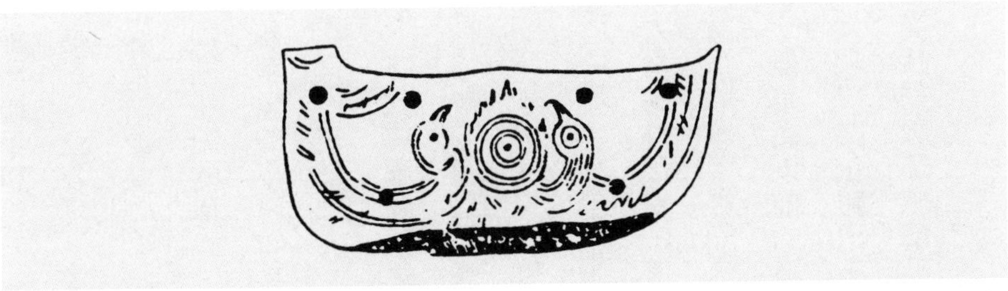

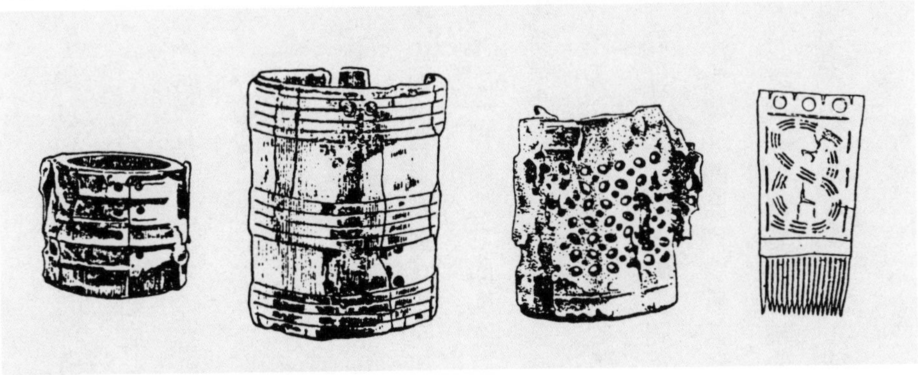

● 上圖　六千多年前的浙江餘姚河姆渡遺址出土，雕片。
● 下圖　五千多年前的大汶口文化遺址出土，雕筒、透雕筒、髮梳。

為的意義。象是陸地上最大的動物，非洲象體重可達七千五百公斤，肩高三、四公尺。印度象雖體格較小，也重有五千公斤，肩高二、三公尺。當初人們見到如此龐大的身軀，一定對之有相當大的戒心，想法加以馴化必是相當遲的事情。《帝王世紀》有帝舜死後，群象受其偉大人格的感化，自動在其墓地周圍耕田的傳說。舜的時候是否已有以牲畜拉犁的知識尚待證實，但此傳說說明人們曉得馴服象的事已有長久的歷史，很可能傳說堯舜的時代就是中國開始馴象以服役之時。

現今還有以象搬運笨重木材的事例。古代中國除以之從事這類勞役外，還利用其龐大的身軀於戰事的行動。《呂氏春秋》說商人服象為虐於東夷，但沒有說明到底如何利用；《左傳》則具體記載楚昭王於西元前五〇六年用火燒大象的尾巴，以激怒之而衝突吳軍的陣地，取得很好的效果。在象大量生殖的印度，乘象作戰更是常事。

象能被利用以衝突敵陣，似乎應有大量族群存在，但又不盡然；甲骨文只見獲象的殘辭一條。「象」也是商代存在的一個國名，該殘辭也許是有關俘獲象國之人的占問，因此象不是商人狩獵而較可能是馴養的對象。但是商以前的遺址出土象牙的器物遠較其他的材料少之又少，五千多年前新石器時代的大汶口文化雖出土稍多，實不到其他材料器物的千萬分之一，而且也只見於豐盛的大墓。商代的象牙工藝品也不多，可知不管是野生或已馴養，象在中國繁殖的數量都不多。

象的食量相當大，每天消耗的草料和其他植物要超過二百公斤。商代的農業已頗發達，很多山林被闢為農田，人們沒有足夠的草料大量飼養這種龐然大獸，而且象至少要二十歲以後才能從事稍為複雜的工作，工作效率遠低於牛、馬。再者，人們寶貴的是象的長牙，亞洲的雌象又沒有長獠牙，減少很多飼養所需的經濟效果。故只有少量的象，作為帝王的玩物或應付禮儀所需而被飼養；如一西周銅器的銘文提到的作象樂、象舞，或漢成帝時林邑王獻上會拜跪的馴象。大致春秋時代的江南還有些象，故楚王才能應用之於戰場。到了東漢，許慎《說文解字》說象為南越大獸。除了有限的茂林，那時江南的象也應該瀕於滅絕的命運了。

象之所以被珍貴，是牠有終身生長的象牙，非洲的大象牙有二公尺長、四十五公斤重，因為材料貴重，古時大多製作小件飾物，偶有杯、筒一類的容器，都具有實際的效用。明清時代則很多是大型且是純為珍玩擺設而作，象牙原有本身造形的限制，但巧匠能利用酸液加以軟化及應用套合的方式，製作大型而複雜的工藝品。《晉書》提到象牙細簟，乃是把象牙切絲編綴而成，使用與清代的象牙提籃相同的技巧。

古代罕見象牙工藝品，可能不全是由於材料的難得，而是與其材料的性質及中國人的喜好有關；因為良玉也是從千里外的遠地輸入的，而且玉材比象牙還笨重。但今日發掘出的漢以前的玉雕，卻千倍於象牙的數量，所以材料的稀罕絕不是主因。象牙樸素無文，沒有晶瑩的外表和鮮豔的色彩，又不若玉珮相互撞碰時會發出悅耳的聲響。對於性較樸實，又愛熱鬧，較不典雅遠古的人來說，象牙比玉稍遜一籌。如以象牙作為權威的表徵，也缺乏玉器的穩重感。如作為普及的日常使用的簪笄一類的飾物，價格又遠高於一般的骨料。尤其是當時的藝人，注意力全在玉器，較無餘暇從事象牙的雕刻。

存世有大量的明、清時代象牙工藝品，這肯定與宋代以來海運的開拓有關，海運的發達大大減低從東南亞，甚至非洲進口高質量象牙的費用。象牙質料堅緻，可雕刻纖細而繁雜的圖案，宜於製作小型玩物，也頗能迎合

● 右圖　三千多年前商代的鑲嵌綠松石象牙杯。
● 左圖　清代十八世紀的浮雕花草人物三層象牙提籃。高二十九點五公分、長寬俱十四點五公分。

宋以來文人雅士的趣味。而中國的玉雕傳統幾千年的歷史，工藝已達爐火純青，以之應用於質料較軟的象牙，自是更為得心應手。十六世紀以來遠東地區從事貿易的西班牙商人和傳教士，為中國象牙雕的手藝高超及造形的智巧所傾倒。此種海外的市場，無疑也促進國內市場的蓬勃，象牙雕終成為珍玩工藝的大宗，福州得貨源之便，成為此工藝的中心。

現代楷書	隸書	篆書	金文	甲骨文
象	象			
為	為			

在先秦，你能利用的產物與工藝

採礦的艱困與危險／冶金技術促進生產力／便宜又實用的鐵／金、銀礦與嵌鑲技術／製造銅鏡，自照也能照妖／冷兵器時代／不透明的玻璃／麻，衣服、食物、造紙都好用的作物／風迷海內外的絲織品／漆，貴族的奢侈品

採礦的艱困與危險

工具的材料和生產的效率有絕對的關係，工具使人能從事超越其體能的工作，並改善獲取原料的效果。石器的使用使人們從動物群中脫穎出來，當人們對石器的需求越來越殷切，對石器製作的要求越來越高時，自然會發展到有意尋求優良的石材。

各種石材有其各自的性質，很多深藏於地中，不易在地面找到。而且石工具的效率還是有限，早期大概還不會積極深入地中去挖掘石塊。但到了有階級的社會，需要以服用某些裝飾物的特權，去表達其高人一等的地位時就受重視了。玉在中國是難得之物，可作為隨身佩帶的飾物以增美，示人財富，被選為高貴的表徵；希求那些可琢磨成美麗飾物的玉材的欲求就大為增加。玉材有些被沖落到河邊，可不用費力加以撿拾；有些則深藏山中，要花費相當的努力才可挖掘出來。商代甲骨文的「璞」字（見二〇二頁）作雙手拿著挖掘的工具，於深山內剖取玉材置於竹筐之狀；表明至少三千多年前中國已有深入山中挖礦的經驗，甚至五千年前良渚文化使用多量玉禮器時，其材料已取自深山裡了。

人們至少在八、九千年前就發現某些金屬以自然狀態存在，加熱到相當的程度，就可打造出漂亮的飾物。後來更發現混合的礦石經高熱後可以熔解而凝結成青銅，青銅可依合金成分的不同，鑄成不同顏色、硬度、韌度的東西，以應不同的需要。除增加生產效果外，在「國之大事，在祀與戎」的古代社會，青銅的銳利特性可以鑄造戰鬥用的武器，美麗的色彩及富有光澤的特性又可以鑄造供神的祭器，更激起古人尋求其供應的熱望，不計成本謀求發掘和熔鑄。

礦石少暴露於地表，多深埋於山中、地底，要深入挖掘才能取得。礦源要經過長期間的開採才能竭盡，如湖北大冶銅綠山，商代就已被開採，到戰國廢棄時，估計有四千噸以上的紅銅被熔煉出來。銅綠山的坑道伸入地底只達五十多公尺，發

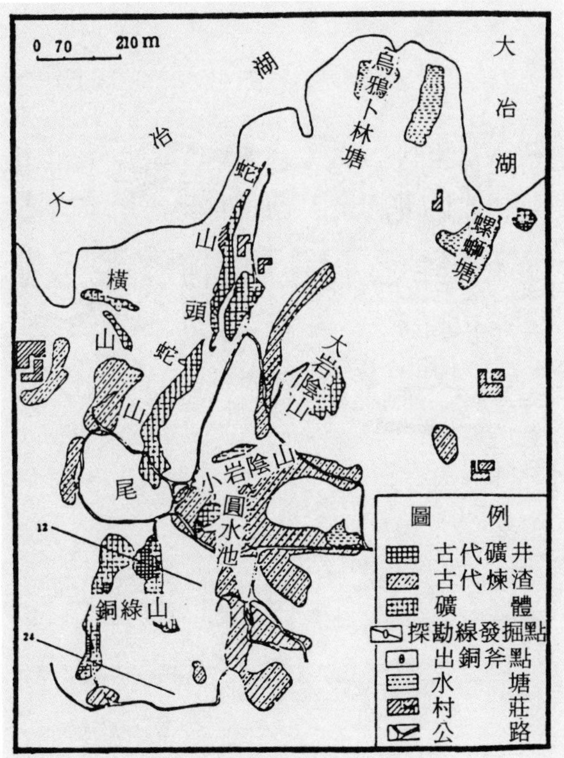

● 湖北大冶銅綠山的古代古銅礦井遺址。

掘出來的戰國時代礦井有深入地中四百公尺的。《漢書》記載禹貢上書，說當時採銅有深入地中達數百丈的；無疑的，時代越遲，淺露的礦床越難找，就得越挖越深。

以古代的工具挖掘山石是相當不易的，故盡量不挖掘沒有熔煉價值的土石，而在可能工作的範圍內，盡量使坑道窄小。礦床由於沉積條件的複雜，難有不是彎曲、高下不平的，所以礦井多歧道如迷宮。礦井是由許多豎井、斜井、平巷組成的，坑道的高度一般在一公尺多，湖南麻陽戰國時期的井最低為七十五公分高、寬度最窄的只有四十公分。在這種情況下，經常要

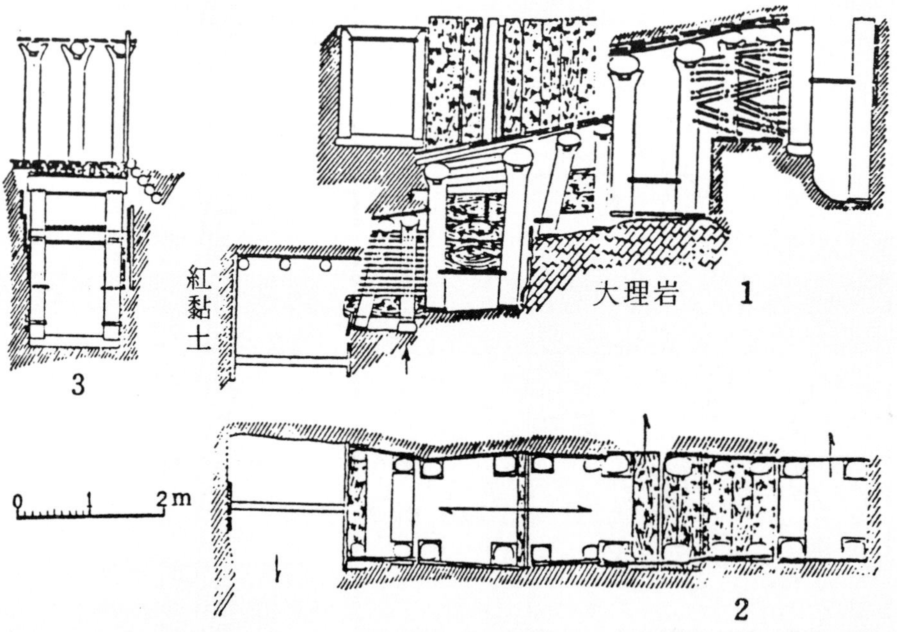

礦井支架的斜巷平剖面圖。

彎腰、跪爬在狹窄低矮、崎嶇不平的坑道，工作的效率當然大打折扣，產量也必然稀少而造價因之高昂了。

挖掘山石會激起很多灰塵，礦石還要敲碎淘選才運出坑口，以減少勞力，更增加使空氣齷齪的程度。而且礦井挖得深又會引起好幾方面的危險，一是礦井內的溫度與壓力的變化，越挖深壓力就越大而溫度越高，空氣也不易流通，造成氧氣不足，呼吸困難。在那種又熱、又濕、呼吸又困難的環境下，礦工要盡量少穿衣物，有時幾乎要赤身裸體。另一方面又有瓦斯中毒的可能，礦井裡呼吸的困難可從金文的「深」（）字看出，此字作有木架支持的坑道中，有一站立的人張口喘氣，冷汗滴下，難以呼吸的樣子，稀薄及汙穢的空氣是深坑道中常遭遇的情形，故以之表達深的意義。

古代不但工作環境差，而且時時還會有礦井崩塌的生命危險。現代採礦的技術和安全設備都不是古時候所可比擬的，但事故還是時有所聞，在勞工福利不重視的古代就更不用說了。《史記．外戚世家》就記載西漢時一個事故：

少君年四、五歲時，家貧，為家人所略賣，其家不知其處。傳十餘家，為其主人入山作炭，暮臥岸下百餘人，岸崩，盡壓殺臥者，少君獨得脫，不死。

（竇少君四五歲時家境貧寒，被人拐走賣掉，家人並不知道他被賣到了哪裡。轉手十餘家，少君為他的主人進入山中燒炭，晚上一百多人睡在山崖下，山崖崩塌了，將所有睡在崖下的人壓死，唯獨少君倖免於難，沒被壓死。）

採礦的辛苦和危險可從金文的「嚴」（）字看出，「嚴」有山岩及嚴厲兩組意義，字形作一手拿著挖掘工具在山岩裡挖掘礦粒，放入提籃以待運出洞穴之狀，有時山岩之上已有幾個運出的提籃；採礦多於山中進行，故此字有山岩的意義；其管理嚴格而工作辛苦，故也有嚴厲的意義。「敢」（）字則就「嚴」字去掉山窟的部分，表示採礦不是易事，要有膽量的人才能勝任，還是強調其危險性。

採礦顯然不是一般人所樂意從

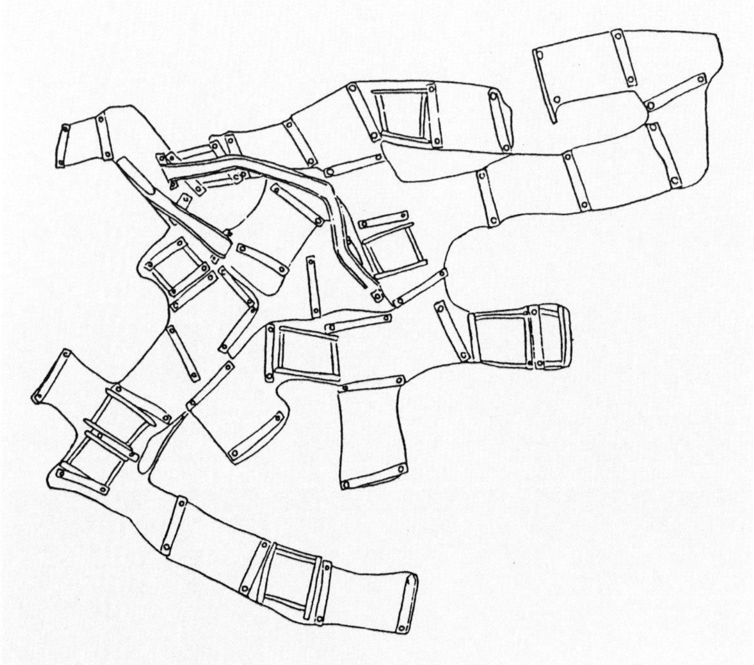

● 銅綠山礦址的一組完整的井巷平面圖，縱橫交錯有如迷宮。

事的，有些學者以為其工人常是被迫從事的。在商代或其前，礦工可能主要由罪犯、俘虜、奴隸等充任，上述的竇廣國少君就是一個例子。在希臘、德意志、芬蘭等地的神話傳說，與鍛冶有關的人物很多是殘廢的。日本秋田縣的北部，跛者意義的語音與鍛冶同，學者認為跛腳的人難以從事狩獵、漁業、戰鬥等需要激烈行動的職業，故才選擇鍛冶業。中國古時有刖足的刑法，是種防止罪犯者有反抗能力而又不失其工作力的懲罰，它可能起於控制奴隸從事生產的措施。為了洗礦、熔礦的方便，礦冶常設在林木眾多的山區，茂密的林木易於隱藏，不利防止罪犯的逃跑，但如果使工人跛了腳，就比較難遠逃。而且在坑道中，正常人也難於行走，工作能力不比跛腳者多太多。也許會用這種辦法來控制礦工，後來為了人道關係，較少肉刑，就得發展有效的控制及組織的方法以防止其逃亡。有學者以為對於金屬熱切的需求，促成控制和管理人眾能力的強固，促進了國家組織的早日完成。雖然很難估計控制礦工的技巧，到底給予國家組織的建立有多大的影響，但在中國，國家機構的建立與冶金業的崛興，確實是約略同時的。

現代楷書	隸書	篆書	金文	甲骨文
深	深			
嚴	嚴			
敢	敢			

冶金技術促進生產力

生產力是決定一個社會經濟水平的主導力量，使用的工具則是衡量其生產力的標尺。生產工具的改良，使得經濟的面貌也起相應的變化，它會暫時引起社會結構的緊張，但從長遠的形勢看，對社會的生存是有利的。金屬的發明使人類能製造更趁手、銳利的工具，大大提高生產力，從而改變社會的面貌，尤其是鐵的普遍使用，才使今日高度發展的商業社會成為可能。到底什麼促使人們於使用石器幾百萬年後，發明了熔鑄金屬的技術？它有多長的歷史？

當人們對石器製作的要求越來越高時，自然會有意尋求優良的石材。自然界存在著金、銅等金屬狀態的礦物，人們發現這些材料，與一般的石塊有非常不同的性質；帶有光澤，可以捶打成薄片，拉成長條，耐用而不易斷折，還可以黏合及改造，是打造飾物的理想材料，因此留意找尋並且非常重視它。

不過金、銅的硬度低，不若許多石材的銳利堅硬，其存量少，而且要適度加熱才能捶打，很費工夫。飾物雖也有表示階級的社會功能，但對生產沒什麼影響，所以有些盛產天然紅銅及黃金的地區，其生產方式始終停留在原始公社的階段。

銅與其他鉛、錫、鋅等金屬的合金，熔點比紅銅低，但硬度反而高。依其合金成分的不同，可以鑄成不同顏色、硬度、韌度的東西，以應不同的需要。青銅的銳利特性可以鑄造戰鬥用的武器，其美麗的色彩及富有光澤的特性又可以鑄造供神的祭器，都具有極大的價值。就商代來說，其出土銅器的數量，以飲食為目的的祭祀禮器為最重，以戰鬥為目的的車馬、兵器為最多，他種用途的工具和雜器數量就少；說明銅在商代主要為「國之大事，在祀與戎」兩個最重要的目的服務。冶煉青銅技術的發現，激起古人謀求其供應的熱望，不計成本加以熔鑄。採礦是辛苦而危險的工作，非一般人樂於從事。所以有些學者認為，古人對金屬的需求，促成強迫勞工制度的建立，提高組織及管理群眾的能力，大大加速國家機構的建立。

一定要通過八百度以上的高熱才能把含有銅、錫、鉛的礦石熔解成青銅，這樣的高熱並不是正常情況下能辦得到的。或以為其契機是因火與礦石的偶然接觸而析出金屬塊，從而激起人們的好奇和實驗。但不管是森林的大火，或以礦石架鍋煮食，或在深山用篝火燒烤石塊，以便用木棍撬開挖掘，都不足造成燒熔礦石而析出金屬的高溫。

或以為契機來自燒造陶器時，經過長久的燒造，壁上漸漸積了一層薄薄而軟軟的還原鐵屑。但早期的陶都很小，壁要被破壞以取出燒成的陶器，並不能長期持續的燒烤，以致壁積留能引起注意的鐵屑。

新石器時代的人們雖可以燒火達到熔化錫的攝氏二百三十度，但是低溫下熔解的錫無光彩，生產量少，質地太軟，無實際的用途。古人是否會因這種毫無用處的東西，激起用高溫燒烤不同石塊的好奇，不能不存懷疑。從實際理論看，要利用能產生高溫的陶才能熔銅，關鍵就在何以人們想到用來燒烤成堆的石塊？也許是永遠不能解答的問題。

傳說中的中國金屬武器發明者蚩尤，是西元前二千七百年的人物。漢代的作品，蚩尤的造形常是頭頂及四肢持拿五種兵器的人物；傳說中，他們是銅頭鐵額吃砂石的氏族，大概因此氏族以採礦和熔煉金屬為職業而被轉化為神話。蚩尤雖有較先進的銳利武器，終於敗給黃帝；它可能是戰國時代儒家王道思想下的產物，強調黃帝是以德服人的聖君。但也可能有所

● 山東嘉祥武梁祠東漢畫像石上的蚩尤造形。

依據，不是完全出於想像。蚩尤屬於東海岸文化的部族，東海岸是古代銅錫礦的著名產地，現今的山東、湖南境內仍有不少的銅鋅共生礦。模擬實驗發現用相當簡易的方法就可以煉出鋅黃銅，該地區的人們有可能很早就有冶煉青銅的經驗。

一般以為中國在發展青銅以前，與其他文明一樣先使用紅銅，因為紅銅有以自然的形態存在，不必經過熔煉的過程。埃及在西元前五千年已知加熱把紅銅從礦石還原出來。但理論上，青銅熔點比紅銅低，熔煉青銅的技術要比熔煉紅銅容易，故有人以為熔煉紅銅的技術要遲於青銅。中國過去的考古證據，紅銅鑄器比青銅早，但是近來有些學者相信中國先有冶煉青銅的技術，到了相當遲的時候才有辦法冶煉熔點較高的紅銅。西安半坡的一個六千多年遺址，發現一個殘銅片，化學分析含有大量的銅和鋅、鎳。臨潼姜寨的一個仰韶文化遺址也發現一個銅片，經化驗含銅百分之六十五、鋅百分之二十五、錫百分之二和鉛百分之六。在稍遲，約是五千年前的馬家文化也發現青銅刀，但有些學者認為這些遺物都是較晚地層所羼入。從以上的事例看，在西元

● 漢代帶鈎蚩尤持五兵的造形。

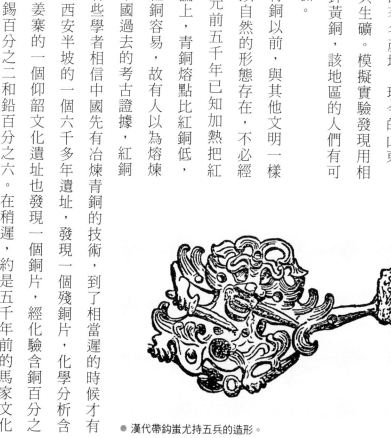

前四千到三千年間，很有可能在中國無意中煉出青銅來，不過這種樣子煉出的青銅數量太少，對社會難有影響，真正的青銅器時代要等到能夠把握其技術，並有一定量的生產時才算。在一些河南龍山晚期的遺址，如臨汝煤山、登封王城崗、鄭州牛寨等地，都相繼發現坩鍋、銅渣、銅器殘片、銅塊等物，說明中國在西元前二千年已進入銅器的時代了。

如果仰韶文化的人們已知青銅的物質，則一千年後蚩尤的時代發展以青銅鑄兵器，或稍後的黃帝鑄鼎，就頗為合理了。以前沒有地下考古材料的佐證，很容易把蚩尤鑄兵器的傳說，看成有好古癖的人憑空造出來的。現在既然知道五千年前有使用青銅武器的可能，就不能把此傳說看成無稽之談，而應好好地探討其可能性了。中國可能很快從鍛打紅銅、或不經過這一階段就進入青銅的時代，以致以鑄器具、武器和工具為主，很少鑄造飾物，不像西洋長時間使用紅銅打造飾物，後來雖發展青銅，仍保持其傳統，常以之鑄飾物。

現代楷書	隸書	篆書	金文	甲骨文
冶	冶		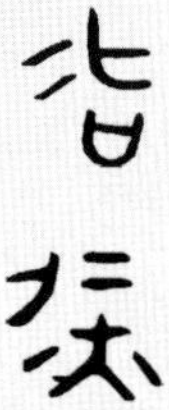	

便宜又實用的鐵

人類學家依生產工具的材料，把社會進化的歷程分成三個階段，由石器到青銅器而鐵器。雖然我們現在又發現許多新材料可以比鐵更適用，但基本上，我們可說還處於鐵器的時代，鐵還是最普遍、便宜、實用的材料。

鐵是地表儲量次多的元素，但大多與他種元素化合，要經過冶煉的過程才能取得。只在有限地區鐵以天然形態存在，但存量非常少。人類在好幾千年前已從含鎳低的隕石知道它的性質，隕石來自天上，所以古代埃及或蘇美爾人就稱它為「天上來的銅」或「天上的金屬」。純鐵呈銀白色，性可鍛打拉長，它還具有磁性。隕鐵罕見，早期時視為貴金屬，多作為飾物；公元前二千九百年的埃及金字塔中曾發現鐵珠子。通過加熱，鐵與碳不同成分的合金，可成不同性質的鋼，硬度與韌度都可以大大超過青銅；可以打造工具，改進工作效率，提高生活水平，也可以打造武器，成為軍事強國。一旦人們能把礦石煉成鐵，大量打造工具和武器，社會的層次才會進一步的提高，才算進入鐵器的時代。

鐵容易氧化呈褐色。鐵器長期埋藏於地下，經常會接觸濕氣而腐蝕得無影無蹤，因此很難從實物去證實何時知道鐵的性質和打造鐵器。例如在中國，迄今發掘春秋戰國時代的鐵器都因銹腐而殘缺，少有形體完好的，更不用說商或以前的鐵器了。過去由於發掘的工作做得不多，沒有早期的鐵器出土，因此不少人懷疑中國在春秋晚期以前沒有冶鐵之舉，對於提到鐵的較早期文獻，都想盡辦法給予否定的解釋。近年在河北藁城一個中商遺址發掘一件嵌鑲鐵刃的銅兵器，存世也有西周銅兵器嵌鑄鐵刃的報告；充分說明三千年前人們不但知道鐵，還認識它的銳利性質，不嫌費工地把鐵鍛打成銳利的刃，再套鑄於戈、鉞一類的兵器。幸好鐵刃被套鑄在銅中，沒有完全被氧化，仍可測知存在的痕跡，如果整件兵器都是鐵作的，恐怕就會腐蝕得全無痕跡了。

亞美尼亞人約於三千五百年前用煉爐把礦石煉成熟鐵，或稱海綿鐵，再用鍛打的方法成形。藁城的嵌鑲鐵刃的銅兵器，由於殘留的鐵質量太少，難

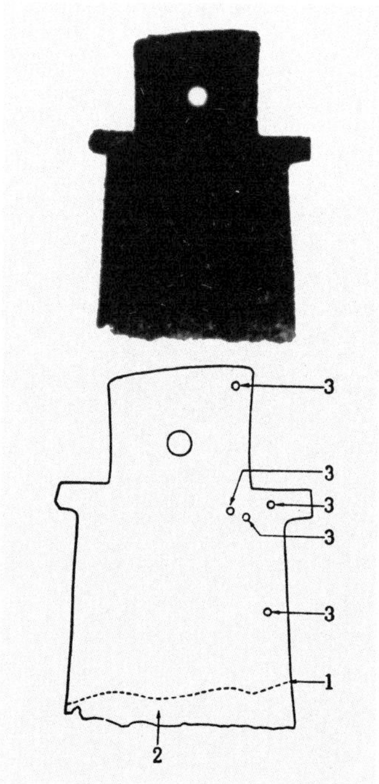

● 河北藁城中商時代的鐵刃銅鉞X射線透視。上圖是透視照片，下圖分析示意圖，①、②指射線照出比重不同的物質，③指夾碴及氣泡，為鑄造的現象。

於作肯定的科學性推論，到底是取自隕石或熟鐵。商人既已知鐵的銳利優點，就不是初知鐵的階段。當時對礦石提煉為金屬的技術積有相當的經驗，鐵礦的分布又遠較銅、錫等普遍，把鐵礦提煉成海綿鐵，一般只需要攝氏九百到一千二百度，也是商代的煉爐能夠提供的。從地理條件和技術層次來看，商人有可能鍛打熟鐵以成器；如果藁城的嵌鑲鐵刃是熟鐵，則中國煉鐵的時間就不遲於西洋了。

近年的發掘工作證實中國於春秋早期已有鍛鐵，而春秋晚期已知用熟鐵滲碳法鍛打成鋼，則其發展的時期無疑會更早。有些學者認為西周時鐵已習見，而春秋晚期《叔夷鐘》所說的某小國有陶徒四千，即陶工與鐵工。鍛打的方式太過費時，初期時技術恐怕也難把握，故成品少，要等到能用高溫熔鐵成汁以澆鑄器物的生鐵或鑄鐵後，冶鐵業才大見發展。

中國至少在西元前六世紀就發展生鐵，比西洋早一千五百年以上。用多塊範鑄器是中國傳統的金屬成器法，很可能在鍛打熟鐵階段後不久，就發展到用傳統的生鐵範鑄法。甚至有人以為中國先有鑄鐵，不像西方國家經過了好幾千年，才由塊煉鐵發展到鑄鐵。

西洋知道鐵以及鍛打熟鐵都不晚於中國，為什麼比中國遲那麼久才能製造生鐵呢？原因大概是中國古代鑄器偏好用範的特性。從對商及前代銅器鑄造方法的考察，發現在各種熔鑄加工的方法中，不但是鑄器，甚至對於花紋、零件等的加工，幾乎也只用鑄合一法。這與其他的文明古國，主要用失蠟法鑄造，用鉚釘、熔焊等種種加工法，顯然有基本上的不同；中國要到春秋中、晚期才使用失蠟、錫焊、鉚釘等方法製造銅器。故代表金屬的「金」（）字是以範與型已套好待鑄的形象表示的，由於中國冶煉的技術有這種與西洋的隔閡，一貫只用汁液澆鑄。而商代以來對陶窰的不斷改良，至春秋晚期已能將煉爐的溫度提高到熔鐵的攝氏一千五百度，故因勢把鐵燒熔成汁以澆鑄器物，減低鍛打成形所費的時間。

戰爭可能是春秋晚期發展鑄鐵的契機，那時諸侯交戰頻繁，士兵漸成職業化，從事生產的人員減少，不能不謀求增產的方法，改良工具是增產的主動力之一。但青銅是鑄造武器所需，難以大量轉用以為農具，故著眼於鐵的鑄造；鑄鐵雖易斷折，不宜用於生命攸關的戰場，但不妨鋤土。大量鑄造足以彌補其易折的缺點，所以很快就發展起來，它對產業的影響可以牛耕作例子。商代就已知牛耕的應用，但因沒有鐵犁以深耕，效用不顯，所以春秋以前不積極發展。但使用鐵犁後，牛耕可以有五倍人力的效果，其效果明顯，才大量使用。

● 漢畫像石上的鼓冶炒鋼圖像。

春秋晚期的人們已發現鍛打鑄鐵以減少碳分，改良鑄鐵易折的缺點，也許去碳成鋼的技術尚難把握，或成色不美，那時的名劍仍以銅鑄為主。到了戰國中、晚期，生鐵鍛打成鋼的技術才成熟，鐵才成為武器和工具的主要材料。以鐵做鑄器的型範，也可一再地翻鑄，不必每次剔壞模型以取鑄器，大大提高生產的速度。社會面貌因鐵的普遍使用起了較大的變化，因之有以鐵的廣泛使用作為中國封建社會的開端。到了漢武帝時，以銳利為目標的生產工具和武器大都以鐵製，連日常用具和機械構件也逐漸被鐵所取代。銅在前代的另一個重要特色、美麗的外觀，也被輕便豔麗的漆器所取代，從此銅器鑄造業一蹶不振，可以說只使用於度量衡的用具上，因其質料比較不受燥濕、寒暑等外在因素的影響。

現代楷書	隸書	篆書	金文	甲骨文
金				

金、銀礦與嵌鑲技術

在金屬中，金與銀的性格最相似，儲量稀少，富光彩，不受溫潮的影響，不易氧化腐蝕，其外觀和賦性迥異於他種物質，很容易引起人們的注意。尤其是它們以相當純的狀態存在，且易於加工，不像其他的礦石要通過高熱熔煉才能取得，所以從很早開始，就一直在很多社會被視為貴金屬，以之打造裝飾物或作為交換的通貨。環地中海的一些古代文明，至少於西元前三千五百年就都以金、銀打造飾物，而可能於西元前八百年作金銀貨幣。中國對這兩種貴金屬的認識和使用，依目前的資料看，起碼遲緩一千年以上，大半是中國境內沒有豐富的自然金與銀，才使中國異於其他的文明，選擇了玉作為表現財富與身分的象徵。

金是種質地軟、色亮黃而富光彩的金屬，它的延展性最佳，一盎司的金可錘打成三百平方呎的金箔，薄至零點零零零一毫米，以致現今追求新奇的人，竟能以之當點心吃。銀則色澤亮白，最具反光效能，擦亮時，可反映百分之九五的可見光線，它也易加工，延展性僅次於金。其他的珠寶也要經金銀的襯托，才能顯出豐彩。以之製作飾物時，常加入他種金屬增加硬度以應經常擦磨服戴的要求。

商代的青銅鑄造業已非常的發達，精美的程度當時可算世界第一；能鑄造八百七十五公斤的重器，隨葬有成千上萬的青銅鑄件。當時的知識足以了解金、銀的優異性質而廣加利用，但是迄今只發掘到少量小件飾物及包金箔的器物，重量全部加起來不超過幾個盎司，銀器則根本沒有見過。當時人們怎麼稱呼金、銀，當然也不清楚。

《尚書．禹貢》梁州所貢的鏐，後代註釋家以為是黃金，也是不能證實的名稱。金在商、周時代的意義是金屬，尤其是青銅或其主要原料紅銅。青銅器鑄成時的呈色近於黃，後來受氧化作用才漸成青色，因此西周初期時，黃金一詞指的還是青銅。《周易．噬嗑卦》的「噬乾肉，得黃金」（咬食普通的肉乾，在肉裡吃到黃金。），是表達吃了沒有把野獸體內的青銅箭頭取出而製造的肉乾，以致意外得到小財富，為可喜的現象。後來創造了「銅」字，「金」字才逐漸轉稱黃金，甚至戰國晚期，它還經常指銅材，與黃金有別。如秦末年的《金布律》：「縣、都官以七月糞公器不可繕者，有久識者靡蚩之，其金及鐵入以為銅。」（各縣、都官在七月處理已經無法修理的官有器物，器物上有標示的應加磨除，銅器和鐵器要上繳作為金屬原料。）到了漢代，金才普遍用以稱黃金。

很顯然華北地區少有金的儲藏，中國人才少見使用。鄰近中原的產金區是在楚國的領地，所以要等到春秋末期楚國積極參加中原的政治時，金的供應才足夠流通而被選為大宗交易的通貨。《管子．輕重甲》：「萬乘之國必有萬金之賈，千乘之國必有千金之賈。」（萬乘之國一定有身家萬金的大商人，千乘之國一定有身家千金的大商人。）以及趙王賜平原君趙勝黃金千斤以獎賞解邯鄲之圍的功勞，反映戰國黃金流通量之大，與西周以前的現象非常懸殊！

商代的煉爐很容易達到銀的熔點攝氏九百六十度，而且銀礦常與青銅的合金材料，銅、鉛、鋅等合成，常是煉取這些金屬的副產品。照理說，商代熔煉大量的銅錫，應副產一些銀的，奇怪的是，正式的發掘還不見銀的報告。西周昭王時代的《叔卣銘》：「王姜史叔吏（使）于大保，賞叔鬱鬯、白金、趨牛。」（王后的史官叔被派出使太保，太保賞給叔浸過香草的酒、白金、豢養的祭牛。）所說白金很可能就是銀。戰國時期楚墓隨葬器物的遺策也常見以白金稱銀，〈禹貢〉提到梁州貢銀，它雖是春秋晚期根據傳說記錄的，以春秋中期已有銀空首布的鑄造，一般從裝飾品的身分演進到通貨需要相當久的時間，推測西周以白金稱呼銀是完全可能的，甚至更早的時候已有銀製的器物。

青銅雖可因合金成分的差異，鑄造赤紅、赤黃、橙黃、淡黃以至灰白等不同成色的器物。但一鑪只能鑄造一種色調的器物，難以鑄造圖案複雜且多彩繽紛以滿足盡善盡美的追求，因此就有嵌鑲技術的發明。開始是利用不同顏色的材料，用黏合或捶打的方式，把花紋嵌到銅器上；後來以金汞劑鎏塗於器表，加熱使汞分離而留下耀目的黃金薄層。商代偶有鑲黏藍色的綠松石或孔雀石的銅器或漆器，但一般以為要到春秋時代才逐漸有嵌鑲金、銀的器物，鎏金則要等到戰國時代。然而加拿大安大略省博物館藏有一件嵌鑲金和銀絲的晚商銅車軸飾，從各種跡象看，不會是偽造的，因此中國至少自西元前十一世紀就有嵌鑲金、銀的技術。

此車軸飾長十五點八公分，其上裝飾的浮雕紋，口沿是一對隔釘孔相向的龍，其下有四片蕉葉，終端是一隻捲曲的盤龍；它於一九二九年入館編號。近年發現在厚銹下，龍及蕉葉紋裡有黃及黑色的嵌鑲物，化驗的結果證實黃色的是金、黑色的是氧化的銀，都深及刻溝的底部，不只是表面的現象。仔細的檢驗，銀的氧化現象沿著嵌鑲的花紋，且層層重疊，不可能是鑄後很久才加上去的。

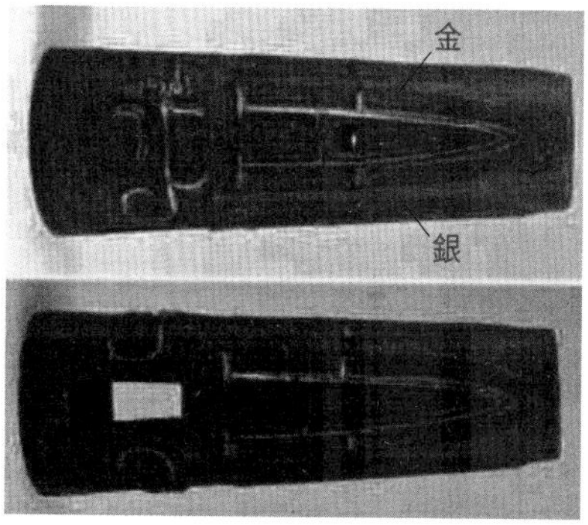

● 加拿大安大略省博物館所藏，西元前十一世紀，晚商嵌鑲金和銀絲的銅車軸飾，長十五點八公分，最大直徑五點四公分。

宋至民初的收藏家只重視銅容器的收集，尤其是有銘文的，故青銅器圖錄於容器和兵器以外的東西寥寥無幾；那時的人根本不知車飾的形制，偽造車飾以牟利的動機很小。如果要借重金、銀的嵌鑲賣得好價錢，也不應該使掩藏在層層的鏽下，令人難以發覺。

一九三六年，中央研究院在安陽發掘到已被騷擾的商代車馬坑，世人對商代車馬的裝飾物才有一些認識。到了五〇年代，在安陽附近的大司空村，發掘到完整的車馬坑，才能證實很多零件的用途及其在車上的位置。大司空村的車軸兩端發現了一對圓筒形的裝飾，其花紋的排列及形象，除了比博物館的稍小，及不在花紋中嵌鑲金銀絲外，幾乎一模一樣。要偽造器物與幾十年後才出土的紋飾如此相似，肯定是不可能的。

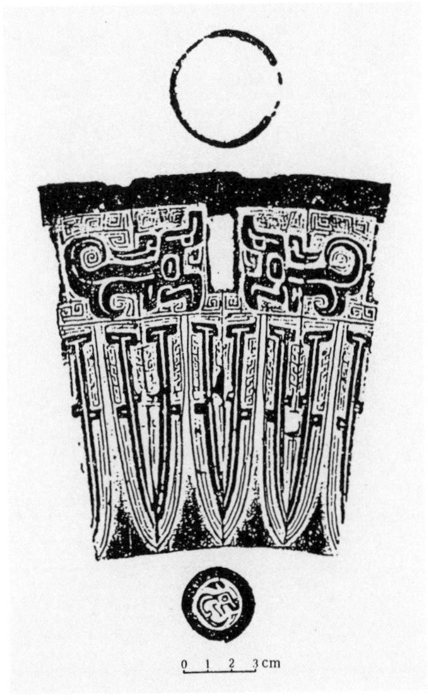

● 左圖　戰國時期嵌鑲金和銀的青銅把手，寬十一點六公分。

● 右圖　發表於一九五五年，河南安陽大司空村出土的銅車軸飾拓片的展開圖。原長十五點三公分，最大直徑四點八公分。

從出土的數量看，商代的金、銀可能比現代的鑽石更為罕見和珍貴，很可能只有商王才偶爾使用嵌鑲金、銀的器物殉葬。商王的墓都被盜掘一空，所以不見於其他正式發掘的墓葬。不管出土的量如何少，商代肯定已對貴金屬金和銀有所知識和使用。

現代楷書	隸書	篆書	金文	甲骨文
鑄	鑄			

製造銅鏡，自照也能照妖

愛美是人的天性，人們裝扮時，當然希望看到自己美麗的樣子。一般說來，只要是能反射的平面東西，就可以映出畫面來，而靜止的水面便是很好的反射體。相信遠古的人們到河岸汲水捕魚時，就已經發現這種光線反射的現象可以用來映照容顏。等到陶器發明後，以水盆盛水就近照容，就不用再出門到河邊去，而且其效果也比有波紋的溪流水面來得好。所以原先鏡子的名字是「鑒」，字源作「監」（），甲骨文的字形就作一人彎腰向盆裡觀看映像之狀。

以水盆照面容雖是不需花費的方法，但它的反映效果並不甚佳，而且也不能隨身攜帶，以滿足不時之需。因此有較好的映像材料出現後，這種原始的方法就慢慢被淘汰了，比如表面摩擦得光亮平滑的金屬平面就可以映像，所以中外都在能熔鑄金屬後不久，就嘗試鑄造鏡子。例如埃及在四千五百年前已有金、銀、青銅等材料的鏡子，而據目前的考古證據，中國在四千多年前的齊家文化也有銅鏡；其直徑為九公分，厚約半公分，表面平滑，背部有圖案裝飾，且有鈕可穿繩持拿，與後世鏡子的形狀一樣。

早期的金屬中，反射效果最好的是銀，但考古發掘尚不見商代以前有銀的器物，現今存世的也只有一、二件嵌銀的銅器；由此可知中國古代缺少自然銀的生產，至於黃金的器物也只見少數的小件首飾，因此適用的材料便只剩青銅。但銅在冶鑄的初期是昂貴的材料，主要為關係到國家生存的「祀與戎」服務。鏡子不是維持生存所必需的，故鑄造的數量非常的少，到了戰國時代冶鐵興盛，才見大量銅鏡出土。

青銅的合金成分與其呈色和性能有一定的關係，當錫的成分遞增至十分之四時，其呈色就由赤銅、赤黃、橙黃、淡黃以至於灰白。白的反光效果雖最好，但錫的價格高，而且錫若占四成以上，則質量太脆，不經久用，故鑄造銅鏡時，錫的成分一般是三成左右，可使質料堅韌而呈色近灰。但為了增加白的呈色，即光線的反射效果，在鑄成之後，更用錫與水銀的溶劑（即玄錫），摩擦鏡面使其光亮以增加影像的效果。《淮南子・修務訓》：「明鏡之始下型，矇然未見形容。及其粉以玄錫，摩以白旃，鬢眉微毫，可得而察。」（鏡子剛從模子裡出來的時候，朦朦朧朧地照不出容貌身影；但等到用玄錫擦拭，並以白氈磨亮後，人的鬢髮、眉毛、毫髮都能照得清清楚楚了。）以後每年也要同樣加工、重新磨鏡，否則映像就會模糊，故古時有磨鏡的專業。

秦漢時代也有用鐵鑄鏡的，往往又以金、銀嵌鑲，因此應不是為了省材料費，而是為了鑄鐵呈色較白，有較好的映像效果。不過，鑄鐵太脆，跌落時易於破碎，而且也會氧化生鏽，故被淘汰。

鏡子是種近距離觀看的器物，鏡面平，則映像與物同大，鏡面凹則映像比物大，凸鏡則相反，映像要比物形小。而銅不但價昂，也是量重的物質，所以為了使用的方便與經濟起見，最好鑄得小些，即要鑄成凸面，才能在較小面積內把整個臉照進去。這種球面與映像之間的關係，從文獻得知戰國時期的人已有所了解，但要到漢代，鏡面才普遍鑄成凸面，可知那時人們才普遍領會球面映像的原理。反觀西洋，則遲至十三世紀才有凸面的鏡子。

鏡子的形狀，從存世的作品來看，唐代以前除偶爾鑄成正方形外，其他都作圓形。鏡子之鑄成圓形不外幾個原因：或因源自水盆照容的傳統，水盆絕大多數作圓形，故因之鑄成圓形；或因人的臉形基本是圓形，不必浪費材料鑄成方形；再者，就鑄造工藝的角度看，圓的容易鑄得完美，沒有稜角的器物也較方便攜帶使用。但文獻提及魏武帝曹操時有菱花鏡，不知是鏡呈六角形，或是鏡背有菱花的紋飾。但是人們總會厭煩一成不變的形狀，故唐代以來，就有很多鑄成多角稜或花瓣形，甚至是不規則的形象。鏡子本來於背部都鑄有一鈕可穿繩持拿，大概唐、宋時代開始鑄成不必穿繩而可持拿的長柄了，後來有柄鏡子就成主要的形式。

鏡子的大小一般是直徑十幾公分，可以拿在手中，也可以倚靠在架上。但銅質量重，女士們又希望能隨時顧盼整妝，故有超小型、不到三公分而可放在錢包中的。《左傳．莊公二十一年》：「鄭伯之享王也，王以后之鞶鑑予之。」（以前鄭厲公設宴招待惠王時，惠王把王后的鞶鑑賜給他。）鞶鑑就是這一類的小鏡子。至於大的，有超過三十公分直徑的。文獻還記載洛陽仁壽殿前有方鏡高五尺，向之立寫人形，大概是讓上朝的官員們整裝用的。

除了照顏，鏡子還有裝飾、遊戲，甚至是避邪等附帶的作用。除極少數外，古鏡的背部大都鑄有各種繁簡不等的花紋，反映時代的風尚，可作斷代的依據。戰國時代的花紋與同時代的青銅禮器相似，以簡化的神異禽獸、幾何圖形和線條為多。漢代出現源自日晷，兼可作六博棋盤的規矩紋，以及四靈、東王公、西王母、黃帝等與神道有關的形象和祓除不祥等

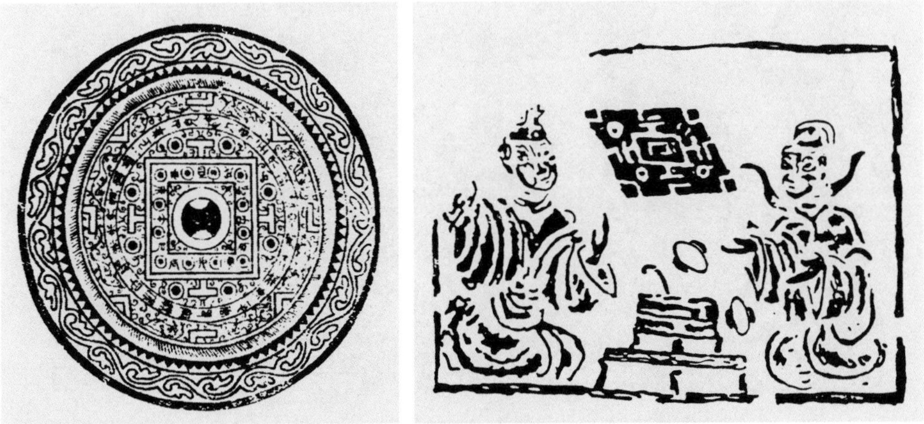

● 漢代畫像石上的博局遊戲圖及漢代銅鏡上的規矩紋，其紋與日晷上的刻度相同。

吉祥的文句。

至遲開始於漢代，大概是認為鏡子可使邪物不能隱形，妖邪必要迴避，因此有銅鏡可避不祥的迷信。《抱朴子．登涉》說：

> 道士以明鏡九寸以上，懸於背後，則老魅不敢近人，……若是鳥獸邪魅，則其形貌皆見鏡中矣。……昔張、蓋蹋及偶高成二人，並精思於蜀雲臺山石室中，忽有一人黃練單衣葛巾，往到其前曰：「勞乎道士，乃辛苦幽隱。」於是二人顧鏡中，乃是鹿也。

（道士都會攜帶直徑在九寸以上的明鏡，懸掛在背後，則老精怪就不敢靠近他們，……如果是飛禽走獸變化而成的鬼怪，牠們的原形真貌就會完全顯現在鏡中。……以前張蓋蹋和偶高成兩人，都在蜀地的雲

● 山東嘉祥武梁祠東漢畫像石上的列女傳故事，描寫梁高行援鏡操刀割鼻以拒梁王之婚聘。

臺山石室中苦思仙道，忽然有一個身穿黃練單衣巾的人，來到他們面前說：「勞累的道士啊，竟肯這麼辛苦的隱居修道。」於是兩人回頭查看鏡子，發現是一隻鹿。）

後來人們又以之與八卦符號配合，懸於門前，以驅鬼魅。銅鏡背的花紋到六朝時，經常鑄有十二生肖的圖案。隋唐時代除反映佛道教思想，及傳統的鸞鳳雲草等祥瑞圖案外，還出現大量外來的新事物，如海獸、葡萄、獅子等圖案。唐以後以銅鏡陪葬的風氣似乎不盛，紋飾也不若前代的繁縟，有時甚至是素白的。

西洋的玻璃鏡子十六世紀在威尼斯大量生產，它用錫及水銀溶劑塗背以反射光線，映像效果比銅鏡好得多了，且不必年年磨光。中國大概於十八、九世紀才知製作玻璃鏡的技術，從此以後青銅鏡就再也沒人製作和使用了。

現代楷書	隸書	篆書	金文	甲骨文
監				

冷兵器時代

競爭是自然界成員為了生存不能不採取的手段，人類為了獲取食物，維持生存，必須與動物爭鬥。野獸雖有銳利的爪牙、強壯的身軀，但人類可以借助他物以防禦自己，以攻擊野獸。所以在長久的競爭中，人類終於成為勝利者，使野獸完全

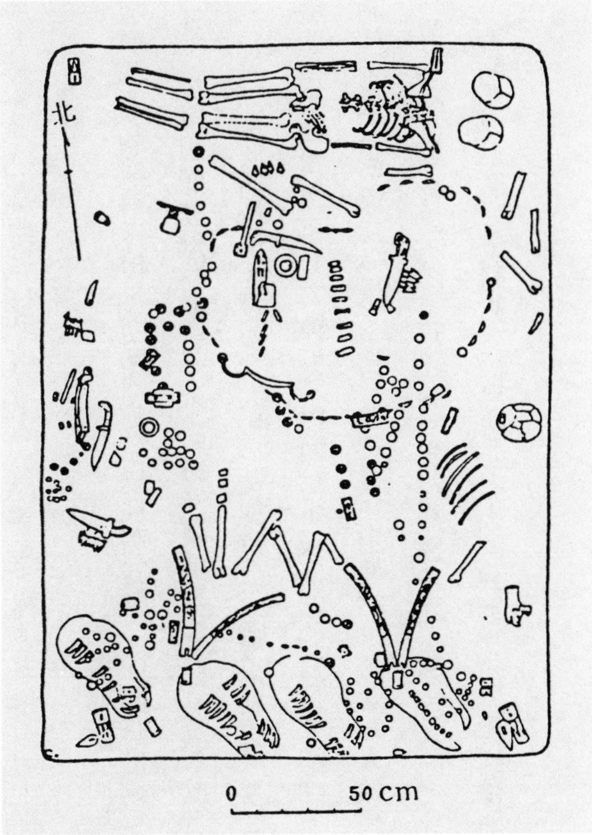

● 商代的馬車坑，車輿內發現包括戈、刀、弓箭的成套戰鬥武器。

失去反抗的能力，甚至把牠們馴養成家畜，以備不時之需。但是，人類在征服動物後，也因有限的自然資源，無可避免地彼此爭鬥起來。

因智力懸殊，人們可設陷結網，不必創造太精良的武器就可以克服野獸。任何有足夠重量、角稜，造成殺傷能力的工具，都可因便取以為武器，不必特為某種獸類設計攻殺的武器。三、四萬年前人們將尖銳的石鏃捆縛於樹枝用以投射，大概一萬多年前才曉得利用弓弦的反彈力把箭發射出去。弓箭的發明使人們可以不必太靠近野獸而給予殺傷的能力，免卻許多因接近野獸所帶來的危險，得到使用武器的最佳效果。但對於曉得利用他物以防衛的人類來說，其遠攻的效用就大為減少。故進入人與人爭，國家建立的時代，社會就逐漸興起設計近身攻擊武器的需要。要針對人體的弱點，以最有效的材料，設計專為殺人的武器，才能達到預期的效果。

商代的武器從形制和實用的觀點看，約可分為源自工具和專為殺人而設計的二類。源自工具的兵器有數種，主要取自不同的石斧形。鉞為大斧，是裝在柄上有寬弧刃的重兵器，主要利用重力砍擊敵人以致死命。它在實際戰鬥中效率較低，主要用為處刑的刑具，故成為權威的象徵。較為小型的鉞叫戚，雖然它也有殺傷能力，主要還是作為舞具或儀仗。有窄長平刃的斧，除了用以砍伐樹木、製造器物外，也充作武器或儀仗。至於刃部作鋸或波浪形的兵器，一看就知難作實用的武器，這一類的兵器主要是為展示而不是實用。故除了顯然是作為明器的超小型外，還有很多鑄得很薄弱，根本不切實用，反之，為殺人設計的新武器戈，就鑄得比較厚重。

戈是裝在柄上的有細長刃兵器，它利用揮舞的力量，以尖端砍劈頭部，或以銳利刃部拉割脆弱的頸部。柄短的大致八十公分，可單手使用，柄長的就得用雙手，戰車上使用的有超過三公尺，它是利用銅材的堅韌、銳利特性而發展起來的武器。不像石器主要依賴重量，它是銅材未普遍使用前未見的形式。雖然還有同形制的石、玉戈，但都做得薄弱而易斷折，不會是實用的武器，而且製造的時代也不早於青銅戈。可以肯定地說，銅戈是針對人類的新設計，是戰爭升級、國家興起的一種象徵。

為了達到更大的殺傷能力，武器要不斷地加以改良。為了適應新形勢，也要創造新的武器，矛是舊石器時代就發展的古老直刺長兵。到了商代就經常與戈組成可刺、可劈、可勾的武器，戈與矛本來分別鑄成，組合使用，

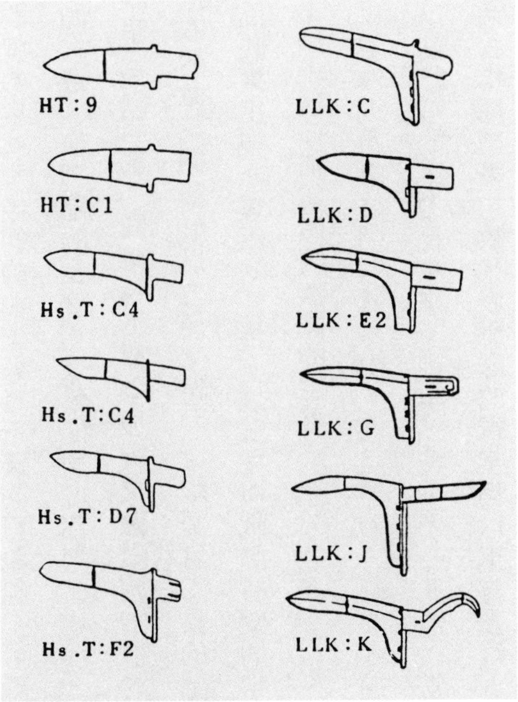

● 商到戰國時代的戈形變化。

後來為了強固其組裝，也發展成渾鑄的戟的形式。最初的銅戈只有下邊的刃銳利，可劈勾敵人，逐漸改良把刃部加長而彎到柄的一邊，使刃部的長度和攻擊的角度都適當增加，以對付穿戴保護頭部的盔冑，目標在攻擊頸與肩部。同時為了要增加銅戈纏固於木柄的強度，就在戈胡上鑄孔以便捆縛，並把木柄做成橢圓形以方便掌握。反觀源自工具的鉞、戚、斧等類就沒有這些相應的變化，反映實用與非實用的性格。故很多與戰鬥有關的字就以戈為組成部分，而取自斧鉞的字就用以表達他種與戰鬥無關的意義。

多接近敵人一分就多一分危險。可想像近距離格鬥的武器中，短兵器刀、劍的普遍使用要較長兵器的戈、矛遲。東周時代以前作戰的主力是步卒，步卒以戈、矛為武器。當時的馬車不是作戰主力，而是指揮官的活動指揮高臺，故代表軍隊的軍字仍以車為義符。一車通常有三人，除駕馭員外，有一射手及一個指揮官。在車上，弓箭是遠攻的武器，戈則為近殺的武器，有時迫於情況，車上的戰鬥員要下車來作近身的搏鬥。為達到從車上攻敵的目的，戈柄一定要長，但柄太長就不方便下車使用，故要配備短刀，以備緊急時護身之用。不過由於商代車子主要的作用是指揮，不是從車上下來作近距離的攻擊，故兵車上發現的成套兵器大都有短刀，倒不一定有戈。車上的刀一般刃部稍為長過二十公分，以砍劈的方式使用，就實用的觀點說，如此短的兵器應以直刺較為有效。故商代晚期就有了改革，開始有攜帶尖刺雙刃的，以刺殺心臟為目標的匕首短劍。由於商代的車子並不太參與實際的戰鬥，故短劍發現的還少，西周才逐漸多起來。商代不少各種樣式的不到二十公分長的短刀，只能算是工具，難應用於格鬥。

到了春秋的中、晚期，由於騎兵的應用越來越興盛，有柄的戈不便攜帶及在馬上使用，短兵的需要也就越來越迫切。刀劍比之戈戟，平時還有個好處，它可以佩帶在身以備不時之需，不像持拿戈戟騰不出雙手，在很多時機不方便，故刀劍後來甚至亦為士人常佩之物。隨著冶金術的發展，銅劍越鑄越長。商周時代的銅劍，刃部一般長度不到三十公分，發展到春秋時代就有長至五十公分以上的。但是銅劍的長度一增，就要鑄得薄些而易於斷折，否則就太重而不便單手使用，故五十公分以上的銅劍還是少見。到了鐵冶登場，鋼劍就逐漸替代青銅劍，由於鋼材堅韌，長度可鑄到一公尺以上。劍本來是直刺為主的武器，隨著長度的增

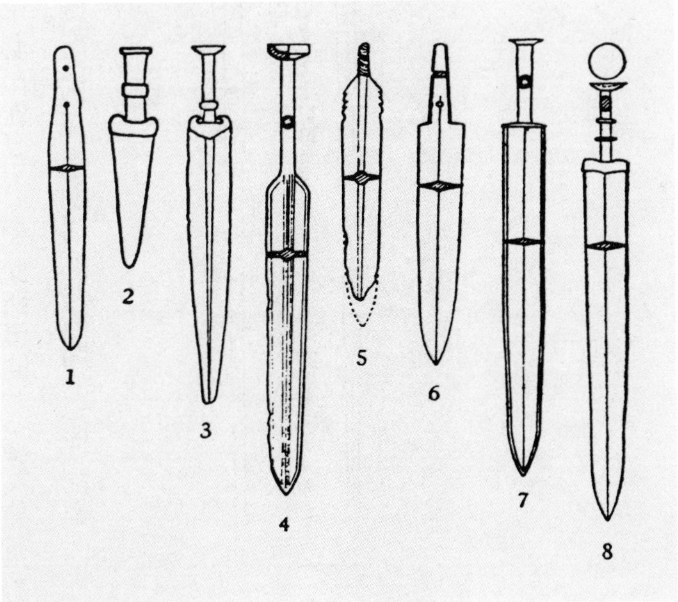

● 兩周時代的銅劍形制。

加，也轉用刃部劈砍的方式，劈砍的方式就不必兩邊有刃。因此西漢開始，厚脊的單刃刀也漸漸取代易於斷折的兩刃銅劍，東漢以後鐵刀就取代銅劍而成為戰鬥的主要配備。

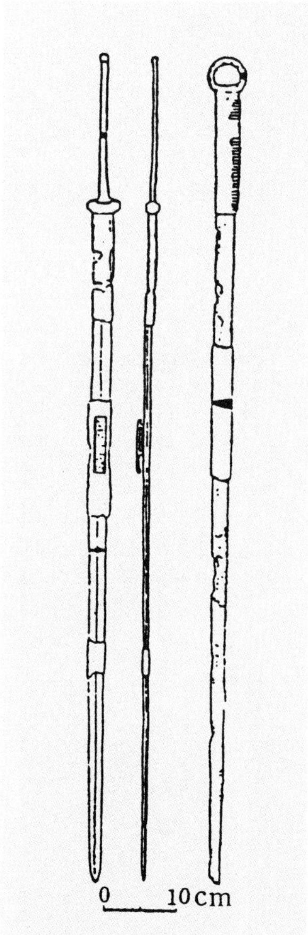

● 漢代的鐵刀、劍形制。

現代楷書	隸書	篆書	金文	甲骨文
戈				

不透明的玻璃

玻璃在現代是製造器皿及裝飾用具的普及材料，玻璃多彩而鮮豔、光澤晶瑩的特點是他種材料所難比擬的。玻璃在古代的西洋是種重要的工藝，但在中國卻不入主流，可能因為中國其他材料的工藝過於發達，阻礙了玻璃工藝發展的機會；也可能它不易製作，產量少，造價高而又易破碎，除了製作飾物及禮儀用具，沒有其他實用上的價值，才發展不起來。

玻璃於四千五百年前已出現於兩河流域及歐洲，三千五百年前也已能鑄造容器了。玻璃出現於中國遺址的年代雖晚，至遲春秋時代便已存在，可是當時的文獻卻不見提及，最早提及的要推《漢書》〈西域列傳〉：「罽賓國出……璧琉璃。」以及〈地理志下〉：「有黃支國，……自武帝以來皆獻見。有譯長，屬黃門。與應募者俱入海市明珠、璧琉璃。」（有黃支國，……從武帝以來都進貢過。有譯長官，屬於黃門官，與應徵的人一同入海購買明珠、璧琉璃。）南北朝以後出現綠琉璃、瑠璃、玻黎、頗黎、玻璃等詞，這些名字想是外語的譯音。而且也經常提及它來自海外，如《北史．大月氏傳》說：太武時，有個大月氏人來京師做買賣，自云能鑄石為五色玻璃。於是採礦山中，於京師鑄之。鑄成後，光澤燦爛華美比西方的更好。故研究者一向以為玻璃是通過絲路或海道，從西亞或中亞引進的。

三十多年來的考古發掘，幾次在西周遺址發現小件的類似玻璃器物，學者才開始探討中國自行發現玻璃的可能性。那些遺址發現的小管、珠，主要以二氧化硅晶體的形態存在，和不能有太多晶體的真玻璃有所不同，故一般認為它們只能算是彩陶，還不是真正的玻璃。但有些人則以為其成分與同時代的釉陶胎很不同，陶胎不透明，只有釉層是透明的；但這些管、珠呈現的淺藍色是半透明的，由體內向表層透出，應可算是原始的玻璃了。西洋的玻璃屬於含鈣、鈉的系統，中國戰國時代的玻璃則含有很高的鉛和鋇成分，屬於另一種系統，而且其造形和紋飾也都表現出強烈的中國風格，因此認為中國的玻璃是獨自發展起來的。

釉也是種玻璃質，只是它薄薄地附著於陶胎上，與整體都是玻璃質的玻璃有差，但其外觀相似，容易混淆，後代也以琉璃稱彩色釉的陶器。商代被稱為原始瓷的青色透明釉陶器，釉層甚薄，有時是飛灰附著於陶胎而形成，非有意的燒製，其釉層不可能脫離陶胎而成玻璃塊，故推測中國玻璃的發現與冶金業有關，而非與燒陶業有關。

西周遺址出土的類似玻璃成品，管內有時見有陶土和草稭紋，判斷與西洋早期的玻璃相似，是用襯芯法製造的。那是用黃土加白灰混合作料，以銅絲裹土料作芯，然後以芯捲取熔化的玻璃加工成管、珠的形狀，以致在內壁留下未除淨的黃土及草稭紋痕跡。假設它是煉銅排除廢渣時，偶而拉出玻璃絲，或遺落地上成玻璃小塊，才引起人們注意這種呈淺藍色有光澤的新物質；而且，這種偶然發現的玻璃，其成形只能是冷加工，但襯芯法顯然是對玻璃溶液的熱處理，是進一步的階段，以礦渣混合黏土低溫融煉出來的，因此它的萌芽期應早於西周初年。

西周有一遺址發現此種的管、珠、嵌片達一千多件，數量比迄今所發掘的春秋時期玻璃器還多。如果西周時已如此大量生產，不應春秋時代反而寥寥可數。春秋時期的玻璃，其成分與西洋的相同，也大都屬於鈉玻璃一系。從發掘的西周類似玻璃，其腐蝕褪色的情狀都相當厲害來看，也許西周時代的玻璃是因成色不美、成品不精、易褪色而被人們揚棄的，到春秋時才有少量從外域引進高質量的玻璃。戰國時發現含鉛、鋇的玻璃製法有玉的感覺，頗合中國人的要求，因此大量製造，不自西域進口。

戰國時代是中國自製玻璃的盛期，成品多樣，除前期淡綠、淡藍色的小管、小珠外，又有青色的璧、帶鉤、蟬，多種顏色相疊的蜻蜓眼珠、藍綠色鑲片、劍珌、劍首、劍珥等，大半是小件，作為與金、玉等值的貴重裝飾品和權位的表徵。到了漢代，應用略廣，出土各種帶有藍、黃、白、褐的串珠、鼻塞、耳塞，甚至是容器。

既然戰國時候玻璃的製造最盛，為什麼文獻不見提及呢？也許當時另有名稱，也許鉛、鋇系的玻璃是溫潤光滑而不很透明的東西，它與玉的外表非常相似，中國人以之當作玉或仿玉來看待，因此把它歸於玉類，沒有給予專名，故而不反映於文獻。

玻璃在中國因似玉而被看重。東漢以後，或因戰亂，社會不重禮儀，玉雕工藝衰微，連帶地仿玉的玻璃工藝也因此衰敗。但是西洋的鈉玻璃是清亮而透明的，有鮮豔的色彩。《魏略》說大秦的玻璃有青、黃、黑、白、赤、紅、縹、紺、紫、綠十色，顯然比中國的成

● 戰國時代的陶胎玻璃管、珠。色調有藍、褐、黃、綠、白、黑等。

色多。而且鈉玻璃的流動性大，易於製作容器或大件東西，不限於小裝飾品；如《西京雜記》說昭陽殿窗扉多是綠琉璃，大概那時的成品以西域進口的多，故也以音譯稱其材料。

玻璃因為生產量不多，在中國是貴重物質。但在西洋，西元前七、八世紀已相當普及，尤其是西元前一世紀敘利亞發明吹氣成形法，使製造費大減而成大眾化。吹氣的方法可作器薄量輕，利於貿易運輸，使玻璃器更為實用，成品深入人們生活的各個角落。東漢以後華北多胡人，他們較熟悉西洋的器物，可能也是中國玻璃業不振的原因之一。中國大概要到隋代才知應用吹氣成形法，但也一直沒有大發展，要等到清初於宮廷設廠製造後才見興盛，但它主要是為貴族服務，少行用於民間。

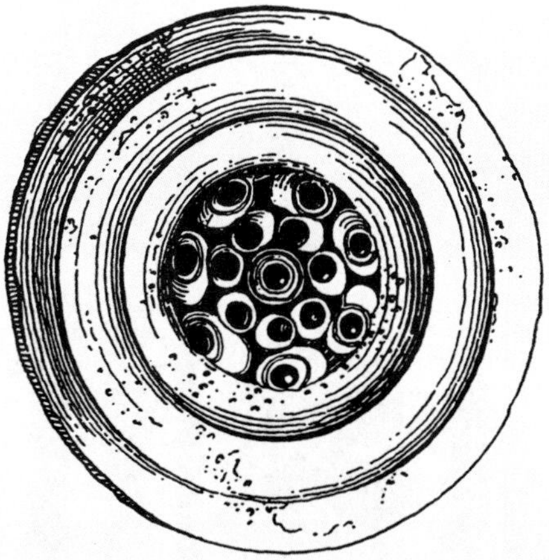

● 左圖　戰國鑲嵌墨綠玻璃的鎏金銅飾件。
● 右圖　戰國陶胎玻璃罐。

東漢以後玻璃工藝的式微，可能與玻璃釉的發展也有關係。去除使釉不透明的含鋇成分，乃發展光亮的單彩綠色與棕色的鉛釉陶器，以之製造各式的隨葬明器。後來又繼唐三彩之後，發展多彩的琉璃瓦以裝飾屋脊。

麻，衣服、食物、造紙都好用的作物

除糧食作物外，關係人們生活最重要的應是紡織的作物，人們穿用的衣服，絕大部分是用紡織的絲帛縫製的。絲絹主要由蠶所吐的絲紡織而成，布帛則由植物的纖維。蠶絲雖是中國首先發現，也是一千多年來重要的輸出品，不過絲織品的價格一直很昂貴，不是一般人用得起的，大眾化日常服用的是布帛。作為紡織布帛最重要的材料，是古人頗為熟悉的植物，現今因化學合成纖維的發達，絲還被用以縫製高級的服飾，但作為紡織一般衣物的天然植物纖維就沒落了。

穿衣服的目的多端，因地區而異，但人們最先利用的應是現成的材料，通過織的過程作成布帛肯定是很久以後才發明的。那麼最早利用植物纖維編織東西始自何時呢？由於紡織品不能長期埋藏於地下，就得間接加以推測。

紡織之前首先要對植物的纖維有所認識。十幾萬年前人們有用石彈打獵，或以為當時已可能用類纖維編綴搓成的繩索來拋擲，但皮帶也可用來拋擲，不必用繩索。人類確實曉得用細線縫東西大概可推到三萬年前，中國發現最早的骨針是一萬八千年前的山頂洞人遺址，殘長八點二公分，針眼已殘，看不出有多大。但該針只有火柴棒粗，以當時的工具，恐怕無法把皮條切割細得足以穿過針眼，推測應已知利用植物的纖維了。一萬年前常見於華南的繩文陶器，表面的紋飾是用繩子捺印的，已能把幾條線糾合成股以捆縛東西，更接近紡織必要的技術了。

七千多年前河南密縣的裴李崗型遺址，發現好些個夾砂紅陶三足器，其底部鑽有七或九個小孔，有的於腹壁鑽二孔，可知那些小孔不是作為過濾液體用的，而是如後世的甑作為蒸煮食物用的。它要在內腹底部鋪上一塊透氣的東西，不使穀粒掉進下頭盛水的容器，同時讓水蒸氣上升將米粒炊成飯；這塊透氣的東西應該就是布。可推斷七千多年前人們已織布作衣了，布的痕跡見於六千多年前仰韶文化的陶器底印痕跡，實物則見於五千年前的浙江吳興錢山漾遺址。

具有織布經濟價值的植物纖維有好幾種，分屬不同的種類而有不同的性質，但因最為重要，一般總稱有強韌纖維的植物而可織布的為蔴，是蕁科的一年生草本。但另一文獻常見的葛，如《詩經．周南．葛覃》：「葛之覃兮，施於中谷，唯葉莫莫，是刈是濩，為絺為綌，服之無斁。」（葛麻蔓蔓延延地生長，布滿山谷之間；密密的葉子好蔥綠，砍下來放入水中煮，再紡成粗布細布，製成了舒適的衣服。）絺是葛織細布，綌是粗布，卻是藤本豆科的植物；大則是桑科的植物。

纖維良好之宜種於溫潤氣候的沃土，其原生地有不同的意見，有以為是中亞或以為是中國，它雖有多種的用途，栽培的最初目的應為其纖維。「蔴」的字源是「麻」，「麻」（）字尚不見於商代的甲骨卜辭，金文的字形作屋中或遮蓋物之下有兩株皮已被剖開的形。於春天栽種，夏天收刈，莖割下後乾燥幾星期，剖皮而久浸於水中以去除雜質，然後捶打以分析纖維，浸泡的水越熱，浸泡的時間就越短，故一般用水煮以加速分析纖維所需的時間。大概這種植物多在家中處理，與他種常見植物，主要是食用穀物的脫粒、去殼，多在戶外處理大異其趣，因此造字時強調其株形見於屋中。

蔴在商代以後應是家喻戶曉的植物，其株直，栽種密集，故有「蓬生麻中，不扶自直」的諺語，以比喻環境對塑造人品的影響。可高達

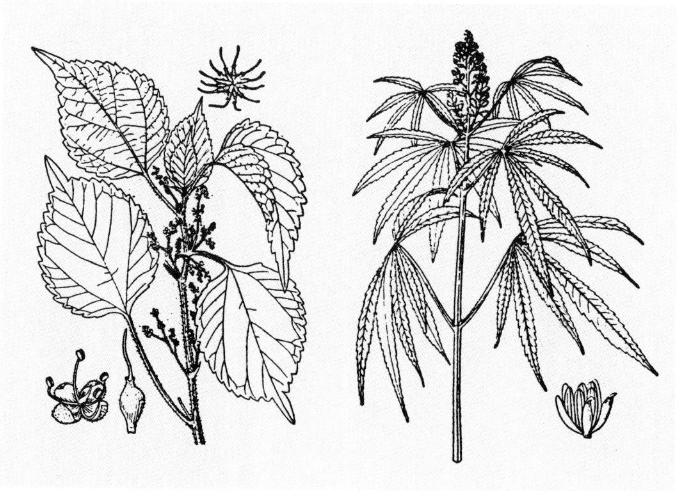

● 苧蔴（左圖）與大蔴（右圖）的株形。

四、五公尺，莖四角，附有細毛，雌雄異株，雄花淡黃綠色，雌花綠色；雄株纖維的質量較高，較具商業價值，其纖維柔而韌壯，長至三公尺。蔴的種類多，纖維的粗細和色澤有差別，再加上加工程度的不同，可織成精粗懸殊的布。仰韶文化陶器底的布紋理粗而疏，每平方公分才有經緯線各十根。到了近五千年前錢山漾遺址的時代，已有經緯各二十根、十六根，或經三十、緯二十根的三種苧布。稍遲的齊家文化，其布的細密程度幾乎可與現代布相比，大致經緯各有四十幾根線了。不過從文獻的記載，知先秦的布帛，二十幾根的已被認為是細布了。《禮記．雜記上》：「朝服十五升。」根據註釋，一升為八十縷，即在漢二尺二寸的標準布幅內有線一千二百根，換算現今的尺寸，每公分約有二十六根半。而《晏子春秋》記晏嬰相齊，穿著樸素的十升之衣，換算之，每公分才十八根，大致是一般市民的布料。最粗陋則為服父母之喪的斬衰布，《禮記．間傳》說：

> 斬衰三升，齊衰四升、五升、六升，大功七升、八升、九升，小功十升、十一升、十二升，緦蔴十五升去其半。

（做斬衰喪服所用的布是三升。做齊衰喪服所用的布，有四升的，有五升的，有六升的。做大功喪服所用的布，有七升的，有八升的，有九升的。做小功喪服所用的布，有十升的，有十一升的，有十二升的。做緦蔴喪服所用的布，其經線的縷數是十五升布的一半。）

三升的才五根多，一定是線粗而疏。「衰」（[illegible]）字於小篆作衣服的邊緣綻散不齊的樣子，喪服用不縫邊純的粗布以示無心為美的哀戚心意；又服喪期間無心茶飯，體力自然羸弱，故引申有衰弱不強的意思。

蔴的主要用途雖是紡織大眾穿著的布料，可能在不少地區，它是比黍、稷、稻、麥、菽中的某種穀物還重要的經濟作物，又有可吃的部分，故有人也將之歸於五穀之列。蔴的毛、根、葉和花果有清熱、止血、利尿等藥效，蔴葉味道強，吃食或吸嗅能使人生幻覺，大蔴就是其中的一種，故古代常被施用於巫術的治病或宗教目的。但對一般人說，最常利用的部分是其子仁，可生吃和榨油，五千年前的錢山漾和杭州水田畈遺址都見芝蔴的實物。

紙是利用植物纖維製成的，靈感可能來自裝於袋中，浸泡於河水的漂絮作業，但濾下的絲絮薄紙片產量太少，又價

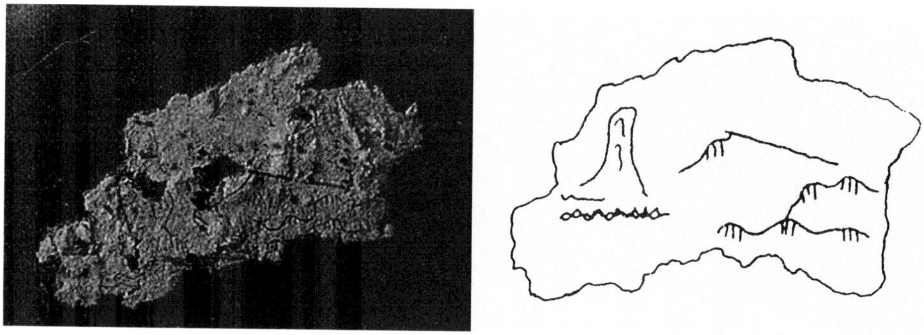

甘肅天水出土的西漢初期紙質地圖及摹本。

格高，不能普及。近年在甘肅天水出土一塊西漢初紙質地圖，薄軟而平整光滑，可能是此種紙。其他同時代纖維製成的原始紙，就太過粗糙，不易書寫。二世紀初，蔡倫大概通過高溫燒煮和捶打的方法，利用樹皮、頭、破布、破網等廉價的植物纖維，改良製成易於書寫的價廉紙，使文學的創作和傳播都急速發展開來。

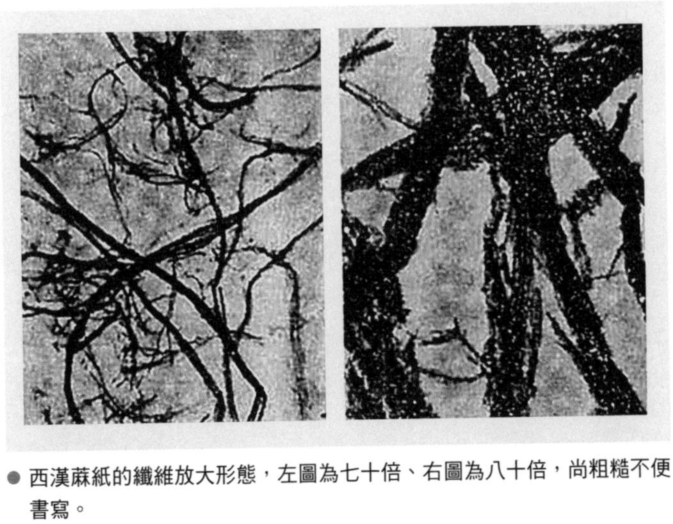

● 西漢蔴紙的纖維放大形態，左圖為七十倍、右圖為八十倍，尚粗糙不便書寫。

現代楷書	隸書	篆書	金文	甲骨文
麻				
衰				

風迷海內外的絲織品

絲綢與瓷器是中國早期外銷的最重要兩種商品，都是中國人首先發現或發明的。絲在漢代主要經由中亞銷到歐洲，形成著名的絲路，各國為了控制絲路，不停發生激烈的戰爭。宋代以後又加上瓷器，主要通過海路外銷，博得瓷器國的名聲。美洲新大陸的發現多少也與此兩種商品的貿易有關，接觸是人類文明提高的重要因素，中國的絲與瓷無疑促進了東西兩文化交融的速度。

蠶絲是**蠶**體內不同腺體分泌的絲液，遇空氣後凝固，形成由兩根天然蛋白質組成而膠合的一股細線；它細緻、柔軟、耐熱、吸濕性良好，富光澤而又易於染色，不論如何纖細的植物纖維一與之相比，優劣立見。故一銷到歐洲，就令貴族們傾倒，有人因之破產，以致羅馬帝國的上議院於西元前十四年發布衣絲的禁令，以阻止奢靡的風氣。

絲與植物纖維看似相似，卻是完全不一樣的東西。不曉得其祕密的人，難猜它是蟲吐出來的東西，就是知道了也無從仿造。不像陶和瓷是同一類的物質，主要分別是土質的好壞，燒結溫度的高低而已。中國製絲的祕密，幾千年後，直到六世紀才被西方所窺破。蠶卵被偷帶到巴爾幹半島繁殖，並擴及歐洲大陸，但是他們生產的質和量一直都比不上東方的諸國。

能吐絲的昆蟲多種，到底是因為只有中國這種地區原生種具有經濟價值的桑蠶呢？還是什麼特殊的機遇，才使中國人發現這種有用的物質？大概已無法考究。蜘蛛吐絲布網應是古人常見的景象，大概古人由之得到靈感，試驗各種昆蟲所作的繭，終於發現桑蠶的繭可資利用。當歐洲人初次接觸絲織品時，也有少數人猜測它取自蜘蛛一類昆蟲所吐的絲。

中國對於首先使用蠶絲的傳說，記載都相當晚，有歸功於伏羲氏，或說黃帝斬蚩尤，蠶神獻絲，但最普遍的則是黃帝的妃子西陵氏嫘祖發明養蠶。西元前四千三百年河姆渡遺址出土的象牙雕，已見蠶的圖案；約為西元前三千四百年的河北正定南楊莊遺址出土陶蠶俑，而西元前三千到二千五百年的仰韶文化晚期，則發現切割過的蠶繭；吳興錢山漾遺址更發現每平方公分經緯各四十七根線的家蠶絲織品。這些遺址都早於傳說四千七百年前的黃帝和嫘祖時代，因此嫘祖應該是對養蠶的技術有所改進的人了。到了漢代《說苑．君道》還提及驅鳥維護桑葉及野蠶，可想見黃帝時代大多利用野柞蠶絲。

蠶絲業的發展決定於幾個因素，必要有適宜的氣候和土質以養殖蠶蟲和栽植桑葉，同時也要有高明的繅絲技術。

桑喜濕熱，其葉的收穫次數因氣候而異，蠶卵自孵化到結繭期間的長短，也與氣候和蠶種有關。結繭時間，快者自十七至二十二日，慢者則要三十三至四十日。今日中國產絲區主要是浙江、廣東、江蘇等省，次要省分為四川、山東和安徽，都是河流灌溉方便，氣候較溫濕的地區。古代氣溫較現在溫濕，因此桑的主要種植區一定要較今日為北。春秋時代撰寫的《尚書．禹貢》言河南、河北、山東三省交界的兗州地區，「桑土既蠶，……厥貢漆絲，厥篚織文。」（土地已經能夠種植桑樹、飼養家蠶，……該州的貢物是漆和絲，還有裝在圓竹器裡的彩色絲綢品。）而今日主要產絲區的徐州和揚州，雖也言及貢玄纖縞、織貝，並沒有特別提到桑葉，反映古時的桑葉可能以華北的品種較優良，絲業興盛於華北。

● 戰國時代銅器上的採桑圖紋。

桑葉在商代應是華北常見之物。甲骨文「喪」（）字的創意來自採摘桑葉的作業，作桑樹枝幹中懸掛許多籃筐之狀。有些桑樹的品種長得不高，可以站著摘，但很多是高大的品種，要爬梯上樹才能採摘到。有幾件戰國時代的銅器，其花紋作婦女坐於樹上枝椏間，樹枝懸掛著籃筐的採桑景象。

紡織是很專門的職業，從養蠶到織成絹帛，每一步驟都需要專門的技術。桑樹的栽培，採摘的次數，蠶蟲的品種，餵食的次數、分量和時間，養育的溫度，都與成品的品質有密切的關係，成繭後的揀繭、殺繭、抽絲、繅絲、織絲，每一過程都需要專門的訓練。《左傳》記載西元前五八九年，楚師伐衛而侵及魯，魯以執斫、執針、織紝的熟練工人各百人請盟，才解除楚師的侵犯。魯是當時的產絲區，也許楚國因此得到北地先進的技術，配合良好的地理環境，次第發展其絲織業；戰國時期楚墓出土較多量的絲絹，大概可以如此解釋。它可能也反映中國人口分布的歷史因素，養蠶需要眾多的人力，要在人口密集區才能發展起來，但是華南地區在有史初期的人口還是比較疏散的，要等到利用鐵器，次第開發以後，才產生高度的燦爛文明。

絲織手工業在商代應已有相當規模。卜辭有省視其作業及祭祀其蠶神的占問，青銅器上還有不少為銅酸所保存下來的絲絹痕跡，從痕跡可知當時已達到綾織的階段，也有斜紋提花的絲織物。甲骨文與紡織業有關的字比其他行業的字多，即其具體表現。河北正定遺址五千四百年前的陶繭，平均是一點五二公分長、零點七一公分寬；唐代已改良成三點一八公分長、一點五三公分寬，與現代的品種差不多了。繭大則抽絲多，現在一個繭可抽六百到九百公尺的絲，估計商代的繭大半介於兩者之間，一個繭應可抽絲三、四百公尺。玉蠶屢見於商周墓葬，在山東劉臺一西周早期墓就發現二十二個大小不一、形態各異的玉蠶；想來古人對蠶的生活過程必甚有了解，以蠶幾次蛻皮的過程，聯想為再生的信仰。

　到了西周時代，絲已是重要的商品，有兩則記載說明：

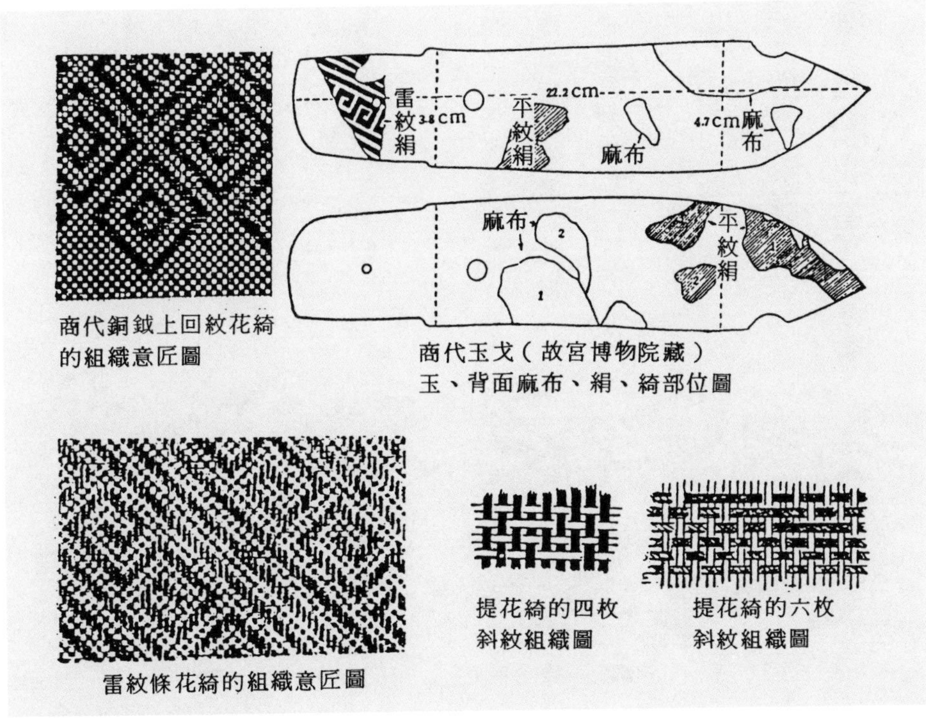

商代銅鉞上回紋花綺的組織意匠圖

商代玉戈（故宮博物院藏）玉、背面麻布、絹、綺部位圖

雷紋條花綺的組織意匠圖

提花綺的四枚斜紋組織圖

提花綺的六枚斜紋組織圖

● 商代兵器上殘留的紡織圖案。

氓之蚩蚩，抱布貿絲，匪來貿絲，來即我謀。——《詩經．氓》

（敦厚老實的青年帶著布匹來換絲，其實他主要不是為了換絲，而是找個機會來求親。）

民之通於蠶桑，使蠶不疾病者，皆置之黃金一斤，直食八石，謹聽其言，存之於官，使師旅之事無所從。——《管子．山權數》

（有懂得養蠶且不致生病的百姓，給予黃金一斤、價值八石糧食的獎賞，要認真聽取專家的建議，並把紀錄保存在官府，也別讓兵役之事干擾到他們。）

這兩則說明絲織品對國家的經濟具有決定性的作用，所以桑田要比良田貴上一倍。《史記．吳世家》記載西元前五一九年吳、楚曾因兩個家庭為爭邊界桑樹的所有權，導致兩國打了一戰。

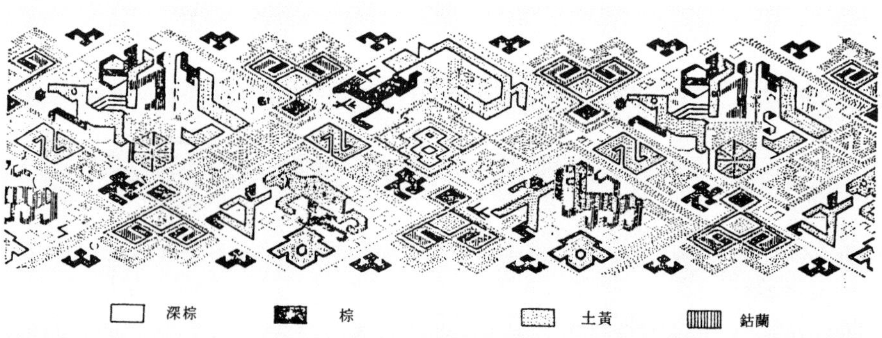

● 湖北江陵戰國墓葬裡的四色緯線起花田獵紋樣。

現代楷書	隸書	篆書	金文	甲骨文
喪				

漆，貴族的奢侈品

油漆是現代生活中不可缺、普及且價廉的物質，它被普遍塗於器物表面以增加美觀，並延長器物使用的時間。但這是化學合成油漆發明以後的情況，在其前，自然漆是種只有少數人才用得起的奢侈品。

自然漆取自漆科木本植物的樹幹脂液，其主要成分是漆醇，經過脫水加工提煉而成的深色黏稠狀的液體。此濃液塗上之後，等到溶劑蒸發即成薄膜，空

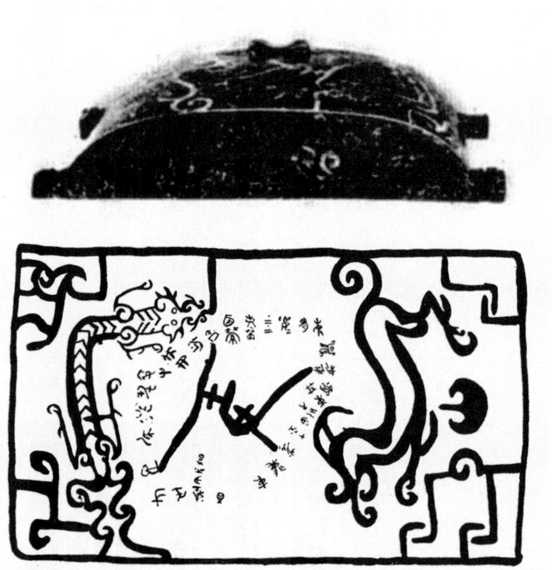

湖北隨縣曾侯乙墓出土的戰國早期彩繪二十八宿漆箱蓋，下圖為箱蓋的圖像示意圖。

氣越潮濕則漆越容易凝固，凝固後具有高度抗熱和抗酸力，經過打磨更能映出鑒人的光亮。它於乾燥後呈黑色，如果於溶液加丹朱則成紅色，如調和其他礦物或植物的染料和油，更能調出各種濃淡的色彩。

中國人知道利用漆應有五千年以上的歷史。在浙江餘姚河姆渡一個五千五百年前的地層，出土一件有紅色塗料的木碗；江蘇圩墩一個五千年前的遺址，也出土塗有黑色和暗紅色保護塗料的木器。它們的物理性質都與漆相同，雖還有待更精密的化驗才能證實是漆，但此兩遺址都在適宜漆樹生長的潮濕地區，應可認定此保護劑即為漆。

中國傳說漆器始於四千五百年前，《韓非子．十過》說：

> 堯禪天下，虞舜受之。作為食器，斬山而為材，削鋸修之跡，流漆墨其上，輸之於宮為食器。諸侯以為益侈，國之不服者十三。舜禪天下而傳之禹，禹作為食器，墨染其外，朱畫其內。

（堯禪讓天下，虞舜承接了天下。為製作飲食器具，砍山上的樹來做材料，用斧砍刀鋸打磨光滑，在上面漆上油漆，再送到宮中作為飲食器具。諸侯們認為過於奢侈，不臣服的諸侯國有十三個。虞舜禪讓天下而傳給夏禹，禹製作祭祀用的器具，在器具的外面塗上漆，而在器具內部畫上彩畫。）

這說的一點也不誇張，甚至年代還有點保守。商代的漆器已頗為鮮豔，有時也塗於木器之外的陶器、銅器、石器、皮革等不必加以保護的器物。後來又塗於苧麻布之外，成品輕盈鮮豔，為銅器所望塵莫及。日本新石器時代的陶器也有塗漆的例子，且早於木器塗漆。可想見古人用漆，最初是借重其光澤，後來才發現其薄膜有增加木器耐用的性能，因此大量施用於木器。木材大半平淡無文，不加漆塗就顯不出其令人喜愛的花紋和光澤，所以漆業的發展與木器業有密切的關係，而木器業又與其製造工具的材料有絕對的關係。

早期的漆器出土很少，可能是因為漆主要施用於木器，難於長期保存於地下，或漆層太薄，脫褪不顯了；也可能是商代以前木工的工具是石製或銅鑄，製作木器費時，故使用不多。到了鐵器大量使用的春秋、戰國時代才大量出土種類廣泛的漆器，舉凡食具、家具、武器、樂器、墓葬、日常用具，應有盡有。很多楚地漆器經過二千多年的埋藏，出土時還鮮豔如新，色彩有鮮紅、暗紅、淡黃、黃、褐、綠、白、黑、金等多種。

漆是潮濕地區的特產，其使用和生產當以江南地區為多，故《呂氏春秋．求人》說：「南至交阯、孫樸、續滿之國，丹粟漆樹。」（往南到交趾、孫僕、續滿等國家，都有小粒的丹砂和漆樹生產。）但是在商代以前，氣候較現在溫濕得多，居住華北的人多而華南尚少開發，故漆樹的栽培有可能華北較發達。《尚書．禹貢》說濟河惟兗州，即今之山東，「厥貢漆絲」；荊州惟豫州，即今之河南，「厥貢漆枲絺紵」。但春秋以來，肯定江南漆業遠較華北興盛。

漆的採集是先以刀割破樹皮，而後插入管道讓汁液順流入桶。漆汁產量有限，且採集有一定季節，加以製作過程繁瑣，又不利於人體健康，所以成為貴重的商品。從漢代漆器的銘文，可知作坊中有素工、髹工、上工、黃塗工、畫工、鳩工、清工、造工等專門分工，遠較其他工藝為細，每件器物都要經過多人之手才能完成，故漢代的《鹽鐵論．散不足》有「一杯棬用百人之力，一屏風就萬人之功」（一個酒器用上百人去做，一個屏風需動用上萬人的勞力），其價格則「一文杯得銅杯十」（一個繪有花紋的杯子價格，相當於十個用銅鑄造的杯子）。漆確是奢侈品，製作小件器物士大夫還用得起。如果以之施用於房屋或宮廟，連諸侯也要被責為僭制；如魯莊公二十三年「丹桓公楹」（用朱色油漆漆在桓公廟的梁柱上），《左傳》、《穀梁》、

● 河南信陽戰國初楚墓出土彩繪鳳虎漆鼓架。

《公羊》三傳一致以為非禮。

漆器價格高且不是生活必需品，故戰國時代別的商品大都課以十一之稅，而漆林則要課二倍半，統治者還特設專門機構管理以收專賣之利；莊子就曾經為漆園吏。到漢代，專賣之制還推廣到鐵和鹽兩種生活必需品。種漆樹的獲利大，故有諺語：「家有百株桐，一世永無窮。」

人們曉得漆的物理特性而塗於器物表面後，首先發展的工藝大半是彩繪，那是能夠調出多種顏色後的必然發展；它主要利用調油後得到較淺的彩色，以之在較深的底漆上勾畫圖案。接著大概是鑲嵌，它利用漆能黏固的物理性能，把不同材料和顏色的東西嵌黏成圖案；綠松石是商代常見的鑲嵌材料，其他還有牙蚌、金屬等。不過古代的鑲嵌技術較為粗陋，且鑲嵌物突出器表，不便使用，而且易於脫漆而掉落。現存明、清時代的螺鈿鑲嵌作品，可能原始於唐代，螺鈿剪得細而磨得薄，以之拼貼成繁縟的圖案後又上漆打磨，螺鈿就永不脫落，器面也平滑如鏡，兼有五彩閃爍的效果，如果再配以金銀絲的嵌鑲就更色彩斑斕。填漆是與鑲嵌相似的工藝，也起源於商代或更早；那是在器上剔刻花紋，填以異色之漆，後來改良再加磨平。如在漆器上填以金銀的屑，就是貴重的戧金、戧銀器了，這些大致也起於唐代。

表現漆藝最高造詣的是漆雕或稱剔紅，因為所雕的主要是豔麗大方的紅色漆器；那是在厚厚的漆層上雕刻花紋圖案，顯出立體的感覺。一般的意見，它源自漢代的針刺，唐代代之以刀剔刻，塗漆只能等一層乾後再上一層增厚，每層需要二、三天的時間陰乾。漢代已有建造陰濕的「陰室」以加速其乾燥的過程，有的器物厚達二百層，不難計算其所需的時間，因之價格必然昂貴。雕刻不但可施於單色的漆器，還可利用不同顏色的漆層，雕出紅花綠葉、黃地黑石高低有次的立體圖案，有些圖案的邊緣還可設計成異色相間，好像大理石的花紋，增加趣味，稱之為剔犀。

● 十八世紀，清代乾隆朝鑲嵌白玉戲童的紅、綠、褐三色山石樓閣浮雕漆櫃。高四十一點五公分、長三十四點四公分、寬二十五點五公分。

現代楷書	隸書	篆書	金文	甲骨文
漆（桼）				

在先秦，你要記住的重要指引

看時間，有技巧／天文異象，不是上天的懲罰／從大自然現象發現方向

看時間，有技巧

從一個社會對於時間的重視程度，可以判斷出該社會所達到的經濟和文明水平。譬如說，以採集漁獵為生的社會，時間是不重要的，只要略為知道季節的變更和大致的方向，就可以依之以安排生活，無需精確的時間指標。但一個經營定居的農業社會，生活依賴農作的成功與否，太早或太遲下種往往會導致歉收，因此不能不對季節有較正確的認識。尤其是到了有嚴密政府組織的時代，就得重視時效對推行政策的助益，尤其是今日的商業和科技時代，更是分秒必爭。

對於時間長度的劃分，各個社會都無例外，最先只能根據自然的現象作為指標，是種不規律的長度。後來人為的制度漸漸發展，就借重各種的機械裝置，人為規定時間的長度。譬如地球自轉一周為一日，以每天太陽出現為分界，但日照的長度和出現的時間因季節而異，並不規律。現在則劃分一日為二十四小時，一小時六十分，一分六十秒，標準的秒以原子的電磁振幅為標準，與日出的時間無關，與每天地球的自轉速度亦無絕對的聯繫，所以時間是因人為運作而規律化的。

對於年、月、日的規定，因為都有較明確的天體現象作依據，故各民族有類似的習慣。但對於一日內的時間分段，其分段的精粗及穩定性如何，就是其文明高明程度的具體表現了，各民族在這點上就有相當大的差異。

中國古代對於一日時間的分段，只能從有最早文字記載、三千三百年前的商代談起。從卜辭知分段的名稱雖早晚稍有改變，其日間的主要段落為：旦、大采、大食、日中、昃、小食、小采或暮或昏。「旦」是太陽剛從地平線升起的時候；「大采」是太陽大放光彩；「大食」是吃豐盛早飯的時候；「日中」或「中日」是太陽高懸天頂的中午；「昃」是太陽開始西下，把人影照得斜長的時候；「小食」是吃較簡單的下午飯時候；「小采」或「暮」、「昏」都表現太陽已完成一日旅程而西下沒入林中了。顯然它們是以太陽在天空變動的位置定時的，看起來每一段落是近於兩個鐘點的長度而以日中為中點。依今日的標準，因太陽在天頂的時間和日照的長短，各個季節都不同，所以其時間的設定是游移而不固定的。至於夜間的分段，由於沒有陽光的憑藉，雖有夕與夙的分別，但無法確知其區別所在。

由於文獻和考古資料都有限，我們不知道商代的人是否已在利用太陽位置定時的基礎上作更精細的時間測量。不過，至遲在西元前七世紀的春秋時代，就有人使用土圭以測定冬至和夏至的日期，對時間的精確度有進一步的要求。以土圭測影的方法頗簡單，是立一長竿於地，以測量各個季節日間太陽投影長度的變化。夏至影短而日照長，冬至影長而日照短，可依其影長變化的速度以測量正確的時間長度。漢代已有袖珍型銅圭的鑄造，用時打開，平常合成柄狀之匣，以便攜帶。可見那時以土圭測量日影的方法已甚普及，故有此類用器的鑄造。

利用投影長度變化的原理以測時的更精細工具是日晷，那是在一塊石板上刻了許多由中心點向外放射的線與點，並在其間刻上一些作為定點或校正用的記號。點上可以插竿扦以觀測太陽出入的角度，並用以校定時間。加拿大安大略省博物館藏有迄今所存兩件漢代日晷之一，在約四分之三的圓周上刻六十九個點及一至六九的數字，還刻了一些T、L、V形的記號，其構成的圖案與漢代的六博棋盤規矩紋銅鏡的花紋一模一樣，可以想見日晷的應用必定很普遍，並被利用作為遊戲的道具。故規矩紋銅鏡除照顏外，還可計時和遊戲，是家庭常備的多用途器具。

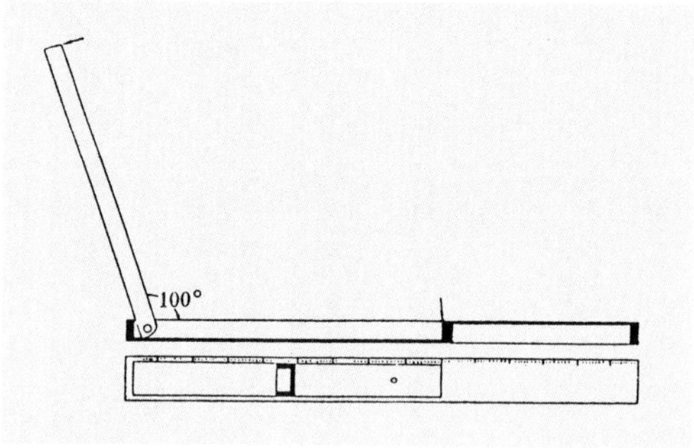

● 漢代可開闔袖珍型圭表。

日晷要借助太陽光的照射，只能在白天或晴天使用，因此要另想辦法以測計夜晚的時間。由生活的經驗，古人發現水壺有裂縫時，水會慢慢滲出，隨著時間的流逝，水位漸低，也可利用之以測量時間，於是發明漏壺、水鐘。中國起碼在西元前五世紀已有漏壺的使用，最初使用的是一種下沉式的，即隨著水的慢慢流失，水壺中作為指標的箭竿就逐漸下沉，可以從箭竿上的刻度讀出時刻來。依同樣的原理，也可以用另一個容器盛接滴下的水，使箭竿逐漸地上升而讀出時刻，東漢的《說文解字》便說晝夜有百刻待漏。

雖然漏壺可以人為確定時間的長度，較利用陽光投影計時來得準確，而且也不受測量所在緯度的影響，但要校正水流速度因水位高低所發生的變化並非易事，而且漏壺的製作費也不便宜，非一般人所能普遍使用，因之產生了公家於夜間報更的服務。《周禮．挈壺氏》掌：

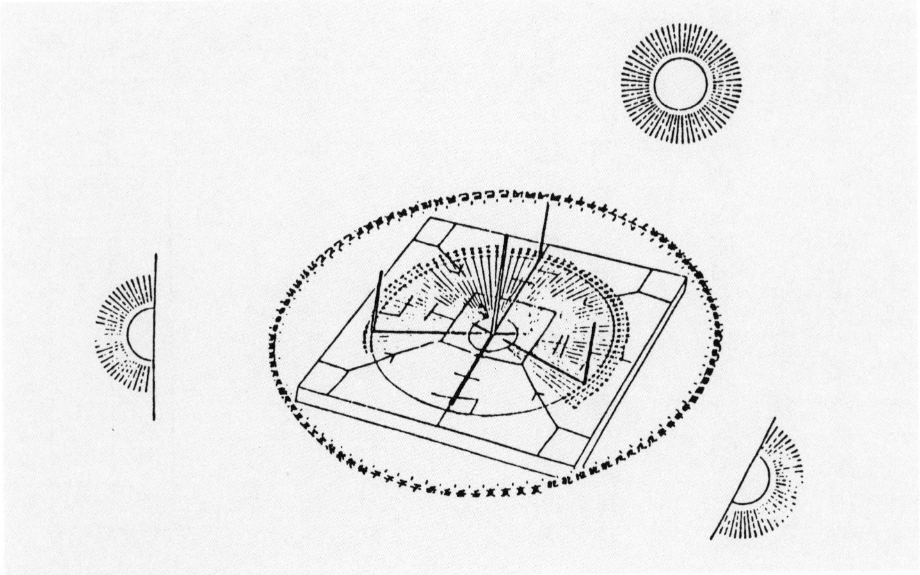

● 漢代日晷使用的示意圖。

凡軍事，縣壺以序聚㯹（打更之器）。凡喪，縣壺以代哭者。皆以水火守之，分以日夜。及冬，則以火爨鼎水沸而沃之。

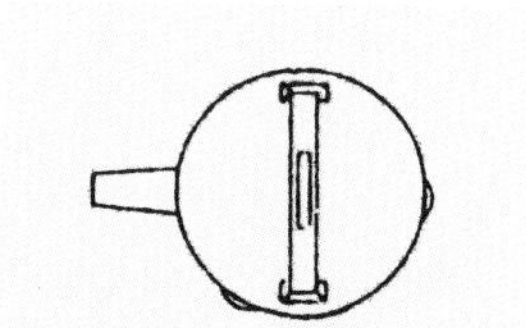

● 漢代計時的下沉式銅漏壺。

（凡有軍事行動，懸掛漏壺計時以輪流更換巡夜的人。凡有喪事，懸掛漏壺計時以輪流更換代哭的人。漏壺都設有專人備好水火在一旁守候，並負責區分晝漏和夜漏的長短。到冬天，就起火燒沸鼎中的水，而用以注入漏壺。）

一般人家或一時沒有銅壺，若需要計時，就會利用線香、蠟燭一類可以點燃的東西。如南齊竟陵王蕭子良與蕭文琰、邱令楷等夜集賦詩，約四韵，刻燭一寸。劉孝綽有詩〈賦得照棋燭詩刻五分成〉。

戰國時代雖已有銅漏，但並不普及，因此西漢時代一般人使用的時間分段，仍然主以太陽的位置為指標，其分段約為夜半、雞鳴、乘明、平旦、日出、早食、食時、日中、日昃、日晡、下晡、日入、昏時、夜食。夜間的分段較之商代詳細得多，顯然是應用漏壺的結果。秦漢之際的曆法家受干支紀日的影響，也把一日分為十二等分，每等分為現今的兩個鐘頭。但是這種新分段要到東漢時代才為社會所接受，而且其名稱仍依舊有的傳統。一直要到較晚時候或南北朝時，才更名始於子、終於亥的十二時辰名稱。

現代楷書	隸書	篆書	金文	甲骨文
旦	旦			
采	采			
昃	昃			
昏	昏			
莫（暮）	莫 暮			

天文異象，不是上天的懲罰

生活在地球上，沒有人能忽略日月星辰的運行，因為它們與季節和方向有絕對的關係。不管是過著農耕或游牧的生活，都要依季節選擇合適的方向去安排生活。就是終年生活在海上的漁民，也必須認識太陽和各星宿的位置以便導航，不致迷失方向，或避免強風的侵襲，預測魚汛的來臨。人的生活既然跳不出時空的範圍，具有高度文明的民族也就必須有豐富的天文知識，所以天文學是各個文明古國很早就發展的學問。中國歷史悠久，天文學不例外很早就已極為發達。

太陽是肉眼所見最大的天體，它發出的光和熱是動、植物賴以生存的元素，故人們對之特別崇敬，商代的人對之還有迎送的禮儀。現在用儀器觀察可以發現太陽表面有黑斑，其溫度較其周圍要低得多，但成因尚不清楚。斑的大小有規律性的變化，大約以十一年為一周期，黑斑越大，磁場也越強，對地球的通訊電波和氣候都有影響。

中國至遲在西元前一世紀就發覺這種現象而加以記載，說它像彈丸、飛鵲、棗和雞蛋，也有說它數月乃銷或三日乃伏：比起西洋同樣的觀察，起碼早上千年。中國西漢以來日中有金烏的傳說，大概就是基於此種觀察，甲骨文的日（☉）字作圈中有一點，可能就是此種現象有意的表達。甲骨的刻辭有「日有識（戠）？允唯識」，「日有識」（太陽有刻識）如果就是商朝人對於日斑的描寫，那他們竟然能於事前加以推測日斑的出現而致應驗，可說是極為驚人的成就。

過久直視太陽能使人失明。中國人能那麼早就觀察到日斑的現象而加以詳細的記載，其成就有人歸因於，當大風把濃厚的黃土塵吹上華北的天空時，人們就可以用肉眼觀察太陽的表面，不怕過分損傷眼力，以致瞎眼，所以才有日斑的發現。這種機會不會只有中國人有，但唯獨中國人注意到、且重視這種現象，無疑也可算是一種成就。

太陽還有一個世人普遍注意到的異常現象，即日蝕。商代不但記載它的發生，而且還似乎顯得冷靜，並不驚慌失措。日全蝕時，天地瞬間昏暗，雞飛狗叫，有如世界末日來臨。《左傳》引〈夏書〉說：「辰弗集於房，瞽奏鼓，嗇夫馳，庶人走。」（太陽和月亮相會之地偏離房宿，發生了日蝕，樂官擊鼓、農夫疾馳、市民亂竄。）就是描寫發生日蝕時的驚慌。但是甲骨貞辭有「丁卯卜：戊辰復旦？」「不復旦，其延？」復旦表示清早的蝕象解除後天復明，有第二次旦時的意思，措辭與「天再旦於鄭」的清早日蝕現象相類。商王詢問第二天即將發生的日蝕到底會於旦時復明，或是延到更遲的時候，好像反映商代已能預測日蝕的發生，且認為日蝕並不會帶來什麼災難，這真是了不起的驚人成就。秦漢時代的人不但已記載日、月蝕的日期，且已開始注意到食分、方位、虧起方向、初虧和復原時刻，甚至還對蝕象作出正確的科學解釋，知道它是蔽於月亮的影子。但是一方面卻大談影響人事的各種災異，《漢書．五行志》說：「日食者臣之惡也，夜食者掩其罪也。」（日食是臣的罪過，夜間日食是掩蓋他的罪過。）皇帝要下詔罪己或責免三公，不能不說是科學的倒退。

在中國，頒曆是王廷的重要施政措施，奉正朔是臣服的一種表示。曆的製作主要依據日與月運行的周期，中國古代用的是種陰陽曆，以地球繞行太陽運行一周為一年，月繞地球一周為一月。但一年日數為十二個月而有餘，要調整二者的差距，月份才能與季節取得一致的聯繫。各種不同的曆制就是表現在調整的精密度的差異上，商代在較早時候把閏月放在年終稱為十三月，後來又能適時調整，改置年中，重複月份一次，到了末期就曉得一年有三百六十五日。這是從他們對祖先的祀典看出的，其時祀周為三百六十日與三百七十日交替舉行，顯然祀周的周期長度是為配合一年的日數。到了戰國時代，甚至盈餘的四分之一日也給計算出來了。

人人皆能仰觀繁星，重要的是能否辨識和加以利用。商代卜辭有「新大星並火」的記載，表示已能分別運行不規律的星座。中國對天文學界的貢獻之一是其豐富的觀測紀錄，現代對於新星的認識，如哈雷彗星等，還得借助中國古老的記錄。火星是心宿的第二顆星，春分時昏見，明亮而大，色極紅，極易引起人們的注意，遂以之定仲夏的季節。商代卜辭有「火，今一月其雨？」大概自商代起就有因其呈色而聯想及乾旱，有火星所在之地主乾旱的迷信。乾旱是農業大忌，中國以農立國，故設有火正之官專門觀測其動向。

除以星座定季節外，還以之作為方向的指標。《淮南子．齊俗訓》說：「夫乘舟而惑者，不知東西，見斗極則寤矣。」（乘船夜航迷失方向，而不辨東西南北，在看到了北斗星和北極星後才醒悟。）這些只算是經驗的實踐，有意把天文當作學問去研究，大概始於春秋時代。尤其是戰國晚期興起的陰陽五行學說，相信天之垂象乃是為了示人吉凶，所以觀測更勤而有星圖的繪製。見於《漢書．藝文志》的登錄，不包括曆譜中有關五星行度的著作，已有二十一家、四百四

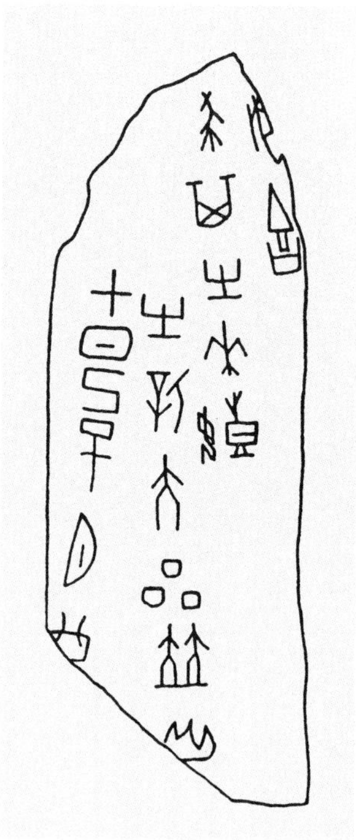

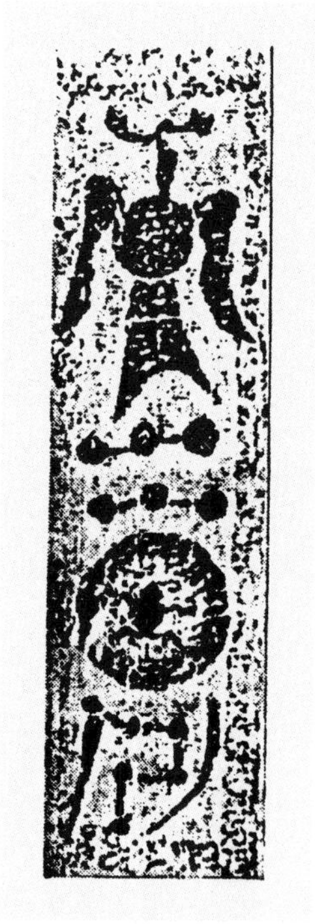

● 右圖　三千多年前商代甲骨刻辭，有「新大星並火」的記載。
● 左圖　東漢墓中描寫西元二二年十一月一個傍晚的彗星圖。

十五卷之多。

尤其值得一提的是觀測儀器的製造。湖南長沙馬王堆西漢墓出土有帛書《五星占》，記載自西元前二四六至一七七年觀測的五星運行的軌道，不但已近於今日的實測，如金星的周期為五八四點四日，今測為五八三點九二日；木星周期為三九五點四四日，今測為三九八點八八日；土星周期為三七七日，今測為三七八點零九日。

不借助儀器而以肉眼觀測星座，一般誤差可達數度之多。《五星占》以圓周為三百六十五又四分之一度，每度為二百四十分。如此精密的測量，肯定要使用大型的精密測角儀才能辨得到。如假設渾儀的子午環長六公尺，則每度只有一點六公分。不知當時如何在這麼短的長度再刻上二百四十個分度？從此一例不但可見其時中國天文學的造詣，也可想像儀器鑄造技術的精巧。

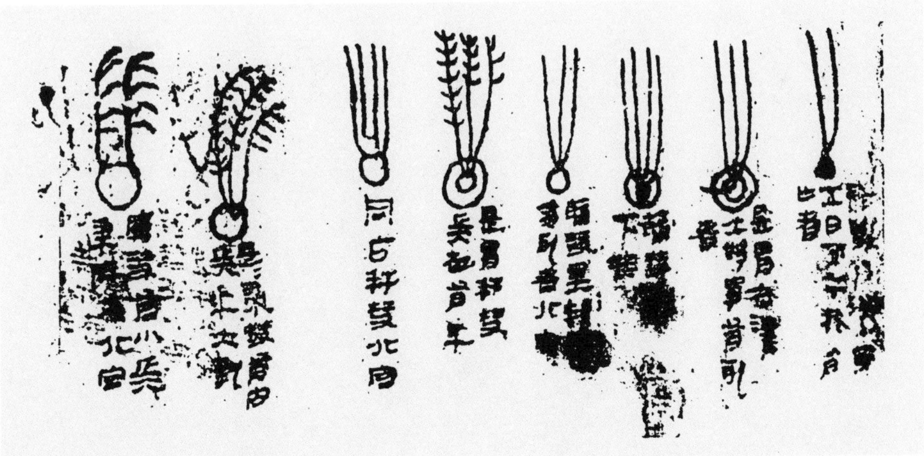

● 西漢帛書上各種彗星形態圖。

現代楷書	隸書	篆書	金文	甲骨文
日				
識（戠）				

從大自然現象發現方向

現代的人們因為有許多指標和儀器以幫助確定方向，不覺得方向對我們的生活有什麼大的關係。但在古代，因為動植物的生態與陽光的照射條件有絕對的關係，不但未定居的漁獵採集社會人們要依一定的路線和方向作有規律的季節性移動以尋找食物，就是定居的農業社會也要選擇能夠得到適當日照的地點，以利栽培作物的生長。沒有正確方向的認識，就等於放棄最佳生存機會的選擇，難於在競爭激烈的自然界中繁殖。故認識正確的方向是動物覓食的重要技能，也是很多動物天賦的本能。

自然界中沒有比日月星辰的運行更可指示正確的方向，所以人們很早就注意到天空的景象而發展成天文學。太陽每天從同一個方向上升，另一個方向下落，日久必然引起人們的注意而依之以確定方向。故大多數民族先知道東西的方向，後來才有南北方向的意識。譬如在河南濮陽縣一個六千多年前的墓葬，分別用蚌殼在屍體之東與西排列成龍與虎的圖案。它與前文說過的一個戰國早期漆箱（見四八〇頁）上書繪二十八宿名字，及以龍、虎分別代表東西各七個星宿的情形相似，應表示對東西的方向已有認識，並有某種的信仰。

六千年前的墓葬也可以具體表現人們對方向的意識。陝西的半坡仰韶遺址，在保存較完整的一百一十八座墓葬中只有十座屍首不向西。稍遲的山東大汶口文化則相反，在一百三十三座墓中，只有十分之一不向東，雖然我們尚不了解這種特定墓葬方向，在西方的西向、東方的東向，有何實用上的意義？但已足說明在埋葬時，人們有意識選擇某種方向。

殷人把自己居住的地域看成被四周方國圍繞的世界中心。甲骨刻辭顯示商人向四方致祭，希望東南西北各方向所管轄的地域和盟國，都會得到

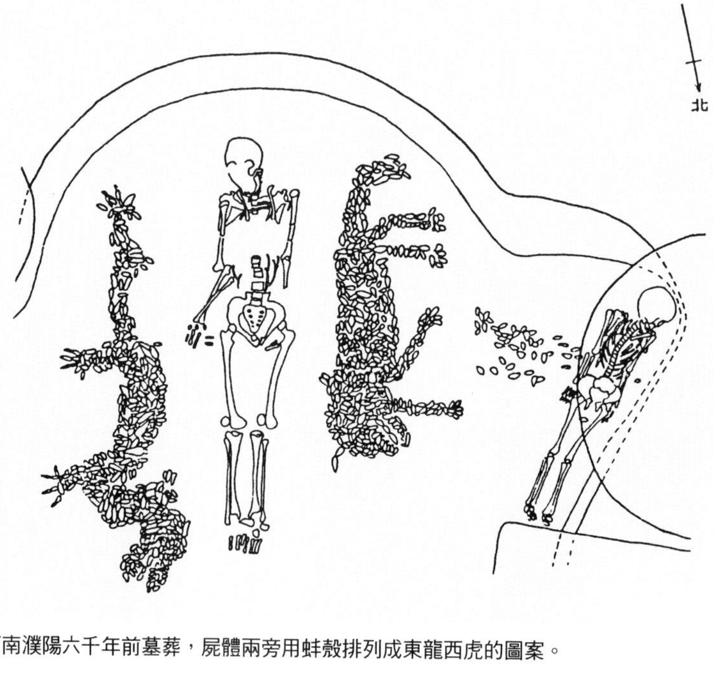

河南濮陽六千年前墓葬，屍體兩旁用蚌殼排列成東龍西虎的圖案。

上帝的眷顧，獲得好收成。在商人的想像中，各個方向都有專神負責管理，四方神靈和四個方向的風各有其專名。自實用說，中國的地域，東邊是海，南邊近赤道，西邊是內陸，北邊近極地。因此，自東方吹來的風比較可能帶有濕潤的空氣而易下雨，南方吹來的風燠熱，西方吹來的風乾燥，北風則寒冷。它不但影響我們安排生活的方式，也能告知季節的來臨。戰國時代則更區分為八風，依《呂氏春秋》之名為東北炎風，東方滔風，東南熏風，南方巨風，西南淒風，西方飂風，西北厲風，北方寒風。

商人以太陽在天空的位置去指示白天時間的分段，但對於表達方向的四字，卻完全與天體無關，不能不說有點奇怪。天象是現成而易於把握的方向指標，中國古代到相當遲的時候，仍熟悉以星辰為方向的指標，如以下兩則記載：

> 東有啟明，西有長庚，……維南有箕，不可以簸揚。維北有斗，不可以挹酒漿。——《詩經．大東》
>
> （金星在東叫啟明，金星在西叫長庚。南天有簸箕星，不能用它搖晃米粒以除去糠秕。往北有那北斗星，不能用它舀起酒漿。）

夫乘舟而惑者，不知東西，見斗極則寤矣。——《淮南子．齊俗訓》（乘船夜航迷失方向，而不辨東西南北，在看到了北斗星和北極星後才醒悟。）

商代一定也知道利用天象去指示方向，只是沒有表現在文字而已。方向最具體的應用可能是房屋建築地點的選擇，它涉及實用的日照問題。「上古之時草居露宿，冬則山南，夏則山北。」東向則直接面對陽光，難於張眼，西向則背光受不到陽光的照曬，南北向都可以得到適度的照射，但冬天南向則多陽光而溫暖，夏天北向則陰涼。商人的大型基址有採用南北向的傾向，顯然是基於實用的選擇。現代因人口密集，又顧及街道的整齊，不能捨棄東西的屋向，但居室的安排就盡量依此原則。

住家既有一定的方向，起居坐向也自然有一定的習慣而演成禮儀，如主人待客東向表示平等，接見下屬則以南向表示尊卑主從。坐位的方向雖是小事，但在政治的場合，卻也是一件微妙的爭執。如《史記．項羽本紀》記載項羽不滿意劉邦攻破咸陽，有怪罪劉邦的意思，劉邦因此到鴻門向他請罪。當時項羽和劉邦雖具同等的地位，但項羽兵盛，有霸主的氣勢。劉邦如坐西向就有抗禮之嫌，會更增項羽的憤慨，但他也不願北向項羽以示臣屬之劣勢，如折衷請年紀最大、項羽的亞父范增上座，讓自己南坐以示尊老，不卑不亢，就會被大家所接受。故鴻門之宴的座次成為項王、項伯東向坐，亞父南向坐，劉邦北向坐，張良西向侍。

行事則因各地習慣的便宜，也分別演成左尊右卑或右尊左卑的價值表示。如《史記》〈信陵君列傳〉說長在左，故魏公子無忌，「從車騎，虛左，自迎夷門侯生。」（公子帶着車馬，空出車上左邊的座位，親自去迎接夷門的侯生。）但趙國以右為尊，〈廉頗藺相如列傳〉說：「以相如功大，拜為上卿，位在廉頗之右。」（藺相如因澠池之會有功，獲封為上卿，位在廉頗之上。）如一概視之，就會弄錯。

這種起居的習慣，也演變成某種對方向的迷信。《韓非子．有度》：

夫人臣侵其主也，如地形焉，即漸以往，使人主失端，東西易面而不自知，故先王立司南，以端朝夕。

（人臣侵犯他的君主，正如地形一樣，是逐漸改變的。會讓君主迷失方向，東西方位都改變了還不自知。所以先王要設置司南儀器來說明，以測定東、西方向。）

《周禮》各官都有「惟王建國，辨正方位」的言論，好像不確定君臣位置的正確方向，君王的權威和尊嚴都會受損。臣下對坐位的疏慢會導致對君上的蔑視和反叛，因此《儀禮．士相見禮》特別強調：「凡燕見於君，必辯君之南面。若不得，則正方，不疑君。」

（臣子私下面見君王，要在君面朝南時的正北面叩見，如果君的位置不在正南面，則臣必正向叩見，不可猜測君之向位而斜向見君。）

據漢代《論衡》，司南是種可指示方向的器具，形如杓，投之於地則其柄指南，學者以為那是一種借助磁石指南北的自然磁性的裝置。漢人著作《鬼谷子》：「鄭人取玉，必載司南，為其不惑也。」（鄭國人採玉石時，必定帶著司南，能夠不使採玉人迷失方向。）利用之在錯綜迷離的礦坑中辨別方向，很可能它也能於無星之夜作航行的指標。到了漢代，深受戰國晚期新興的陰陽五行說影響，皇帝的起居各月要依一定的方向，可能就是這種方位迷信的進一步發展，還利用齒輪的轉動使指標永遠南向，製作指南車為儀仗，於出行時確定行車的路線。

現代楷書	隸書	篆書	金文	甲骨文
向	向	向	向	向
東	東	東	東	東
西	西	西	西	
南	南	南	南	南
北	北	北	北	北

人文

先秦人的日常時光

從一日三餐到制定時間，甲骨文權威帶你解讀漢字的多元樣貌

作　　者 — 許進雄
發 行 人 — 王春申
選書顧問 — 陳建守　黃國珍
總 編 輯 — 林碧琪
責任編輯 — 何宣儀
封面設計 — 兒日設計
內頁設計 — 林曉涵
版　　權 — 翁靜如
業　　務 — 王建棠
資訊行銷 — 劉艾琳、謝宜華
出版發行 — 臺灣商務印書館股份有限公司
23141 新北市新店區民權路 108-3 號 5 樓（同門市地址）
電話：(02)8667-3712
傳真：(02)8667-3709
讀者服務專線：0800056193
郵撥：0000165-1
E-mail：ecptw@cptw.com.tw
網路書店網址：www.cptw.com.tw
Facebook：facebook.com.tw/ecptw

局版北市業字第 993 號
初　版：1991 年 11 月
二　版：2013 年 6 月
三　版：2014 年 8 月
四版一刷：2024 年 5 月

印 刷 廠：沈氏藝術印刷股份有限公司
定　　價：新台幣 690 元

法律顧問 — 何一芃律師事務所

國家圖書館出版品預行編目(CIP)資料

先秦人的日常時光：從一日三餐到制定時間,甲骨文權威帶你解讀漢字的多元樣貌 / 許進雄著. -- 四版. -- 新北市：臺灣商務印書館股份有限公司, 2024.05
512面；17×23公分. -- (人文)

ISBN 978-957-05-3566-2(平裝)

1.CST: 甲骨文 2.CST: 古文字學 3.CST: 文化史 4.CST: 商代

792.2　　113004126